日英ことわざの比較文化

English and Japanese Proverbs:
A Comparative Study

奥津文夫 [著]
Fumio Okutsu

大修館書店

はしがき

　世界のほとんどの国にことわざは存在する。いずれの国においても，民族の知恵，習俗規範，価値観など，一言でいえば民族の文化がことわざという形をもって各世代に受け継がれ，それぞれの国の貴重な文化遺産として残されているのである。

　近年「ことわざ学」（paremiology）なる学問も確立されつつあるが，ことわざは比較文化の有益な研究資料にもなるものである。また，ことわざは各国民の発想や論理，あるいはユーモア感覚などを基礎にした巧みな表現形式をもつものであり，日英語対照研究などの好材料でもある。

　ことわざが国民性や文化を反映する一例として，英語には God [Heaven] helps those who help themselves. ということわざがある。これは，たいていの日本人が英語学習において学ぶものであり，「天は自ら助くる者を助く」という訳は，日本のことわざの中に同化しているほどである。このことわざが伝えようとしている内容の基本は self-help であり，日本語の「自助」はこの語の翻訳である。つまり，「人の助けを借りずに自ら努力する」ということである。しかし元来農耕民族として共同生活をしてきた日本人の場合には，互いに助け合う「もちつもたれつ」が社会生活の基本であり，日本のことわざでは「世は相持」「世の中は相身互い」「世は情け」である。

　英語には Give and take is fair play. ということわざもある。これは

主体的な個人と個人の対等な関係が社会の公正なルールであることを示している。また Live and let live.（自分も生き，他人も生かせ）という英語のことわざも，以前は「世は相持」と同じ意味で使われたこともあったが，現代ではこれは，自分は自分，人は人で生きていくべきであるという，相互不干渉，共存の社会生活上のルールである。

「人に情けをかけてあげれば，いつかまた自分も誰かに助けてもらえる」という意味の「情けは人の為ならず」という日本のことわざは，古き時代の日本の「ムラ社会」の義理人情を示すものであるが，現代の若者は「なまじ人に情けをかけると，その人のためにならない」と解釈し，他人を助けようとしないようである。

このように，ことわざは，それぞれの時代における各国の人々の生き方や価値観を反映するものであり，時代の変遷とともにその解釈が変わる場合もある。

ことわざの多くは古い時代につくられたものであるが，20世紀になってから生まれたものもある。Different strokes for different folks.（人にはそれぞれのやり方がある）などは新しいことわざである。これは，各人が自分なりの考え方や生き方をすることを認めるものであり，古いことわざのように教訓的でも規範的でもない。まさに現代人の生き方を象徴するようなことわざともいえる。

また，本書第2部の「東西女性観」の章に詳述してあるように，英語のことわざは女性に対しては極めてきびしく，女性は徹底的に攻撃されている。しかし Feminism（女権拡張運動）の台頭とともに，古いことわざを打ち返す新しいことわざもつくられつつある。A woman without a man is like a fish without a bicycle.（男のいない女は自転車を持たない魚のようなもの）などは，女性が男性を必要とせずにひとりで生きていけると主張するものである。

本書は3部よりなり，第1部では日英のことわざを例に挙げながら，ことわざとは何かを考え，その特質を種々の角度から考察した．第2部では，国民性と関係の深い主題を選び，それに関する日英のことわざから，背景となっている社会構造，歴史，文化などの比較を試

みた。第3部では，現代英米人に最もポピュラーであり，日常使われることの多い，いわば人々の常識ともなっている英語のことわざ220を精選して分類し，簡単な解説をつけてのせた。英米人との会話の際にも覚えておくと役に立つことわざである。

なお，本書中の日本のことわざの表現形式は原則として『ことわざ大辞典』（小学館）に，また聖書からの引用は The Authorized Version（欽定英訳聖書），日本語訳は1955年改訳の口語聖書によった。

筆者が日英のことわざ比較に関心を抱きはじめてから30年あまりになるが，いまだにことわざへの興味は尽きない。本書によって読者諸氏も，ことわざとその背景文化を学ぶ意義と楽しさを再発見されることを期待している。

本書出版に際して，種々ご配慮いただいた大修館書店編集第二部部長の藤田侊一郎氏に厚くお礼申し上げたい。

2000年6月

奥 津 文 夫

目次

はしがき　iii

[第1部　日英のことわざ──特質と背景]

1 ことわざについて　5

ことわざとは何か　5
ことわざの成立過程　13
ことわざの打ち返し現象　18
ことわざと国民性　20
ことわざの表現形式　28

2 日英ことわざの意味のズレ　37

3 解釈の変遷　55

4 ことわざの現在と未来　67

日本語化した英語のことわざ　67
ことわざの改作・パロディ　72

[第2部　ことわざの比較文化論──日英の類似と異質]

1 東西女性観　87

男の評価，女の評価　87
女心の変わりやすさ　98
女の武器と知恵　103
魔性をもつ美　106
女の歴史　115

2 結婚観の比較　119

　　　　　　結婚は必要か　119
　　　　　　女房は必要か　121
　　　　　悪妻は百年の不作　122
　　　　　結婚は人生の墓場か　125
　　　　　　妻の選び方　129
　　　　結婚は天で決められる　138
　　　　　　結婚と迷信　139

3 親と子の関係　143

　　　　　父の教え，母の愛　144
　　　　　　蛙の子は蛙　146
　　　　　親の恩と親不孝者　148
　　　親なればこそ子なればこそ　150
　　　　子育ての苦しみ，楽しみ　151

4 イギリス人と犬　157

　　　　　わざわいをもたらす　158
　　　　　女と犬は足手まとい　163
　　　　　老犬は知恵ある助言者　166
　　　Cat and dog は犬猿の仲　169

5 猫の神性と魔性　172

　　　　　猫と鼠のかけひき　175
　　　　　　神性と魔性　180
　　　　　猫の目と女の心理　183

6 生と死のとらえ方　185

　　　　死しての王か，生ける乞食か　186
　　　　　生への執着と死の恐怖　194

7 数の意味と役割 201

  万物を支配する「3」 202
  完全を示す7と9 212
  誇張する表現 217

[第3部　英語のことわざ220——現代英米人の常識]

A．日本にもほぼ同じことわざがあるもの 230
B．日本にも類似のことわざがあるもの 234
C．日本には類似のことわざがないもの 247

主要参考文献　　257
英語のことわざ索引　　260
日本語のことわざ索引　　283

日英ことわざの比較文化

第1部

日英のことわざ

特質と背景

1
ことわざについて

ことわざとは何か
——*Proverbs are the wisdom of the streets.*

ことわざは人類の知恵の結晶であり,文化の濃縮された一滴である。また一般庶民がつくり上げた文芸作品であるともいえる。

1) ことわざの定義

To be, or not to be: that is the question.
生きるべきか,死すべきか,それが問題だ。

これは,イギリスの劇作家・詩人のシェイクスピア(William Shakespeare)の悲劇『ハムレット』(*Hamlet*)の中にある,主人公ハムレットの苦悩の独白としてあまりにも有名なものである。この言葉から,何かというとあれこれ思い悩むタイプの人間を「ハムレット型人間」といい,あとさきのことはあまり考えずにすぐ実行するタイプの人間を「ドン・キホーテ型人間」といったりする。恋人から一泊旅行に誘われた時,To go, or not to go: that is the question. と悩むアメリカの

第1部　日英のことわざ

女子学生もいるし，テレビも見たいが宿題もしなければならない時，TV, or not TV: that is the question. と悩むイギリスの子供もいる。

　ところで『ハムレット』の中のこの言葉は比較的新しいアメリカの1, 2のことわざ辞典には収められているが，The Oxford Dictionary of English Proverbs のほか，ほとんどのことわざ辞典には収録されていない。シェイクスピアの言葉からことわざになったものは多く，上記の言葉ほど有名ではないが，『夏の夜の夢』(A Midsummer Night's Dream) の中にある The course of true love never did run smooth.（本当の恋が平穏無事に進んだためしはない）という言葉などは，英米のほとんどすべてのことわざ辞典に収められている。

　ことわざ（Proverb）とはどういうものであろうか。英米の辞書で Proverb の定義を調べてみよう。

　　A short pithy saying in common and recognized use: a concise sentence, often metaphorical or alliterative in form, which is held to express some truth ascertained by experience or observation and familiar to all.　　　　（The Oxford English Dictionary[1)]）
　　広く人々に使われ認められている，短くて核心をついた言葉。比喩的であったり，頭韻をふんだりすることが多く，経験や観察によって確かめられた，誰でも知っている真実を表現するとみられる簡潔な文章。

　　A short, memorable, and often highly condensed saying embodying, esp. with bold imagery, some commonplace fact of experience.
　　　　　　　　　　　　　　　　　　（Collins English Dictionary[2)]）
　　経験に基づく平凡な事実を，特に大胆な比喩をもって具体的に表現する，短くて，記憶に残る，しばしばきわめて簡潔化された言葉。

　　A short popular saying, usually of unknown and ancient origin, that expresses effectively some commonplace truth or useful thought.　　（Random House Dictionary of the English Language[3)]）
　　普通その起源は古くてわからず，ある平凡な真理や有益な思想を

1 ことわざについて

効果的に表す，短くて広く人々に使われる言葉。

この3つの定義にはそれぞれ特徴があって興味深いが，共通なことはまず「短い，簡潔な」(short, pithy, concise, condensed) ということである。同じように含蓄のある言葉であっても，短い簡潔な表現でなければ，絶えず人々の口にのぼり，ことわざとして使用されることは少ないのである。人々に記憶しやすいものであるためにも簡潔でなくてはならない。ただし簡潔なだけでは十分ではない。できれば表現に修辞学的技巧が凝らしてあり，リズミカルなものがことわざになる可能性が大きい。*OED* の定義の中に often alliterative（頭韻をふむことが多い）とあるが，この頭韻も脚韻と並んで口調をよくする重要な技巧である。

次にことわざの定義に共通な要素は，「広く人々に使われる」(common, popular) ことであり，これは「一般庶民によって広く使われる。民衆の間に普及した」という意味である。ことわざは一部の知識階級や研究者のためのものでなく，あくまでも一般庶民の共感と支持を得た人生の知恵なのである。標題に挙げたことわざ，Proverbs are the wisdom of the streets.（ことわざは庶民の知恵である）もそれを示している。

ことわざに必要なもうひとつの要素は内容である。ある場合にはこの世の普遍的真理や人生の知恵を，またある場合には忠告や励ましを与えてくれるのがことわざである。また内容に関して，*OED* の定義にある metaphorical（隠喩的，比喩的）や *Collins* にある imagery（比喩的表現，心像）ということも重要な要素である。Too many cooks spoil the broth.（料理人が多すぎるとスープがだめになる）や A stitch in time saves nine.（時を得た一針は九針を省く）が，料理や裁縫の際の忠告から脱して，「船頭多くして船山へ上(のぼ)る」「今日の手遅れは明日へついて回る」の意味で広く使われるようになって初めてことわざとして定着するのである。このように比喩的な適用はことわざの本質である。ただし，次のように比喩的に使われるわけでなく，文字どおりの意味だけに使われることわざも多く存在することも事実で

ある。

 If at first you don't succeed, try, try, try again.
 最初にうまくいかなくても、何度でも繰り返しやってみよ。
 Practise what you preach.
 人に説教することは自分も実行せよ。
 Waste not, want not.
 浪費しなければ窮乏もなし。

　要するに、ことわざとして必要な要素は、(1)簡潔で軽妙な表現、(2)人口に膾炙していること、(3)普遍的真理や教訓などを含む内容、の3つであろう。ことわざには3つのS、つまり shortness（簡潔さ）と sense（内容）と salt（ぴりっとした味つけ）が必要だと言った人がいるが、この3つの要素をもった言葉が人々に広く使われるようになると、ことわざとして成立することになる。

2) ことわざと名言と慣用句の区別

　名言（famous phrase）はある特定の個人の言葉や、ある作品の中で使われた言葉として人々に知られているものであるが、名言がことわざになる場合もある。実際ことわざと名言や引用句（quotation）とは区別しがたい場合がある。

　例えば聖書やシェイクスピアの作品中の言葉で、次のようなものは、ほとんどのことわざ辞典に収められている。

 Pride goes before destruction [a fall].
 高慢は破滅に先立つ。　　　　　　　　（『旧約聖書』「箴言」16章8節)
 There is nothing new under the sun.
 日の下に新しいものはない。　（『旧約聖書』「伝道の書」1章9節)
 Brevity is the soul of wit.
 簡潔は機知の精髄。　　　　　　　　　　（『ハムレット』2幕2場)
 Cowards die many times before their deaths.
 臆病者は死ぬまでに何度も死ぬ。
 　　　　　　　　　　　　　　　　　（『ジュリアス・シーザー』2幕2場)

1 ことわざについて

しかし次のものはたいていのことわざ辞典に収録されていない。

Ask, and it shall be given you.
求めよ，さらば与えられん。　　　（『新約聖書』「マタイ伝」7章7節）
Blessed are the poor in spirit.
幸福(さいわい)なるかな，心の貧しき者。　（『新約聖書』「マタイ伝」5章3節）
Frailty, thy name is woman.
弱き者よ，汝の名は女なり。　　　　　　　（『ハムレット』1幕2場）
To be, or not to be: that is the question.
生きるべきか，死すべきか，それが問題だ。

（『ハムレット』3幕1場）

またイギリスの詩人ドライデン（John Dryden, 1631-1700）の言葉でNone but the brave deserves the fair.（勇者にあらずんば美女を得ず）は普通ことわざとして扱われているが，同じイギリスの詩人シェリー（P. B. Shelley, 1792-1822）のよく知られた言葉，If winter comes, can spring be far behind?（冬来たりなば春遠からじ）は普通名言として扱われ，ことわざ辞典には載っていない。さらにイギリスの詩人ポープ（Alexander Pope, 1688-1774）の A little learning [knowledge] is a dangerous thing.（少しばかりの学問は危険なもの——「生兵法は大怪我の基(もと)」）は完全にことわざになっているが，同じポープの言葉で，The proper study of mankind is man.（人間が学ぶべきはまず人間だ）は単なる名言でことわざとしては考えられていない。

またアメリカの発明王エジソン（Thomas Edison, 1847-1931）の言葉として有名な Genius is one per cent inspiration and ninety-nine per cent perspiration.（天才とは1パーセントの霊感と99パーセントの発汗〔努力〕なり）は，アメリカのことわざ辞典には載せてあるが，イギリスの辞典には載っていない。

以上の例からも推測できるように，やはりことわざになっているものは内容に普遍性があり，表現が比較的簡潔であるといえよう。一般大衆が日常口にするためには内容にある程度の通俗性も必要であり，また難しい用語なども含まないものでなければならない。また名言は

第1部　日英のことわざ

ある文脈の中で使われて強いインパクトを与えるものが多いので，その文だけ取り出すと生彩を欠くものがあるが，そのような場合もことわざにはなりにくい。しかし辞典によって同じ言葉がことわざとして収録される場合と，されない場合があるのも事実である。結局，辞典編纂者の主観による場合が多い。上記の The proper study of ... などもことわざとして扱っている辞典もある。

もうひとついえることは，人々が，これはシェリーの言葉であるとか，シェイクスピアの言葉であるとか，出典を意識して使っているうちは名言や引用句の段階であるが，一般大衆が出典を意識せずに，あるいはまったく知らずに使うようになると，それはことわざである，という考え方もできると思う。

次に proverb（ことわざ）と idiomatic phrase（慣用句）や proverbial expression（ことわざらしい表現）との違いであるが，これらも区別しがたい場合が多い。

英語に out of the wood [woods]（森から出て，危険を脱して）という表現があるが，これだけでは何の忠告にも警告にもならないからことわざとはいえないが，Do not halloo [whistle] till you are out of the wood.（森から出てしまうまで安心の叫び声をあげるな——ぬか喜びをするな）という形になるとひとつの立派な忠告になるわけで，ことわざとして認められるのである。もちろん，ことわざというのは忠告や警告を与えるものばかりではなく，ただ単にこの世の真理や事実を指摘するにすぎないものも多い。

また英語に a skeleton in the cupboard [closet]（戸棚の中の骸骨）という表現がある。これは，昔殺人がやたらと行われていた時代に人を殺して自分の家の戸棚の中にその死体を隠していたところから，「外聞をはばかる家庭の秘密」という意味であり，これだけでは慣用的表現にすぎないが，Every family has a skeleton in the cupboard.（どんな家にも秘密があるものだ）となるとひとつのことわざになる。

別の見方をすれば，通常ことわざは独立した sentence（文）であるが，慣用句は phrase（句）であることが多く，任意に語句を加えて

1 ことわざについて

別の文章を作ることができるのである。例えば，out of the wood という慣用句を使って，He fell down just before he was out of the wood.（彼は森から出る寸前で倒れてしまった）というような文ができる。

要するにことわざは，あるひとつのまとまった内容を伝えるものでなければならないのである。日本語でも，例えば「尻餅をつく」というのは単に言いならわされた表現にすぎないが，「棚からぼた餅」なら立派なことわざとなる。金子武雄氏によれば，ことわざというものは「言いならわし」を母胎とするものであるが，そのうち一個の作品として，さらには一個の文芸作品としての性質をもつものであり，同時にまた批評ということを本領とするものであるという[4]。sense と salt が必要といわれるゆえんである。つまり，「作品としての独立性をもつもの」がことわざと呼べるものなのである。「うすら馬鹿」や「馬鹿正直」「親不孝」には独立性がないから，ことわざとして認められないが，「親馬鹿」「親の欲目」「親の心子知らず」などには独立性が感じられるから，ことわざとして認められるであろう。ただし日本語の場合にも，ことわざとするかどうか判断しがたい場合もやはり少なくない。

「鬼の目にも涙」は「無慈悲な人でも時には情けに感じて慈悲を施すことがある」という意味で，十分独立性があり，ことわざと認めてよいと思われるが，「雀の涙」というのはどうであろうか。これは「ほんの少し」というたとえであり，「雀の涙ほどの給料」などというように使い，あまり独立性は感じられないが，日本のことわざ辞典にはたいてい載せてある。ちなみに英語には crocodile tears（わにの涙）という表現があり，一応ことわざとして扱われているようである。crocodile は獲物を食いながら涙を流すという伝説から生まれたもので，日本の「鬼のそら涙」に当たる。このほうが「雀の涙」よりずっと独立性をもっているように思われる。

3) Proverb（ことわざ）の語源

Proverb という英語はラテン語の *prō-verbium* から出たもので，

prō- は before の意，verbium は word を意味する verbum に集合名詞形成語尾 -ium がついたものであるから，proverb の語義は「人前で公に話す言葉」である。

　日本のことわざ（諺）の語源について，鈴木棠三氏は次のように述べている[5]。

　　コトワザの語源については，大体二通りの説がある。その一つは，言の技，すなわち物をいう技術であるところから，コトワザといったとする説である。いま一つは，本居宣長が古事記伝に述べた説で，宣長は「わざ」を単純な技術の意味にせず，信仰的な面から解こうとしている。すなわち，「ことは言，わざは童謡(わざうた)・禍(わざをぎ)・俳優などのわざと同じくて，今の世にも，神又は人の霊などの祟(たた)るを，物のわざという，是なり」と説いている。

4) Proverb の類語

　「ことわざ」の類を示す英語にもいろいろあるが，研究社の『新英和大辞典』の類語解説がよくまとまっているので，ここに転載させていただこう[6]。

　　saying ：知恵・真実についての力強い簡潔な言いならわし。
　　saw 　　：反覆使用されて陳腐になった古い素朴な saying（まれな語）。
　　maxim ：経験によって得た，行為の標準として役立つ一般原則を表した saying（例：Honesty is the best policy. 正直は最良の策）。格言。
　　adage 　：長い間一般の人々に受け入れられてきた saying。古諺。
　　proverb ：実際的な知恵を表した素朴で具体的な saying（一般的な語）。
　　motto 　：人生の指導原理，または行動の理想として受け入れられる maxim。
　　aphorism：一般真理（原則）を具体化した簡潔な saying（例：

He is a fool that cannot conceal his wisdom. 知恵を見せびらかすものは馬鹿)。

epigram：簡潔で機知に富んだ辛らつな陳述で，巧妙な対照によって効果を上げるもの（例：The only way to get rid of temptation is to yield to it. 誘惑を脱する唯一の道は誘惑に負けることである）。警句。

また参考までに日本語のことわざの類語と，その定義を『広辞苑』（第4版）によって記しておこう。

ことわざ（諺）：古くから人々に言いならわされたことば。教訓・諷刺などの意を寓した短句や秀句。「蒔かぬ種ははえぬ」の類。

格言：深い経験を踏まえ，簡潔に表現したいましめの言葉。金言。箴言。

金言：古人の残した，模範となる尊い言葉。格言。金句。

俚諺・俗諺：俗間のことわざ。民間で言いならわされてきたことわざ。

ことわざの成立過程

——*Wise men make proverbs and fools repeat them.*

ことわざが生まれる source（源泉，出所）には次のようなものがある。

1）ある特定の人の言葉

There is no royal road to learning.（学問に王道なし）ということわざがある。これは紀元前300年頃，ギリシャの数学者で「幾何学の父」とも呼ばれるユークリッド（Euclid）がエジプト王トレミー一世に幾何学を教えていた時，「幾何学を学ぶに捷径（近道）なきや」と聞かれたのに対し，There is no royal road to geometry.（幾何学に王道な

し）と答えたのが起源で、のち geometry がより広い意味の learning（学問）に変わったのである。

また既述のエジソンの言葉、Genius is one per cent inspiration and ninety-nine per cent perspiration.（天才とは1パーセントの霊感と99パーセントの発汗〔努力〕なり）には、次のような異形もある。

Genius is ten per cent inspiration and ninety per cent perspiration.
天才とは10パーセントの霊感と90パーセントの発汗なり。
Genius is one part inspiration and three parts perspiration.
天才とは4分の1の霊感と4分の3の発汗なり。

2) 聖書（Bible）

聖書の中の言葉から生まれたことわざは多い。

Do not throw [cast] pearls to swine.
豚の前に真珠を投げてやるな。——「猫に小判」

（『新約聖書』「マタイ伝」7章6節）

You cannot serve God and Mammon.
神とマモン（富の神）の両方に仕えることはできない。

（『新約聖書』「マタイ伝」6章24節）

Judge not, that ye be not judged.
人を裁くな、裁かれないために。

（『新約聖書』「マタイ伝」7章1節、山上の垂訓）

3) シェイクスピア（Shakespeare）

シェイクスピアは聖書と並んでことわざの二大源である。ただし実際にはシェイクスピアが作ったというよりも、その時代にすでにあったことわざをシェイクスピアが作品の中で使って世に広めたというものも多い。既出の Brevity is the soul of wit.（簡潔は機知の精髄）や All's well that ends well.（終わりよければすべてよし）もその類である。後者はシェイクスピアの作品の題として使われて以来、特に有名になったものである。またシェイクスピアの言葉は次に挙げるものの

1 ことわざについて

ように，ことわざというよりも名言として扱われることが多い。ただしこの中でも，ことわざ辞典に収められているものもあるし，また今後ことわざとして扱われるようになるものもあろう。

> What a piece of work is a man!
> 人間とは何たる傑作であろうか。　　　　　（『ハムレット』2幕2場）
> All the world's a stage.
> この世はすべて1つの舞台。　　　（『お気に召すまま』2幕7場）
> Caviar to the general.
> 庶民にキャビア。――「猫に小判」　　（『ハムレット』2幕2場）
> Neither a borrower nor a lender be.
> 金は借り手にも貸し手にもなるな。　　　（『ハムレット』1幕3場）

シェイクスピアは人間の心のすべての機微に通じ，「万人の心をもつシェイクスピア」といわれる。また，ありとあらゆる言葉に通じ，言葉と恋愛し，「言葉の魔術師」とも呼ばれる。だからシェイクスピアの作品の中からどの文章をとっても，名言やことわざになるほどだともいわれる。ある女性がシェイクスピアの作品がすばらしいと聞いていたので読んでみたところ，ことわざや名言ばかりやたらと多くて自身の表現があまりなく，つまらない作品だと知ってがっかりしたという笑い話があるくらいである。言うまでもなく，これは事実と逆で，シェイクスピアの書いた文章がことわざや名言になっているというわけである。

4）『イソップ物語』，故事など

シェイクスピア以外でも多くの英米の作家や詩人の作品の中からことわざが生まれている。また『イソップ物語』（*Aesop's Fables*）からも次のようにいろいろなことわざが生まれている。

> Who will bell the cat?
> 誰が猫の首に鈴をつけるか。

これは，ネズミたちが自衛手段として猫の首に鈴をつけることを思いついたが，誰がその鈴をつけにいくかという段になって困ってし

まったという話に由来するもので、「誰が難局に当たるか」の意味のことわざとなったのである。

　　An ass in a lion's skin.
　　ライオンの皮を着たロバ。──「虎の威を借る狐」

このことわざは、ライオンの皮を着たロバがいなないため化けの皮がはげたという話から、おどしの鬼面をかぶった小心者の意。

また、さまざまな故事から生まれることわざもある。日本には中国の故事から生まれたことわざも多く入っている。

例えば、「覆水盆に返らず」ということわざは、次のような故事から生まれている。

周の大公望呂尚(りょしょう)が若い頃貧乏なのにろくに働かず、読書三昧にふけっていたので、妻が愛想をつかして実家へ帰ってしまった。ところがその後呂尚はその貧に堪えて学識を蓄え、功成り名遂げた時、別れた妻が戻ってきて復縁を求めた。すると呂尚は盆に一杯の水を汲み、それを庭先の土へこぼして、「その水をすくって盆に戻してみよ」と言った。しかし水はすでに土にしみ込み、彼女は泥しかすくえなかった。これを見て呂尚はおもむろに「一度こぼれた水は元の盆に返すことはできない。一度別れた者も再び一緒にはなれないものだよ」と言った。

5) 出典不明のもの

ことわざには次のように出典が不明のものが一番多いのである。

　　Make hay while the sun shines.
　　太陽が照っている間に乾草をつくれ。──「好機逸すべからず」

ヨーロッパの農夫は、冬の間の家畜の餌用に、夏の間に草を育てるのであるが、それを倉庫に蓄える前に太陽に当てて干さなければならない。太陽が出ると農夫は長いfork（乾草用フォーク）で草をひっくり返してまんべんなく日に当てるようにする。これを日が照っている間に手際よくしなければ立派な乾草はできない。天気の変わりやすいイギリスの農家では特にこのことわざの教えは大切であった。

1 ことわざについて

　このように，このことわざは乾草を作る農夫たちの間から自然に生まれたものであり，鉄を打つ仕事に従事する人たちの間から生まれた Strike while the iron is hot.（鉄は熱いうちに打て）も同様の趣旨のことわざである。また，生産に従事する人々の経験から生まれた Don't put all your eggs in one basket.（卵をすべて1つのかごに入れるな——危険を分散せよ）や Don't count your chickens before they are hatched.（ヒナがかえる前にヒナの数を数えるな——「捕らぬ狸の皮算用」）なども出典は特定できないものである。

　このように，ことわざはある特定の個人の知恵から生まれたものもあるが，その大部分は一般庶民がつくり出したものなのである。「太陽が照っているうちに乾草をつくらなければだめだ」というようなことが人々の間で語られ，自然と一定の表現が固まってきたり，人々の中の誰か賢い人が簡潔な表現にまとめ，その内容が人々の共感を得て，人々が口にしやすい表現である場合にはことわざとして成立するのである。次のようなことわざもそれを証明している。

　　Proverbs are the wisdom of the streets.
　　ことわざは庶民の知恵である。
　　Proverbs are the daughters of daily experience.
　　ことわざは日常の経験から生まれた娘である。
　　Proverbs are the wit of one, and the wisdom of many.
　　ことわざは多くの人々の知恵，1人の機知。
　　　　　　　　　　　　　　　　　——ラッセル（John Russell）
　　Wise men make proverbs and fools repeat them.
　　賢人がことわざを作り，愚人はそれを何度も口にする。
　　（この場合の fools は一般庶民を示している）

第1部　日英のことわざ

ことわざの打ち返し現象
―― *Dog does not eat dog.* vs. *Dog eat dog.*

　ことわざには相反する意味のものが存在する。例えば，Out of sight, out of mind.（見えなくなると心からも消える）ということわざがあり，これは「去る者は日々に疎(うと)し」という意味であるが，これに対し Absence makes the heart grow fonder.（離れていることが情を一層深める）ということわざがあり，日本では「遠ざかるほど思いが募る」とか「逢わねばいや増す恋心」という。

　また日本のことわざに「酒は百薬の長」というものがあるが，これに対し「酒は百毒の長」ということわざもある。

　このように，あることわざが真実として指摘した内容と反対のことを真実として指摘することを，ことわざの「打ち返し」という。このような現象はどこの国にも見られる。それでは「酒は百薬の長」と「酒は百毒の長」のいったいどちらが真実なのであろうか。どちらも真実なのである。どちらも一面的な真理を伝えている。ことわざは批評を中心とする文芸作品であるから，ある場合には直観的に，ある場合には独断的に，一面的な真実や真理を述べたもので，酒を科学的に分析して，人間の身体によいか悪いかを判断する必要はないし，またそういう科学的な判定の結果と，ことわざの述べる事実とは無関係な場合が多いのである。There is no proverb which is not true.（真実でないことわざはない）ということわざがあるが，これもまた真実なのである。

　別の見方をすれば，酒が百薬の長でもあり，また百毒の長でもあるという相反する2つの真実を総合したところに真実が存するともいえるであろう。

　日英のことわざの打ち返しの主な例を挙げてみよう。

　1. The tailor makes the man.

1 ことわざについて

仕立屋は人物を作る。——「馬子にも衣装」
Clothes do not make the man.
衣服は人柄を作らず。

2. Look before you leap.
   跳ぶ前に見よ。——「念には念を入れよ」
   He who hesitates is lost.
   ためらう者は失敗する。

3. Too many cooks spoil the broth.
   料理人が多すぎるとスープがだめになる。——「船頭多くして船山へ上(のぼ)る」
   Many hands make light work.
   人手が多ければ仕事はらくになる。——「仕事は多勢(たぜい)」

4. What is worth doing at all is worth doing well.
   いやしくも為す価値のあることは立派に為す価値がある。
   The best is often the enemy of the good.
   最善は善の敵であることが多い。——あまり完全を求めるな

5. A little learning is a dangerous thing.
   少しばかりの学問は危険なもの。——「生兵法は大怪我の基(もと)」
   It is better to know something than nothing.
   全然知らないより少しでも知っている方がよい。

6. 「女房と畳は新しい方がよい」
   「女房と味噌は古いほどよい」

7. 「稼ぐに追いつく貧乏なし」
   「稼ぐに追い抜く貧乏神」

8. 「正直の頭(こうべ)に神宿る」
   「正直も馬鹿のうち」

9. 「話し上手は聞き上手」
   「話し上手の聞き下手(べた)」

10. 「人を見たら泥棒と思え」
    「渡る世間に鬼はない」

第1部　日英のことわざ

11.「ただより安いものはない」
　　「ただより高いものはない」

　このような現象は新しい時代ほど多くみられるようになっていると思われる。やはり大衆がことわざの述べる内容を鵜呑みにせず，批判的にみるようになってきており，ものの反面の真理をも見抜くことが多くなっているためであろう。特に現代人が既存のことわざに飽き足らず新しいことわざを作る場合にもこの傾向がみられる。例えば「渡る世間に鬼はない」に対して「渡る世間は鬼ばかり」としたり，「二兎を追う者は一兎をも得ず」に対して「二兎を追わねば一兎をも得ず」とするものなどは現代の世相を反映していよう。またキッチンのテレビコマーシャルにあるように「亭主とキッチンは新しい方がよい」などというものもある。英語のことわざの場合にも，標題に挙げたように Dog does not eat dog.（泥棒仲間には泥棒なりの仁義がある，などの意）ということわざに対して，Dog eat dog.（同族の傷つけ〔殺し〕合い，仲間争い）ということわざもできている。現代のサバイバル時代を反映していよう。

ことわざと国民性

—— *Walls have ears.*

　ことわざが，その国の国民性を示すかどうかに関しては見解が分かれるところであろう。つまり，ことわざを研究することにより，その国の国民性をある程度うかがうことができるという立場と，ことわざは伝説のごとく，その国民によって創り出されたものでなく，ある国民から他の国民へと移動し，有名なものには模倣が行われており，ことわざはその国民性を示さないという見解である。

　筆者の見解は，ことわざはある程度までその国の国民性を示す，というものである。以下，日英共通のもの，表現形式や比喩の異なるもの，日英異質のものを比較検討することによってこの問題を検証して

1 ことわざについて

いきたい。

1) 日英共通のことわざ

　ことわざの内容には各国共通のものも多い。人間性というものは基本的にはそう変わりはないものであるから、これは当然のことと考えられよう。特に普遍的真理・人間性に関することわざにはやはり同一のものが多い。次に挙げるものは同じ内容をほとんど同じ表現形式で述べている。

　　Walls have ears.——「壁に耳」
　　Money talks.——「金が物言う」
　　Life is a dream.——「人生夢のごとし」
　　Time and tide wait for no man.——「歳月人を待たず」
　　（この tide は「潮」の意味でなく「時」の意味で、time と同じであるが、口調をよくするために添えたものである。）
　　Dead men tell no tales.——「死人に口なし」
　　There is no smoke without fire.——「火のない所に煙は立たぬ」
　　There's no place like home.——「家ほどよい所はない」
　　A bad workman always blames his tools.——「下手の道具調べ」

2) 内容は同じだが題材（比喩）や表現形式が異なるもの

　日英のことわざが伝えようとしている内容はだいたい同じであるが、そのことわざの中で使われている題材や比喩に違いがあったり（それは主として社会的、文化的、地理的背景による）、表現形式が異なるものがある。例えば、It is no use crying over spilt milk.（こぼれたミルクを嘆いてもむだだ）に対して、日本では「覆水盆に返らず」（中国起源）という。牧畜民族の欧米人にとって、牛乳は牛肉やバター、チーズなどと並んで古来きわめて重要な食品であったが、日本ではそもそも大人が牛乳を飲むことは昔はほとんどなかった。したがって英語のことわざの "milk" は日本語では「水」になっている。ことわざに使われる題材が国民の生活を反映している例である。

第1部　日英のことわざ

英語の慣用句には milk を使ったものが多い。

　　white as milk（まっ白い），milk and honey（豊かな生活の糧），milk and water（水で割った牛乳，気の抜けた話，めそめそした感情），the milk in the coconut（物事の核心，要点），turn the milk sour（へたな歌がミルクを腐らせる〔ぬかみそが腐る〕）

これに対し，昔から日本人の生活に最も密接に結びついた飲物は「水」と「お茶」であり，これに関することわざや成句の類も多い。

　　「水清ければ魚住まず」「水に懲りて湯を辞す」「水入りて垢落ちず」「水心あれば魚心あり」「水積りて川を成す」

　　「水入らず」「水が違う」「水が入る」「水と油」「水に流す」「水温む」「水の滴るよう」「水も漏らさぬ」「水を打ったよう」「水を差す」「水を向ける」

　　「娘十八番茶も出花」「茶と百姓は絞るほど出る」「茶腹も一時」「小娘と茶袋」「へそが茶をわかす」

　　「茶の間」「茶飲み友達」「茶番」

また，Hunger is the best sauce.（空腹は最上のソースなり）という英語のことわざがあるが，日本では「ひもじい時にまずい物なし」という。否定表現を好む日本語表現の特徴も表れているが，各人が自分の好みで自分の食物にかける調味料を重視する欧米文化の中における sauce の重要性に注目する必要がある。sauce というと日本人はトンカツなどにかけるソース（Worcester sauce が一番近い）だけを想像することが多いが，英語の sauce には white sauce, brown sauce, egg sauce, tartar sauce, cranberry sauce など多くの種類があり，サラダなどにかけるドレッシング（dressing）やマヨネーズ（mayonnaise [méiənèiz]）もソースの一種である。しかも sauce は各家庭で作り，いわば家庭（おふくろ）の味を演出するものである。その sauce の最上のものに当たるのが hunger（空腹）であるという文化的背景を理解する必要がある。

そのほか次のような日英のことわざを比較してほしい。

　　Don't count your chickens before they are hatched.

1　ことわざについて

ヒナがかえる前にヒナの数を数えるな。──「捕らぬ狸の皮算用」

Jack of all trades, and master of none.
あらゆる商売ができるが，どの商売にも抜きん出ることができない男。──「多芸は無芸」

Speech is silver, silence is golden.
雄弁は銀，沈黙は金。──「言わぬは言うにまさる」

Where there's a will, there's a way.
意志のある所には道がある。──「精神一到何事か成らざらん」

Three women and a goose make a market.
女3人と鶩鳥1羽で市ができる。──「女三人寄れば姦(かしま)しい」

Love me, love my dog.
私を愛しているなら私の犬も愛して。──「愛屋烏(あいおくう)に及ぶ」

Let sleeping dogs lie.
眠っている犬を起こすな。──「藪をつついて蛇を出す」

3) 日英異質のもの

次のようなことわざは欧米文化を背景にしており，それに相当する日本のものがない。

To err is human, to forgive divine.
過ちは人の常，許すは神の業。

Cleanliness is next to godliness.
清潔は敬虔にほぼ等しい。
(身体や衣服を清潔に保つことは神を敬う心に通ずる)

God made the country, and man made the town.
神が田園を作り，人間は都市を作った。
(自然は人工より美しい)

Exchange is no robbery.
交換は強奪にあらず。
(不当な交換をして利益を得た者が使う口実)

Knowledge is power.
知識は力なり。
Man, woman, and devil, are the three degrees of comparison.
男，女，悪魔は，比較の3級である。
The exception proves the rule.
例外は規則ある証拠。

これに対して次のようなことわざは，日本人固有の発想や文化をもとにしており，相当する英語のことわざがない。

「義理と人目」「義理張るより頬張れ」「長いものには巻かれろ」「出る杭は打たれる」「男やもめに蛆（うじ）がわき女やもめに花が咲く」「地震雷火事親父」「茄子（なすび）と男は黒いがよい」「秋茄子（なすび）嫁に食わすな」「女は三界（さんがい）に家なし」「子は三界の首枷（かせ）」

これらのことわざの相違は，結局欧米と日本における神と人との関係，人生観，男と女や親と子の関係，家族制度，生活様式の相違などからくるもので，当然のことであろう。

4) 国民性の実証としてのことわざ

このように，日英ことわざ間において，その内容や表現形式の異なるものを注意深く比較検討することによって，ある程度その国民性がうかがわれるであろう。その場合，出典，時代的背景，引用その他によって，それがいかなる系統のものかを考え，国民の受容態度を常に考慮しなければならないことはいうまでもない。また両国のことわざが同じ内容を扱っていても，その数においてかなりの差がみられる場合も多い。例えば「親と子」についてのことわざは日本には驚くほど多い。これは日本における親子関係の深さを物語るものであろう（第2部の「親と子の関係」参照）。

たしかに，ことわざには相反するものもあるし，事実をありのままに表現せず，ある場合には諷刺的に，ある場合には逆説的に述べるということわざの特質もあり，ことわざから国民性を推知するのは難しい場合もある。しかし少なくとも国民性をことわざによって実証する

1　ことわざについて

ことはできるといえよう。

5) ことわざの交流と模倣

　さらにもうひとつ考慮すべき事実は，日本は諸外国と陸続きでないということである。ヨーロッパ諸国間においては，ことわざの交流や模倣も多く行われたことは想像に難くないが，孤立していた日本の場合には，そのような事実はあまりなかったと考えてよかろう。もちろんこれは現代においては別であり，また中国から入ったことわざが多いことも事実である。ヨーロッパ各国でほとんど同じようなことわざがみられる例を，いくつか挙げてみよう。

　　Three women and a goose make a market.——イギリス・オランダ
　　女3人と鷲鳥1羽で市ができる。——「女三人寄れば姦(かしま)しい」
　　Two women and a goose make a market.——イタリア
　　女2人と鷲鳥1羽で市ができる。
　　Three women, three geese, and three frogs make a fair.——ドイツ
　　女3人と鷲鳥3羽と蛙3匹で市ができる。

　　The pot calls the kettle black.——イギリス
　　鍋が釜を黒いと言う。——「目糞鼻糞(くそ)を笑う」「五十歩百歩」
　　The pan says to the kettle, "Get away, lest you stain me."
　　　　　　　　　　　　　　　　　　　　　　　　　　——イタリア
　　鍋が釜に言う，「向こうへ行け，おれが汚れるから」
　　The sauce-pan laughs at the pipkin.——イタリア
　　シチュー鍋が土びんを笑う。
　　The shovel scoffs at the poker.——フランス
　　シャベルが火かき棒を笑う。
　　The pot reproaches the kettle because it is black.——オランダ
　　鍋が釜を黒いと言ってけなす。
　　The colander said to the needle, "Get away, you have a hole in you."——ヒンズー（これはヨーロッパ外）

第1部 日英のことわざ

濾過器が針に言った，「向こうへ行け，お前の身体には穴があいているじゃないか」。

Hunger is the best sauce.――イギリス
空腹は最上のソースなり。――「ひもじい時にまずい物なし」
Hunger makes hard bones sweet beans.――イギリス
空腹は堅い骨をうまい豆にする。
Hunger is the best cook.――ギリシャ，イタリア，ドイツ
空腹は最上の料理人なり。
There is no sauce but that of appetite.――フランス
食欲というソースほどよいソースはない。
Appetite does not need sauce.――イタリア
食欲はソースを必要とせず。
Hunger changes beans into almonds.――イタリア
空腹は豆をアーモンドに変える。
Hunger makes raw beans taste of suger.――オランダ
空腹は生の豆に砂糖の味つけをする。

Better be the head of a dog than the tail of a lion.――イギリス
ライオンの尾となるよりも犬の頭となるほうがよい。――「鶏口となるも牛後となるなかれ」
Better be the head of a fox [mouse, lizard] than the tail of a lion.
　　　　　　　　　　　　　　　――イギリス
ライオンの尾となるより狐（鼠，トカゲ）の頭となるほうがよい。
Better be the head of a cat than the tail of a lion.――イタリア
ライオンの尾となるよりも猫の頭となるほうがよい。
Better be the head of a lizard than the tail of a dragon.
　　　　　　　　　　　　　　　――イタリア
竜の尾よりトカゲの頭となるほうがよい。

1 ことわざについて

The rat's head is worth more than the lion's tail.——スペイン
鼠の頭はライオンの尾より価値がある。

なお，以上とは反対の次のようなものもある。
Choose rather to be the tail of lions than the head of foxes.
——ヘブライ

狐の頭となるよりライオンの尾となれ。

また，中国のことわざから日本のことわざの中へ入ったものは多い，日常われわれがよく使うものを挙げてみよう。

「羹に懲りて膾を吹く」（前の失敗にこりて無益な用心をする）

「一刻千金」（p.68参照）

「九仞の功を一簣にかく」（多年の努力も，最後のちょっとした失敗で徒労に終わる）

「漁夫の利」（第三者が利益を横取りする）

「鶏口となるも牛後となるなかれ」

「呉越同舟」（仲の悪い同士が行動を共にする）

「虎穴に入らずんば虎子を得ず」（危険を冒さなければ功名は立てられない）

「五里霧中」（どうしたらよいかわからない状態）

「塞翁が馬」（人生の禍福はあざなえる縄のごとし）

「先んずれば人を制す」

「千丈の堤も蟻の穴より崩る」（わずかな油断で大事が破れる）

「天網恢恢疎にして漏らさず」（悪事は早晩露見する）

「泣いて馬謖を斬る」（私情にとらわれず法を正す）

「百聞は一見に如かず」

「羊頭を懸げて狗肉を売る」（看板は上等だが品物は悪い）

「良薬口に苦し」（身のためになる忠告は聞きづらい）

「隴を得て蜀を望む」（欲には際限がない）

これらのことわざには，ほとんどそれにまつわる故事があり，調べてみると楽しいものである。

第1部　日英のことわざ

ことわざの表現形式
——*Marry in haste, and repent at leisure.*

　英語のことわざには論理的すぎて文芸性に欠けるものも多い。日本のことわざのほうが作品としてのおもしろみがあるともいえる。

1) 直截的・論理的と感性的・具体的

　英語に Seeing is believing. ということわざがあるが，この「見ることは信ずることなり」という表現は日本人にとってはいまひとつピンとこない。「(自分の眼で) 見なければ〔見ないうちは〕信じられない」と言えばわかりやすくなる。したがって相当する日本のことわざは「百聞は一見に如かず」となっている。やはり否定形を使い「百」と「一」を対比させて具体性を出している。

　次の日英のことわざを比較していただきたい。

　　The dependent is timid.
　　居候は臆病である。——「居候の三杯目」
　　(居候は三杯目のおかわりは遠慮してそっと出す)
　　A burnt child dreads the fire.
　　火傷した子は火を恐れる。——「羹に懲りて膾を吹く」
　　The child is father of the man.
　　子供は大人の父なり。——「三つ子の魂百まで」
　　Every little helps.
　　どんなに少しでもすべて役立つ。——「塵も積れば山となる」
　　Every misfortune is to be subdued by patience.
　　すべての不幸は忍耐によって克服することができる。——「石の上にも三年」

　英語のことわざは日本人にとっては，しばしば論理的すぎて訴える力が弱く，表現のおもしろみがない。日本人は「見ることは信ずるこ

となり」のような抽象的な表現を嫌う。日本人は,こういう論理的なものの考え方が得意でないためもあろう。「居候は臆病である」や「火傷した子は火を恐れる」には,どうもことわざのもつ味がない。ことわざは庶民の作り出すひとつの文芸作品であるから,ひとつの作品としての文芸性がほしい。

以上に挙げたことわざを比較してみると,日本人のほうが表現力にすぐれているようにすら思われる。ただしこれには,日英両言語のもつ本質的な相違と,東洋人と西洋人の思考方法の相違も関係があろう。

2) 命令文+命令文

Spare the rod and spoil the child. (むちを惜しんで子供を悪くせよ)ということわざは,日本の「可愛い子には旅をさせよ」に相当するものとしてよく知られている。これは「むちを惜しむ(叱るべき時に叱らない)と子供は悪くなる」という意味であるが,Hurry up, and you will catch the bus. (急げ,そうすればバスに間に合うよ)のような,いわゆる「命令文+and you'll ~」の構文とは異なり,「むちを惜しめ」「子供を悪くせよ」という2つの命令文を結びつけたものである。しかし「子供を悪くせよ」と命令しているのではなく,「そうしたければ勝手にしてみろ」というつき放した強い表現で,実際には「そんなことはするな」という禁止になっているのである。日本の「うそつけ」や「馬鹿言え」というような表現と比較してみればよい。2つの命令文で禁止事項を逆説的に強調しているともいえる。このような表現形式のことわざをいくつか挙げてみよう。

　　Grasp all, lose all.
　　全部をつかめ,そしてすべてを失え。——「大欲は無欲に似たり」
　　Lend your money and lose your friend.
　　金を貸して友を失え。——「金が敵(かたき)」
　　Marry in haste, and repent at leisure.

第1部　日英のことわざ

あわてて結婚し，ゆっくり後悔せよ。——「縁と月日の末を待て」

Please the eye, but vex the heart.

目を喜ばせよ，しかし心を苦しませよ——「美しいバラにはトゲがある」

Talk much and err much.

多く語り大いに過ちを犯せ。——「数を言えば屑を言う」

ことわざには簡潔で口調のいい表現が大切だから，「命令文＋and you'll ～」よりも，この種の表現が好まれるのであろう。

3) It is ～ that ... の強調構文

英語のことわざに，It is a long lane that has no turning. というのがある。これは直訳すると「曲がり角を持たないのは長い道である」となるが，「しかし実際にはそんな道はなく，どんなに長い道にも必ず曲がり角はあるものだ」という意味になる。これは，「こんな問題が解けないのは馬鹿だ」と言って，「実際にはそんな馬鹿はあまりいないから，誰でもこんな問題は解ける」という意味になる思考過程と同じように考えればよいわけである。これは英語のことわざに多くみられる表現形式であり，次のものもよく知られている。

It is an ill wind that blows nobody good.

これは，「誰の利益にもならないような風は悪い風である。しかしそんな悪い風は普通ないので，どんな風でも誰かしらに利益を与える」の意味で，「甲の損は乙の得」「泣く子もあれば笑う子もある」に当たる。その他，いくつか類例を挙げてみよう。

It is a good horse that never stumbles: and a good wife that never grumbles.

馬はつまずくもの，女房はぐちをこぼすもの。

It is an ill bird that fouls its own nest.

自分の家族や国を中傷するな。

It is a bad cloth that will take no colour.

1 ことわざについて

人は何かの色に染まるもの。
It is a poor heart that never rejoices.
どんなに貧しい心でも,何かうれしいことはあるものだ。
It is a silly fish that is caught twice with the same bait.
馬鹿でないかぎり同じ愚を繰り返すな。
It is a wise father that knows his own child.
自分の子供を知っているのは賢い父親である。
　——「親馬鹿」(p. 59 参照)

4) ことわざ表現形式の特徴

ことわざは人々に強い印象を与えたり,記憶しやすくするために,さまざまな修辞学上の技巧が凝らされている。a)〜d) は内容上の技巧, e)〜i) は外形上の技巧である。

a) 比喩 (metaphor)

「ことわざとは何か」の節で述べたように,比喩(隠喩)はことわざの技巧の中で最も基本的なものである。同じ趣旨のことを述べる場合でも比喩を使うことによって表現におもしろみが加わり,記憶に残る表現となるのである。

例えば,「その道にすぐれている人でも時には失敗することがある」ということを,「猿も木から落ちる」とか「弘法も筆の誤り」と表現したり,「何でも他人の物はよく見える」ことを「隣の花は赤い」とか「我が家の米の飯より隣の麦飯がうまい」と表現するなど,ことわざの多くは比喩によって文芸作品としての生命を与えられるのである。

　Rome was not built in a day. ——「ローマは一日にして成らず」
　(大事業は一朝一夕にはできない)
　There is no smoke without fire. ——「火のない所に煙は立たぬ」
　(噂が立つには何か根拠がある)
　Every dog has his day.

どの犬にも盛りがある。
(誰にでも一生に一度は幸運が訪れる)

b) 擬人法 (personification)

生命をもたない事物や抽象概念を人間と同じように扱う手法である。そもそも英語には無生物主語の文が多いので，英語のことわざにも擬人法は多く見られ，英米人にとってはごく普通の表現と感じられる場合が多い。

Love is blind.
恋は盲目。
Walls have ears.
壁は耳を持つ。──「壁に耳」
A bad penny always comes back.
悪いペニーは必ず戻ってくる。──家出した放蕩息子は必ず帰ってくる。
Slow and steady wins the race.
のろくても着実なのが競走に勝つ。
An apple a day keeps the doctor away.
1日1個のりんごは医者を遠ざける。

c) 逆説 (paradox)

真理と反対のことを言っているようにみえるが，よく考えてみると一種の真理を言い表しているような表現をいう。

Make haste slowly. ゆっくり急げ。──「急がば回れ」
No news is good news.
便りのないのは良い便り。──「無事に便りなし」
次のような日本のことわざも同例である。
「負けるが勝」「多芸は無芸」「損して得とれ」「浅い川も深く渡れ」「善く泳ぐ者は溺る善く騎る者は堕つ」

1 ことわざについて

d) 誇張法 (hyperbole)

物事を誇張して述べることによって表現のおもしろみを出し，読者に強い印象を与える表現法。

One hair of a maiden's head pulls harder than ten yoke of oxen.
乙女の髪の毛１本は20頭の牛より引く力が強い。――「女の髪の毛には大象もつながる」

When an ass climbs a ladder, we may find wisdom in women.
ロバがはしごを登るようになれば，女に賢さが見られるかも知れない。――「女の知恵は鼻の先」

「人を見たら泥棒と思え」「粉糠(こぬか)三合あったら婿に行くな」
「妻の言うに向(むこう)山も動く」「孫は目の中へ入れても痛くない」

e) 頭韻 (alliteration)

同じ音で始まるいくつかの語を並べることによってリズミカルな文にする技巧。

Manners make the man. 礼節が人を作る。

Spare the rod and spoil the child.
――「可愛い子には旅をさせよ」（pp. 63～64参照）

Care killed the cat.――「心配は身の毒」（p. 181参照）

Live and learn. 長生きすれば，いろいろなことを見聞きできる。

Dead men tell no tales.――「死人に口なし」

「薬九層倍」「無くて七癖」「仲人七嘘(なこうどななうそ)」

f) 脚韻 (rhyme)

語尾に同じ音がくる語を並べることによってリズミカルな文にする技巧。

Man proposes, God disposes. 計画は人にあり，成敗は神にあり。

Might is right.――「勝てば官軍負ければ賊軍」

East, west, home is best.――「家(うち)ほどよい所はない」

An expensive wife makes a pensive husband.

第1部 日英のことわざ

金のかかる妻をもらえば夫は気が重い。
「亀の甲より年の劫(こう)」「金の切れ目が縁の切れ目」
「安かろう悪かろう」

g) 反復 (repetition)
あえて同じ語を繰り返して使うことによって印象を強くする表現。
There's no fool like an old fool. 老人の馬鹿ほど馬鹿なものはない。
Love me, love my dog.——「愛屋烏(あいおくう)に及ぶ」
No money, no Swiss. 金がなければスイス人は雇えない。——「金の切れ目が縁の切れ目」
「海に千年山(河)に千年」「聞いてびっくり見てびっくり」

h) 対照法 (antithesis)
反意語を対比させて使うことによって意味を強め、表現におもしろみを加える技巧。

Penny wise, pound foolish.
ペニーに賢く、ポンドには愚か。——「一文惜しみの百知らず」
Young saint, old devil. 若聖人の老悪魔。
Much cry, little wool.
鳴き声ばかりで毛はわずか。——「大山鳴動鼠一匹」
「聞いて極楽見て地獄」「爪で拾って箕(み)でこぼす」「男やもめに蛆(うじ)がわき女やもめに花が咲く」

i) 省略 (ellipsis)
省略は、簡潔な表現を基本とすることわざには必要不可欠の手法である。しかしことわざの場合、通常の英文では容認されない省略法（文法的破格）がみられる。特に First come, first served.（「早いが勝ち」）のような対置法の際にこの傾向は顕著である。これは Those who have come first are first served. の省略形である。

1 ことわざについて

Nothing venture, nothing have.
思い切ってやらなければ何物も得られない。——「虎穴に入らずんば虎子を得ず」

Once bitten, twice shy.
一度嚙まれると二度目は用心する。——「羹に懲りて膾を吹く」

Better late than never. 遅くてもしないよりまし。

Easy come, easy go.
楽に入るものは楽に出ていく。——「悪銭身につかず」

さらに日常使用する場合，その一部を省略して使うことによっておかしみの効果を出したり，冗漫に流されるのを防ぐこともある。次のことわざの（ ）内を省略して使うことがある。

Talk of the devil (and he is sure to appear).
悪魔の話をすると，必ず姿を現す。——「噂をすれば影がさす」

Hope springs eternal (in the human breast).
希望は人の胸に限りなく湧き上がる。

It takes all sorts (to make a world).
世間が成り立つにはさまざまな人間が要る。

Where ignorance is bliss, 'tis [＝it is] folly to be wise.——Ignorance is bliss.
知らないほうが幸せな場合には，知ることは愚かである。——「知らぬが仏」

日本でも「噂をすれば影がさす」を省略して「噂をすれば」とか「噂をすれば何とやら」などと使ったり，「いつも柳の下にどじょうは居らぬ」を「柳の下のどじょう」と言ったり，「門前の小僧習わぬ経を読む」を「門前の小僧」と略したりすることがある。

また「藪をつついて蛇を出す」を「藪蛇」と略して言うことがあるが，次のようにこの種の簡略化の例はかなりある。

「鶏口となるも牛後となるなかれ」——「鶏口牛後」
「棚からぼた餅」——「棚ぼた」

第1部　日英のことわざ

「泥棒を捕えて縄をなう」——「泥縄」
「海老で鯛を釣る」——「海老鯛」

●注

1) *The Oxford English Dictionary*（Oxford, 1970）.
2) *Collins English Dictionary*（Harper Collins, 1991）.
3) *The Random House Dictionary of the English Language*（Random House, 1983）.
4) 金子武雄『日本のことわざ』第3巻（大修館書店，1959）。
5) 鈴木棠三編『続故事ことわざ辞典』（東京堂出版，1976）。
6) 『新英和大辞典』（研究社，1960）。

2
日英ことわざの意味のズレ

Ignorance is bliss.

　ことわざ辞典などで，英語のことわざと一緒に日本語のことわざが挙げられ，一般にそれらがまったく同じ意味であると考えられているような場合でも，実際には日本のことわざと英語のことわざの間にはニュアンスのズレがあったり，本質的に意味が異なる場合も少なくない。その背景には日本人と英米人の発想や文化の相違がある。この項ではそのような例を挙げて文化的背景を探ってみたい。

▼ *Doing nothing is doing ill.*
小人閑居して不善を為す

　このことわざは，Those who are doing nothing are doing ill. または He who does no good does evil enough.（善を為さぬ者は十分悪を為している）という形でも使われる。これに対応する日本のことわざとして，たいていの辞典は「小人閑居して不善を為す」を載せている。実際これ以外に近い意味のものはないようであるが，この日英のことわざのもつ意味には相当のズレがある。「小人閑居して不善を為す」というのは，本来は中国のものであるが，「小人物は暇でいると，ろくなことはしない」という意味である。しかし英語のことわざの場合には，doing nothing＝doing ill なのであるから，「何もしないでぶら

ぶらしていることは，もうそれだけで悪をなしている」という意味である。人間はこの世に生まれてきたかぎり，世のため人のために積極的に善をなす義務が（神に対して）あるのである。日本人の考え方はより消極的であるから，人間はただ悪いことをしなければよいのである。だから日本では「勤続40年」とか「20年無事故運転」が表彰の対象になる。積極的に良いことをする必要はないので，ただ悪いことをしないで無難に大過なく人生を送ればよいのである。古来日本では「人から後ろ指を指されない人間になる」というのが理想であった。

　「出る杭は打たれる」ということわざどおり，なるべく目立たないように，集団の中に溶け込んで生活するのが望ましいことであった。日本の学校では教室で先生の話を礼儀正しく聞いていれば良い生徒・学生であるが，アメリカでは常に先生に質問したり，意見を言ったりしなければ良い生徒・学生とは認められない。ただおとなしく聞いているのは，doing nothing であり，それは doing ill ということになるのである。

▼ *Do (to others) as you would be done by.*
己の欲せざる所は人に施す勿れ

　この英語のことわざは『新約聖書』「マタイ伝」7章12節から出た言葉で，「人にしてもらいたいように人にもなせ」という意味である。このことわざの文尾には by others が省略されている。do by は慣用句で「（人）に対してふるまう」という意味である。cf. He did well by me.（彼は私によくしてくれた）

　日本語のことわざのほうは『論語』の中にある孔子の教えである。日英のものと比較してみると肯定と否定の対照がまず目につく。英語のほうは「人の喜ぶことをせよ」と教え，日本語のほうは「人の嫌がることはするな」と教えている。これも前項のことわざと同じく積極的な生き方と消極的な生き方との対比である。

　伊藤整氏は，このことわざについて「近代日本における『愛』の虚偽」と題して，次のように述べている[1]。

2 日英ことわざの意味のズレ

キリスト教系の文化を持つ国においての人間と人間との触れ合いの道徳的整理の仕方には，ほぼ定型となっている共通の型がある。各民族の習慣や宗派別で違うが，われわれがヨーロッパ的道徳と一括して考えているものであり，キリスト教の人間認識に基づいている。他者を自己と同様の欲求を持つものと考えて愛せ，という意味のその黄金律からきているように思う（中略）私は漠然と，西洋の考え方では，他者との組み合わせの関係が安定した時に心の平安を見出す傾向が強いこと，東洋の考え方では他との全き平等の結びつきについて何かの躇いが残されていることを，その差異として感じている。われわれ日本人は特に，他者に害を及ぼさない状態をもって，心の平安を得る形と考えているようである。「仁」とか「慈悲」という考え方には他者を自己のように愛するというよりは，他者を自己と全く同じには愛し得ないが故に，憐れみの気持ちをもって他者をいたわり，他者に対して本来自己が抱く冷酷さを緩和する，という傾向が漂っている。だから私は，孔子の「己の欲せざる所を人に施すなかれ」という言葉を，他者に対する東洋人のもっとも賢い触れ方であるように感ずる。他者を自己のように愛することはできない。われらの為し得る最善のことは，他者に対する冷酷さを抑制することである，と……。

この中の「東洋の考え方では他との全き平等の結びつきについて何かの躇いが残されている」というのは，日本の「タテ社会の人間関係」を示していよう。日本では，本来平等であるべき夫と妻や兄と弟などすべての人間が上下の関係で結びついている。だから日本人は肩書きを記してある名刺を交換しないと，相手の名前を知っただけではその後の交際ができないのである。上下関係に関係のない brother や sister に相当する日本語は存在しないが，英語には sibling（兄，弟，姉または妹）のような，男女，長幼の区別もない語まで存在している。日本語の「先生」に当たる英語も存在しない。また伊藤整氏によれば，日本に「愛」はなく，あるのは「仁」や「慈悲」であり，「惚

第1部　日英のことわざ

れること」「慕うこと」なのである。Love your neighbour.（汝の隣人を愛せよ）という聖書の言葉も日本人には真に理解することは難しいであろう。

▼ *A hedge between keeps friendship green.*
親しき中に礼儀あり

この英語のことわざは，直訳すると「間の垣根は友情を新鮮に保つ」となり，日本人はすぐ「親しき中に礼儀あり」を連想する。そしてどのことわざ辞典を見ても「親しき中に礼儀あり」が同意のものとして挙げてある。しかし，*English Proverbs Explained* には次のような説明がある。

> We remain better friends if we do not see too much of one another. Hedges or fences between our properties are not just physical barriers; they are a reminder to both of us that a good neighbour should never be obtrusive.
>
> われわれは，お互いにあまり顔を合わせないほうがよい友人でいられる。生垣や垣根は，われわれの土地の物理的な境界になるだけではない。それは「よき隣人はあまりでしゃばりすぎてはいけない」ということを双方に思い出させる物なのである。

そしてこれと同意のことわざとして，Good fences make good neighbours.（よい垣根はよい隣人をつくる）と Love your neighbour, yet pull not down your fence.（隣人を愛せよ，されど生垣を取りこわすなかれ）を挙げ，そしてさらにこれらと同種のものとして，An Englishman's house is his castle.（イギリス人の家は城である）を挙げているのである。このことわざは，「イギリス人は家庭のプライバシーを他人が覗くのを許さない」という意味の有名なものである。要するに A hedge between keeps friendship green. ということわざは，（家庭の）プライバシーについて述べたものなのであるが，「タテ社会の人間関係」を重んずる日本では，人と人との間における礼儀作法と考えられがちなのであろう。日本の「親しき中に礼儀あり」にむしろ

2 日英ことわざの意味のズレ

近いのは，Familiarity breeds contempt.（なれ過ぎると軽蔑の念が生まれる）であろう。

▼ *Ignorance is bliss.*
知らぬが仏

これはイギリスの詩人トーマス・グレイ（Thomas Gray, 1716-71）の詩「イートン・カレッジ遠望の詩」("Ode on a Distant Prospect of Eton College.")から出たもので，人生の悲哀や苦労も知らずに，楽しく遊んでいるイートンの学生たちの姿を歌ったものである。Where ignorance is bliss, 'tis folly to be wise.（知らないほうが幸福な場合には，知ることは愚かである）という形でも使われる。*English Proverbs Explained* によれば，このことわざの意味は If knowledge brings unhappiness, it is better to be ignorant.（知ることが不幸をもたらすのなら知らないほうがよい）とある。

Common English Proverbs には，次のような説明がある。

> Sometimes it is better not to know than to know. As long as a person remains in ignorance of certain events in the past, or the evil events that may happen in the future, he is likely to be happy. For instance, it is better for a person with a fatal illness not to know that he cannot recover.
>
> 知っているより知らないでいるほうがよいことがある。人は過去に起きたある出来事や，将来起こるかもしれない悪い出来事を知らずにいるかぎり，その人は幸福なのである。例えば，不治の病にかかった人は，自分がもう治らないということを知らないほうがよいのである。

日本の「知らぬが仏」ということわざも，本来はだいたいこれと同じ意味であったようだが，現代では，もっぱら人をひやかしたりする時に，「知らぬが仏さ」などと言って使うようである。

例えば，次のような場合に使われることが多い。

この女房はうかつにも，夫が若い娘とふたりで恋の道行きをして

いることに，まるで気がついてはいないのだ。知らぬが仏とはこのことだ。
(石川達三『四十八歳の抵抗』)

だから日本には似たようなことわざに「知らぬは亭主ばかりなり」というようなものもある。英語のことわざのほうには，このような人を嘲笑するような響きがほとんどないようである。

▼ Good wine needs no bush.
桃李もの言わず下自から蹊を成す

この英語のことわざは「良い酒は看板を必要としない」という意味である。この bush というのは ivy bush（キヅタの枝）のことで ivy には酔いざましの効果があると考えられて，ギリシャ・ローマ神話の酒の神バッカス（Bacchus）に捧げられたところから，昔の居酒屋や酒屋では，看板としてこのキヅタの枝を表にぶらさげた。しかし良い酒を売っている酒屋はすぐ知れ渡ったので，この bush を出さなくても自然に客が集まった。だからこのことわざは一般に「良い品物に宣伝はいらない」という意味で使われる。

この英語のことわざに対して，日本ではほとんど例外なく「桃李もの言わず下自から蹊を成す」を当てはめている。しかしこれは中国起源のもので，「桃やスモモは何も言わずとも，その美しい花やおいしい実のために自然とその下に人の通り道ができる。そのように徳のある人には，自然と慕い寄る者がたくさんできる」の意であり，人間の生き方に対する教えでもある。ところが英語のことわざのほうは，ただ商品の売れ行きのことを言っているだけで，そのような高尚な内容にまで言及してはいない。3つのことわざ辞典の説明を挙げてみよう。いずれも上等な品物は広告を要しないという解釈である。

Goods of excellent quality need no advertisement, as the public soon learn about them and purchase them.
(*Common English Proverbs*)

上等の品物は広告を必要としない，人々がすぐそれを知って買うから。

2 日英ことわざの意味のズレ

High-quality goods need no advertising because people soon get to know about them.　　　　　　　　　　　(*English Proverbs Explained*)
質の良い商品に広告はいらない，なぜなら人々にすぐ知れ渡るから。

Figuratively, the merits of a good thing will prove themselves without the need of advertising.　　(*A Book of English Proverbs*)
比喩的な意味で，良い物の価値はおのずと知れるから広告の必要はない。

また，シェイクスピアの『お気に召すまま』(*As You Like It*)のエピローグの中には，次のような引用がある。

If it be true that good wine needs no bush, 'tis true, that a good play needs no epilogue.
良酒に看板不要が本当なら，うまい芝居に納めの口上不要も本当だ。

なおこれと同種のことわざは，他国にもある。

Good wine has no need of a public crier.——スペイン
良酒にひろめは不要。
To good wine no sign.——フランス
良酒にしるしなし。
Good wine sells itself.——ドイツ
良酒はひとりでに売れる。

▼ *The child is father of the man.*
三つ子の魂百まで

このことわざは，ワーズワース (William Wordsworth, 1770-1850) の短詩「虹を見るときわが心は躍る」("My Heart Leaps Up When I Behold") の中から出たものであるが，この句がことわざとして独立して使われるようになってから，ワーズワースが伝えようとした思想が，現代ではむしろ見失われつつあるようにも思われる。

この詩の全体は次のとおりである。

第1部　日英のことわざ

My heart leaps up when I behold
　　A rainbow in the sky:
So was it when my life began;
So is it now I am a man;
So be it when I shall grow old,
　　Or let me die!
The Child is father of the Man;
And I could wish my days to be
Bound each to each by natural piety.

空の虹を見るとき，わが心は躍る
幼いときもそうであった
大人になった今もそうである
老いてからもそうでありたい
そうでなければ死んでしまいたい！
子供は大人の父
願わくば私の日々が
自然に対する敬虔の念によって結ばれんことを！

　子供の時は誰でも虹を見ると感動するものであるが，成長するにつれ幼児の純粋な心が失われていくのは悲しいことだ。子供の純粋な心を大人になってからも，いつまでも持ち続けたいと願っている詩である。ワーズワースにとっては自然が神であった。人間は，この世で生を与えられたばかりの幼児の時，最も自然に，すなわち神に近い。ところが成長するにつれ世の荒波にもまれ，自然から離れていってしまう。幼児こそ人間の本源の姿であると言っているのである。この詩の中には，彼の幼児崇拝の思想がこめられているといえる。日本ではこのことわざに対して，必ず「三つ子の魂百まで」を当てている。ところが，日本の「三つ子の魂百まで」ということわざは，単に「幼時の性質は年をとっても変わらない」という意味で，しかも幼児の時の悪い習慣などが一生直らない，といったような意味合いがこめられている場合が多く，このワーズワースの句とは，本質的に異なるともいえ

2 日英ことわざの意味のズレ

る。次のような用例によっても、それがわかる。

> 私等が親方の出入場の旦那どのさ。三つ子の魂百までと譬(たとえ)の通り、小さな時分から気儘八百に育(そだ)た物だから、大きくなっても盲蛇物に畏(おぢ)ずだ。　　　　　　　　　　　　　　　　（『浮世風呂』）

> 竹千代様の御行跡、荒々しいといふ事は誰も知らぬものも無い。三つ子の魂百までとやら、あの御気質では御世継さえ危ふいもの。それを御案じある故に御台様の御心配。　　（歌舞伎『春日局』）

▼ *What is learned in the cradle is carried to the tomb.*
雀百まで踊り忘れぬ

これは前項のことわざに類似のものである。この英語のことわざは「ゆりかごの中で覚えたことは墓場まで運ばれる」の意から、「幼時に覚えたことは死ぬまで忘れない」の意味で使われ、日本の「雀百まで踊り忘れぬ」に相当するものと考えられている。しかしこの日本のことわざの本来の意味は、まったく違うのである。雀がぴょんぴょんとはねて歩くことを踊りといっているのだが、金子武雄氏によるとこの「踊り」は人間の場合「浮気」をさしている。つまり若い時の浮気の癖は、年を取ってもなかなか直らないという意味であったという[2]。現代では浮気にかぎらず生来の癖が一生直らないことにも使うが、どちらにしても悪い癖をいっている。要するに「頭禿げても浮気はやまぬ」に等しいのである。次のような用例も、それをよく示している。

> ご大家出身の、だらしなさの一例ですよ。生みっぱなしで、一切の世話はだれかひとがみてくれますからね。雀百まで踊り忘れずですよ。　　　　　　　　　　　　　　　　（丹羽文雄『献身』）

しかし、英語のことわざのほうには、浮気の含みなどはない。単に幼時のしつけや教育が大切であることをいっているのである。*Common English Proverbs* には、次のような説明がある。

> A child's character is formed when he is very young and it does not change as long as he lives. The proverb stresses the importance of good early training in the bringing-up of children.

子供の性格はごく幼いときに作られ，一生変わらない。このことわざは子供を育てるに際しての，幼時のしつけの重要性を強調している。

▼ *It is no use crying over spilt milk.*
覆水盆に返らず

この日本語のことわざのほうは，既述のとおり (p. 16)「一度離別した夫婦の仲はもう元には戻らない」という本来の意味から転じて普通「いったんしてしまったことは取り返しがつかない」という，諦めの気持ちを含んだ意味合いのものであるが，英語のことわざのほうは，「してしまったことを嘆いていても無駄だ。それを償う何か有効な手段を講じることを考えるべきだ」という前向きの姿勢をうながすことわざである。次に挙げるように，英米の辞典はたいてい次のような解説をしている。

> It was a great pity that it happened, but there's nothing we can do about it now. Don't bewail the past. (*English Proverbs Explained*)
> 起きてしまったのは大変残念なことであるが，もう仕方がない。過ぎたことを嘆き悲しんではいけない。

> When we have made mistakes through carelessness, or suffered loss that cannot be recovered, we should not waste our time weeping or regretting what has happened, but should "make the best of it" and be more careful in the future. (*Common English Proverbs*)
> われわれが不注意で間違いを犯した時や，取り返しのつかない損失をこうむった時，起きてしまったことを嘆いたり悔やんだりして無駄な時間を使ってはいけない。われわれはその失敗を最大限に生かし，今後気をつけるようにすべきである。

▼ *First come, first served.*
早いが勝ち

この英語のことわざは「最初に来た者が最初にもてなされる」の意

2 日英ことわざの意味のズレ

味で、「早いが勝ち（早い者勝ち）」や「先んずれば人を制す」などの日本のことわざが同意のものとして必ず挙げられる（p. 34参照）。これらの日本のことわざから連想されるのは、人を押しのけて電車にとび込み、空席を取るすばしこさや、ずうずうしさなどである。しかし *Pocket Oxford Dictionary*（POD）がこの英語のことわざに与えている説明は、"Protest against favouritism"（えこひいきに対する抗議）である[3]。つまりイギリス人の最も尊重する fair play（公平な扱い）の精神なのである。イギリス人はどんな時にも queue（列）をつくることで知られているが、この queuing の精神（イギリス人にとって社会生活上の基本的ルール）をこのことわざは表しているといえよう。

▼ *Beauty is only [but] skin-deep.*
美しいも皮一重

英語のことわざを訳して日本でも「美は皮一重」とか「美人というも皮一重」とも言い、この日英のことわざは同意のものとして考えられているが、やはりズレがある。

日本のことわざのほうは、要するに美人と不美人についての人間の悟りのようなものを述べたもので、『故事ことわざ辞典』（東京堂）も「美人も皮一枚はぎとれば、醜い女と変わらないという悟り」と解説し、『ことわざ大辞典』（小学館）も「人の心をとろけさす姿形の美しさも所詮は皮膚一枚の上だけ。一皮むけば同じ骸骨である」と説明している。

しかるに英語のことわざのほうは、美しさの下には醜さや醜い性格が隠されていることがあるということを強調するもので、しかも人間だけでなく、物についても使われ、結局人や物をその外見だけで判断してはならないと言っているのである。だから All that glitters is not gold.（光るもの必ずしも金ならず）や Appearances are deceptive.（見かけは当てにならぬ）といったことわざに近いのである。*The Concise Oxford Dictionary of Proverbs* には次のような解説がある。

Physical beauty is no guarantee of good character, temperament,

第1部　日英のことわざ

etc.

肉体的美しさは良い性格，気質などを保証するものではない。

またロングマンのイディオム辞典（*Longman Dictionary of English Idioms*）は次のようにこのことわざを説明している。

What one recognizes as beauty in a person or thing is only the quality of its outer appearance, beneath which many very different qualities may be hidden; attractive appearances are deceptive.

人が人間や物に認知する美しさは単に外見上の特質にすぎない。その裏にはまったく異なる特質が隠されている。魅力的な外見は人を欺くものである

▼ *Birds of a feather flock together.*
類は友を呼ぶ

この英語のことわざは「同じ羽の鳥は一カ所に集まる」という意味で，日本のことわざ辞典は「類は友を呼ぶ」や「類をもって集まる」を相当することわざとして必ず挙げている。しかしこの英語のことわざは人を批難する含みで使われることが多い。*The Concise Oxford Dictionary of Proverbs* には次のような説明がある。

People of the same (usually, unscrupulous) character associate together.

同じ（普通不道徳な）性格の人間は仲間になる。

また *English Proverbs Explained* には次のような記述と用例が載っている。

The proverb is often used about people we disapprove of.

'They're a rough crowd. Why does young Robinson have anything to do with them?'

'Birds of a feather flock together, you know.'

「彼らは下品な連中だ。若いロビンソンはなぜ彼らと関わっているんだろう」

「『類は友を呼ぶ』ということだよ」

2 日英ことわざの意味のズレ

ロングマンのイディオム辞典もこのことわざについて, often derogatory（多く軽蔑的に使う）と注記している。

日本のことわざには特に人を批難する響きはないようである。有吉佐和子の作品に次のような引用がある。

> 元気なものはボールに戯れる。おとなしいのは類が友を呼び, たむろして日なたぼっこだ。　　　（『げいしゃわるつ・いたりあの』）

▼ *It takes all sorts [kinds] to make a world.*
鈍智貧福下戸上戸／世はさまざま

all sorts（kinds）は all sorts（kinds）of people のことで, このことわざは「世間が成り立つにはさまざまな人間が要（い）る」つまり「世の中には生き方や考え方も異なるさまざまな人間がいる。だから自分と合わないからといって非難したり排除したりしてはならない」という意味である。しかし実際にはこの英語のことわざは, 風変わりな人間がいた時や, 自分と意見が異なる人間がいた時などに「世の中には時には変わった奴もいるさ」といった気持ちで引用されることが多いことを英米のことわざ辞典が指摘している。ランダムハウスのことわざ辞典（*Random House Dictionary of Popular Proverbs and Sayings*）には次のような解説がある。

> We have to be tolerant of people who are different from us. Usually said in reference to people who are regarded as eccentric or socially unacceptable.
>
> われわれは自分と異なる人に対して寛容でなければならない。このことわざは通常, 風変わりな人や社会的に認められないような人について使われる。

要するにこの英語のほうのことわざは人の性格や考え方, 意見などの相違に言及しているが, 日本のことわざはいささか趣を異にする。標題の2つのことわざ「鈍智貧福下戸上戸（どんちひんぷくげこじょうご）」と「世はさまざま」は,『ことわざ大辞典』（小学館）によると, 前者が「知恵のない者, 賢い者, 貧しい者, 富んだ者, 酒嫌いな者, 酒好きな者。この世にはい

ろいろな人がいるということ」，後者が「世の中は人も事件も千差万別で，予想もしない結果になることが多い」という意味である。

日本のことわざでは人の生き方や考え方などにまでは言及していない。

▼ Live and learn.
長生きはするもの

このことわざはたいていの英和辞典にも載っており，「長生きはするもの」という日本語訳（ことわざではない）を与えている。つまり「人は長生きすればするほど，いろいろなことを見聞きし賢くなる」という意味である。かつて日本の英語教科書によく使われたイギリスの銀行家・政治家・著述家ラボック（Sir John Lubbock, 1834-1913）の著書 *The Use of Life* の中にも次のようなことわざの引用がある。

> No doubt we go on learning as long as we live. Live and learn.
> たしかにわれわれは生きているかぎり学び続ける。長生きして学べ。

しかし現代では，このことわざは何か新しい経験をしたり，新しいことを知ったりした時に，驚きの表現として，またユーモラスに使うことが多いようである。*English Proverbs Explained* には次のようにある。

> The saying is often used in a half-humorous way, as if with a shrug of shoulders.
> 'I bought some walnuts from a barrow-boy in East Street, and when I got them home and cracked them open, nearly all of them were bad.'
> 'Ah, well. We live and learn.'
> このことわざは肩をすくめたりして半ばユーモラスに使うことが多い。
> 「東通りで呼び売りの男からクルミを買ったんだが，家へ帰って割ってみたら，ほとんどみんなくさっていたよ」

「やれやれ，長生きすればいろんなことがあるさ」

さらにランダムハウスのことわざ辞典には，Often said after making a mistake.（失敗してしまった時に使うことが多い）と記してある。「長生きはするもの」とはやはりズレがある。

▼ *A sound mind in a sound body.*
健全なる精神は健全なる身体に宿る

この英語のことわざも昔から日本のほとんどの辞典に載っていて，上記のような訳がついていた。しかしこの訳は誤りである。なぜならこのように訳すと，健全な身体を持たない人（体の弱い人）は精神も不健全だということになってしまう。このことわざはローマの諷刺詩人ユウェナーリス（Juvenal, 55?-140?）の詩の中にある次のような一節から出たものである。

Orandum est, ut sit mens sana in corpore sano.（＝It is to be desired that a sound mind should be in a sound body.）

われわれは，健全な身体に健全な精神が宿るように祈るべきだ。

つまり，真に賢明な人間が神に願うのは，健全な精神と健全な身体のみであり，人間はこの2つを合わせ持つことをまず祈るべきだ，という意味だったのである。なおこのことわざのラテン語 Mens sana in corpore sano. は体育大会のメダルなどに書かれていることもある。

近年このことわざの本来の意味が知られ，最近の英和辞典やことわざ辞典は「健全な身体に健全な精神（を持つことが望ましい）」とか「健全な身体に健全な精神（が宿らんことを）」などのような訳をつけている。

しかし日本のことわざ辞典ではたいてい「健全なる精神は健全なる身体に宿る」の形で収められており，次のように解説されている。

「身体が健全なら自然に精神も健全である」

（『故事ことわざ辞典』〔東京堂〕）

「からだが健康であれば，精神もそれに伴って健康である」

（『ことわざ大辞典』〔小学館〕）

第1部　日英のことわざ

▼ *Out of sight, out of mind.*
去る者は日々に疎し

　この日英のことわざはまさに同意のものと一般に考えられている。しかし英語のほうのことわざは,「見えなくなると心からも消える」という意味であり,人についてのみならず,物についても使われるのである。*English Proverbs Explained* には次のように記してある。

　　We cease to worry about anything that can no longer be seen. This includes people. Absent friends are soon forgotten.
　　目に見えなくなったものは何でも気に留めなくなってしまう。これは人間の場合も同じであり,友人も離れてしまうと忘れてしまう。

　また *NTC's Dictionary of Proverbs and Clichés* には次のような解説と用例がある。

　　If you do not see something frequently, you will forget about it. (Sometimes used to imply that you will forget about people who have moved away.)
　　My electric bill somehow got moved to the bottom of the stack on my desk, and I forgot all about paying it. Out of sight, out of mind.
　　ひんぱんに見ていない物は忘れてしまう。(時にはこのことわざは,離れて行った人のことを忘れてしまうような意味にも使う。)
　　私の電気料金の請求書がどうやら机の上の書類の山の下に入ってしまったようで,支払うのをすっかり忘れてしまった。「見えなくなると,心からも消える」ということわざどおりだよ。

　日本の「去る者は日々に疎し」は人間にのみ使われることわざで,「目に見えなくなる物は忘れられる」という意味のことわざは日本語にはないようである。

2 日英ことわざの意味のズレ

▼ *Rome was not built in a day.*
ローマは一日にして成らず

この英語のことわざの訳である「ローマは一日にして成らず」は日本のことわざの中に同化した感じであり、日本のことわざを集めたほとんどの辞典にも見出しとして載っている。『ことわざ大辞典』(小学館)には次のようにこのことわざの意味が説明されている。

> 偉大なローマ帝国も、永い間にわたっての努力によって次第に築かれたのである。いかなる事業も、長い間の努力なしに成しとげることはできないというたとえ。

ところが現代ではこのことわざは、このような大げさな意味でなく、仕事が遅くなったときの言い訳として使われたり、仕事がなかなかうまくいかないでいらいらしている人に対して引用されたりするのである。

English Proverbs Explained には次のような説明と用例がある。

> Often the proverb is used as an excuse for delay.
>
> 'Haven't you finished mowing the lawn yet?' complained Mrs. Nagg.
>
> Her husband mopped his brow with his handkerchief.
>
> 'Give me time,' he answered. 'Rome wasn't built in a day.'

このことわざは仕事が遅れた時の言い訳として使われることが多い。

「まだ芝刈りは済まないんですか」とナッグ夫人が不平を言った。

彼女の夫はハンカチで額の汗を拭きながら言った。

「そうせかすなよ、ローマは一日にして成らずというじゃないか」

またロングマンのイディオム辞典によれば、このことわざは「急いては事を仕損ずる」にも近い意味をもつことがわかる。次のような説明がある。

> A job cannot be done properly if it is done too hastily.

仕事はあまり急いでするときちんとできなくなる。

第1部　日英のことわざ

●注

1) 伊藤整『わが人生観』(大和書房, 1970)。
2) 金子武雄『日本のことわざ』第1巻 (大修館書店, 1961)。
3) F. G. Fowler & H.W. Fowler (ed.), *The Pocket Oxford Dictionary of Current English, Fourth Edition* (Oxford Univ. Press, 1952).

3
解釈の変遷

Speech is silver, silence is golden.

ことわざの解釈も時代とともに変わる。また「情けは人の為ならず」のように,特に若い人たちがことわざの意味を誤解し,それがいつの間にか一般化してしまうこともある。

▼ *Art is long and life is short.*
技芸は長く,人生は短い

このことわざの出典を探ってみると,これはギリシャの医聖といわれた名医ヒポクラテス (Hippocrates, 460?-377?B.C.) の次の言葉である。

Life is short, the art long, opportunity fleeting, experience treacherous, judgement difficult.

人生は短く,医術は長い,機会は逃げやすく,経験はあてにならず,判断は難しい。

彼の住んでいた多島海の小島コスは古くから医術の中心として知られ,医者を養成する教習所のようなものがあり,そこの医学生たちに「人の一生は短いのに比し,医術は深くて究めがたいものであるから,これに従事せんとするものは,十分に戒めて怠らぬように」とさとした言葉が,このことわざのはじまりなのである。現代でも欧米の医科

大学では新入生にこのことわざの精神を再認識させることがあるそうである。したがって art は，ここでは医術を指しているのであり，芸術ではないから Art is long の箇所を多少拡大解釈しても「技術，学問は究めるのに長い年月がかかる」とするのが元の意味に近い。だからこのことわざに近い日本のことわざは「少年老い易く学成り難し」であるといえる。なおこのことわざのラテン語の表現，Ars longa, vita brevis. もよく知られている。

しかしながら現代ではこのことわざを「芸術は長く，人生は短い」と訳し，「人間の一生は短いが，芸術作品は不朽だ」と解釈して，芸術作品の永遠性をたたえて使われることも多い。かつてはこの解釈は誤りとされたが，現在では徐々に認められてきている。実際アメリカの新しい辞典などにはこの解釈も記されている。*NTC* のことわざ辞典には次のような説明と用例がある。

> Works of art last much longer than human lives; or, life is too short to learn everything you need to know about a particular discipline.
>
> I always feel a sense of awe when I look at the Babylonian statues in the art museum and realize that they were made thousands of years ago. Art is long and life is short.
>
> 芸術作品の生命は人間の寿命よりはるかに長い。あるいは，人生はひとつの分野に関して必要なすべてのことを学ぶには短すぎる，との意味。
>
> 私は美術館でバビロニアの彫像を見て，それが数千年も前に作られたものだということを思う時，いつも畏敬の念に打たれる。まさに「芸術は長く，人生は短い」だ。

▼ *A rolling stone gathers no moss.*
転がる石に苔むさず

これはイギリスとアメリカで解釈が異なることわざの一例である。イギリスでは「たびたび職業を変える人は技術や信用が得られない，たびたび転居する人には金がたまらない」という意味に解釈し，日本

3 解釈の変遷

の「石の上にも三年」に当たるわけである。また「浮気者は真の愛情が得られない」といったような意味で使われることもある。

つまりイギリスでは，a rolling stone を「腰の落ち着かない者，浮気者」の意にとり，苔のような「古いもの」に価値を見出す。日本人の「苔」に対する考え方は，普通イギリス人と同じで，盆栽に苔を植えたりすることや「君が代」の「苔のむすまで」という歌詞からもこのことがわかる。

しかしながらアメリカは，古いものにあまり価値を置かない国であり，moss をかびやさびと同じように汚いものと考える。そしてアメリカ人は mobility（動くこと）に価値を置く国民である。だからアメリカは Mobile Kingdom（動く王国）とも呼ばれる。有能な人間ほど会社を転々と変わり，変わる（スカウトされる）ごとに給料も地位も上がる。日本のように学校を出て定年までひとつの職場にいるような人間は，よほど無能な人間と考えられる。住まいも収入が上がるたびに変えていく。数年前の統計によると，日本人の一生における引っ越しの回数は平均5回であるが，アメリカ人は平均15回，成功した実業家などの場合には平均25回であるという。またアメリカは離婚，再婚率の最も高い国でもある。結婚相手もどんどん変えていくのである。だからアメリカでは A rolling stone は「積極的で活動的な，優秀な人」ということになる。

したがって，このことわざはアメリカでは「絶えず積極的に活動している人には苔のような汚いもの（悪習など）がつかず，新鮮でいられる」の意に解釈するのが普通である。アメリカのことわざ学者ミーダー（Wolfgang Mieder）のことわざ辞典には次のようなアメリカのことわざが収録してある[1]。

A rolling stone gathers no moss but picks up a high polish.
転がる石には苔がつかず，光沢が大いに増す。

A rolling stone gathers no moss, but still water becomes stagnant.
転がる石には苔がむさないが，流れない水はよどんでしまう。

また，*NTC* のことわざ辞典には次のような用例がある。

I'm so jealous of Tom. He's lived in so many different places, and he isn't tied down to a single job. A rolling stone gathers no moss.
僕はトムがとてもうらやましい。彼はこれまでいろいろなところに住んできたし, ひとつの職業にしばられてもいない。転石苔を生ぜずだ。

なお, 現代ではイギリスでも, 特に若い人たちにはアメリカ流の解釈をする者が多くなってきている。アメリカにもイギリス流の解釈をする人もいる。

ちなみに, イギリスの有名なロックグループ, ローリングストーンズ (The Rolling Stones) の名はこのことわざにちなむものだが, 彼らはイギリスの古い体制に反発し「俺たちは根なし草でよいのだ」という気持ちで名づけたともいわれている。

▼ *Speech is silver, silence is golden.*
雄弁は銀, 沈黙は金

「はじめに言葉があった。言葉は神であった」と聖書にあるように, 西欧社会は言葉で始まり, そこに暮らす人々にとっては言葉で表現したことだけが信用できるのである。

そのように自分の考えを言葉で的確に表現しなければならない社会に, 沈黙をたたえることわざが現代でも生きていることは興味深い。自分を主張することが当たり前のアメリカ人などは, さしずめ Speech is golden, silence is vice. (雄弁は金, 沈黙は悪) とでもいうところであろう。西欧社会ではギリシャ・ローマの時代から今日に至るまで雄弁術が重んじられ, アメリカなどでは小学校から大学まで, speech clinic とか public speaking といった授業の中で, 相手をいかに説得するかを徹底的に訓練する。人前で説得力のある話しができずに沈黙を守るような人間は社会で通用しないのである。

そのような西欧社会にあって「沈黙は雄弁にまさる」という趣旨のことわざが存在するのは不思議に思う人も多いであろう。

ところが, 元来 (ギリシャ・ローマの時代には), 現代と違って, 金

3 解釈の変遷

より銀のほうがはるかに貴重だったのである。アラビアでは紀元前2世紀頃，銀1ポンドは金10ポンドと等価とされたようである。ギリシャ・ローマの時代には雄弁術がきわめて重要なものであり，それは金の10倍も貴重な銀の価値があったわけである。

このことわざが「沈黙は雄弁にまさる」の意味に使われたのは，イギリスの思想家・評論家・歴史家のカーライル（Thomas Carlyle, 1795-1881）の『衣装哲学』（*Sartor Resartus*）が最初のようである。

したがって現代の英米人は，人の話しがあまりうるさい時，子供がうるさく泣き叫ぶ時，大自然の静寂の中に浸った時などに，このことわざを思い出すことが多いようである。Silence is golden. の部分だけで使うことも多い。

ランダムハウスのことわざ辞典には，ある床屋で耳にした言葉として次のような使用例がある。"When my wife speaks it's like sterling silver, but, when she stops, it's like 24-karat gold."（妻が話す時は純銀だが，話をやめた時は24カラットの金のようだ）

日本には「言わぬは言うにまさる」ということわざがある。自己主張ばかりでなく他人への察しと思いやりの文化をもち，言葉による表現よりも，むしろしぐさや態度を重視してきた日本社会にあっては，このことわざは西欧社会よりも一層人々の共感を呼ぶものであろう。

また「沈黙は金」に対して，日本では「言わぬが花」という。西洋の実利的な「金」と日本の情緒的な「花」の対比も興味深い。

▼ *It is a wise father that knows his own child.*
自分の子供を知っているのは賢い父親である

よほど賢い父親でないかぎり，親というものはかわいさのあまり，自分の子供を正しく理解していないものだとの意で，「親馬鹿」に当たることわざであると現在では解釈されることが多いが，これは本来そういう意味ではなかった。

中世のイギリスには不貞な妻が多くいたようで，自分の妻が産んだ子供が本当に自分の子供であるかどうかわからない夫がいたようであ

る。このことわざは，そのような事情を社会的背景として生まれたものであり，mother や parent でなく father が使われている理由もこれで納得がいく。したがって日本の「知らぬは亭主ばかりなり」が類似のことわざになる。西洋の男性が貞操帯なるものを考え出したり，夫人同伴という慣習をつくったのも，このことわざのような背景があったためであろう。

なお，このことわざは It is a wise child that knows its own father. (自分の父親を知っているのは賢い子供である) という形でも使われ，これが本来の表現であった。これも現代では「親の心子知らず」といったような意味で使われることも多いが，かつては「父親は何某ということになっているが，本当のところはよくわからない」というような意味合いで使われた。現代でもこの意味で使われることが，次のように NTC のことわざ辞典の説明と用例でわかる。

You can never have certain proof that a certain man is your father. (Implies that the child in question might be illegitimate.)

It is a wise child that knows its own father, but Emily is so much like her dad that there's very little uncertainty.
ある男性が自分の父親であるという確かな証拠は得られない。(その子供が本当の子供でないかもしれないという暗示)

自分の父親をわかっているのは賢い子供であるということわざがあるけど，エミリーはお父さんにそっくりだから，まず間違いはないよ。

シェイクスピアがこのことわざをもじって標題の It is a wise father that knows his own child. という表現を『ヴェニスの商人』(*The Merchant of Venice*) 2幕2場で使って以来，ことわざとして一般化したのである。

▼ *Charity begins at home.*
慈愛はわが家から始まる

このことわざは，現代の英米人が寄付金の勧誘を断る時などのよう

3 解釈の変遷

に，自分の家族以外への援助を避けようとする時や自分の心の狭さの言い訳をする時などに使うようである。しかしこのことわざの本来の意味は，むしろ反対なのである。まず charity という語は，charity ball（慈善舞踏会）などのように「慈悲」という訳語をまずわれわれに連想させるが，ここでは *Concise Oxford Dictionary*（*COD*）にあるように love of fellow men の意味である[2]。つまり「同胞に対する（キリスト教的）愛」を指しているのである。そしてこのことわざには続きがあり，Charity begins at home, but should not end there.（慈愛はわが家に始まる，しかしそこで終わってはならない），つまり「幼時から身近の人を愛し助けることを学んでおけば，成人してからもすすんで人を助けるようになるだろう」という趣旨である。

▼ *Live and let live.*
自分も生き，他人も生かせ

このことわざには普通「世は相持(あいもち)」（この世の中を渡るには，お互いに助け合っていかねばならない）を相当するものとして挙げるのが普通である。たしかにこのような意味に使われることもあり，また古くは主にこのような意味で使われることが多かったようである。Ray のことわざ辞典（*A Complete Collection of English Proverbs*, 1813）には，このことわざの説明として Do as you would be done by.（人にしてもらいたいように人にもなせ）ということわざが挙げられている。またジョンソンのことわざ集（*Common English Proverbs*）には次のような説明がある。

Do not harm others in any way and then they will not harm you. Live at peace with others.
いかなる形でも人を傷つけてはいけない。そうすればあなたも人に傷つけられることはない。人と仲良く暮らせ。

しかしながら，現代ではこのことわざは「他人のことに干渉せずに『人は人，自分は自分』でやっていけ」の意味に使われることが普通のようである。やはり現代人気質を示していると思われる。

第1部　日英のことわざ

ロングマンのイディオム辞典では次のように解説している。
　Be concerned with one's own affairs and let other people govern their affairs and live as they wish.
　自分の仕事だけに関わり，ほかの人間もそれぞれ自分の仕事に携わり，好きなように生きることを認めよ。

▼犬も歩けば棒に当たる

　現代の日本人はたいていこのことわざを「歩き回っていれば，そのうち良いことに出会う」という意味に解釈しているようである。しかし本来そういう意味ではなかった。昔は日本では犬といえばだいたい野良犬であった。あちこち歩き回っていると，人間に「この野良犬め！」と棒でなぐられることがあった。したがって，このことわざの意味は「じっとしていればよいのに，なまじ動き回ると人間どんな災難に遭うかわからない」ということだったのである。つまり，過去においては「棒」が「災難」を象徴していたのに，正反対の「幸運」を象徴するようになってしまったのである。同一の国におけるこのような解釈の変化は，何を物語るものであろうか。本章で，A rolling stone gathers no moss. のアメリカにおける解釈を説明したが，日本人もやはりアメリカ人のように積極的に動き回ることに価値を見出すようになってきた，ということを示すものではなかろうか。そういえば現代の日本人は，転職や転居や離婚を昔のように嫌うことなく，むしろすすんでする傾向が高まりつつあるようだ。

▼一姫二太郎

　このことわざを，「子供は女1人男2人が望ましい」と解釈している人もいるようであるが，もちろんこれは子供を産む順序をいっているのであり，「最初に女の子を産み，次に男の子が望ましい」という意味である。女の子は男の子より病気にかかることも少なく，はるかに育てやすいし，最初に女の子を産んでおけば，早く母親の手伝いをしたり，弟妹たちの面倒をみたりするから，母親が助かる，というよ

3 解釈の変遷

うな趣旨であろう。少なくとも現代では普通このように解釈されている。

しかし昔,日本では女の子が生まれても喜ばれない場合が多かった。「イエ制度」の下で家の跡取りとしての男児を産むことが,どの家にとっても最も大事なことであった。男児を1人産んでしまえば,あとは安心して男児でも女児でも産むことができたわけで,当時の事情から考えれば,このことわざは「一太郎二以下どちらでもよし」であるべきだった。ところが,実際には期待に反して最初に女の子が生まれてしまうケースも多く,そういう家に対して「最初は女の子でも,次には男の子が生まれるかもしれませんから,失望しないように」という慰めの言葉として,「一姫二太郎」ということわざをもっぱら使ったのではないかと推測される。最初も次も女の子だった家には「一姫二姫三太郎」と言って慰めたともいう。

ただし少子化の現代では,子供を1人しかつくらない家が多くなり,跡継ぎなどを考えることも少なくなったので,このようなことわざもあまり意味のない言葉になっている。しかもDINKS(Double Income No Kids)などという,子供をつくらない夫婦さえ増えているのである。

なお,このことわざのように,相手に対して,また自分自身に対しての慰めの言葉から発達したものは多い。「金は天下の回り物」や「金と塵は積るほどきたない」などは,金のない人たちへの,あるいは自らに対する慰めや負け惜しみから生まれたものかもしれない。「塞翁が馬」や Every cloud has a silver lining.(どの雲にも銀色の裏がある。——「苦は楽の種」)などは,不幸に遭った人たちへの慰めの言葉であろう。しかしこれらは単に慰めの言葉だけではなく,一面の真理をも語っているところに,ことわざとしての生命が保たれているのである。

▼可愛い子には旅をさせよ

かわいい子供には旅のつらい思いを経験させ,世間のきびしさを自

ら体験させることが最善の教育である、というのがこのことわざの本来の意味である。「旅は憂いもの辛いもの」ということわざもあるように、昔は旅はつらいものの代表であった。交通が不便であったため、わらじを何度もはきかえて歩かなければならず、知らない土地を旅するさびしさもあった。「旅は道づれ世はなさけ」は、旅をする人のそういうさびしさから生まれたものであろう。ところが、新幹線や飛行機などの交通機関が発達している現代では、旅は快適なものの代表に変わってしまった。したがって、「子供を甘やかしてはいけない」というこのことわざの趣旨は現代でも通用するが、このことわざ自体はもはや通用しなくなってしまった。本来の趣旨を生かすためにはむしろ「可愛い子には旅をさせるな」と変えねばなるまい。社会生活や価値観などの変化によって、ことわざが本来の意味を失うことがある例である。

現代の若者たちは親に旅行のお金をねだる時に「子供がかわいかったらお金ちょうだい」という意味で、このことわざを使うこともあるようだ。かつて国鉄が宣伝文句として "Discover Japan"「一枚の切符から」「いい日旅立ち」などを使ったが、旅行会社が子をもつ親への宣伝文句としてこのことわざを使うこともできよう。

ところで、昔は「旅」はつらいものを意味したが、英語の travel も本来「苦しみ」の意味であった。語源はラテン語の trepālium (拷問の責め道具) で、tre (＝three) ＋pālium (＝stake/杭、棒)、つまり3本の杭を使った拷問の道具のことであった。したがって travel という語は、はじめは「苦しめる」という意味で、それから「歩いて自分の体を苦しめる」ということになり、「旅行する」という意味が生まれたのである。同じ語源をもつ語に travail [trǽveil] という語もあるが、これは元の意味を残しており、「苦労、苦痛」の意味に現代でも使っている。

▼縁の下の力持ち

このことわざは、現代では「人の目につかないところで人のために

3 解釈の変遷

大いに役立つような人」の意で,敬意を表する時に使っているが,もともとは,縁の下のような人の目にとまらないところで重い物を持ち上げて自分の力を示す,つまり人に見られないところでむだ骨を折る,という多分に軽蔑的に使われたことわざであったようである。オリンピックには重量挙げという競技があるが,現代では日常庶民の前で「力持ち」を見せるような場面はないので,このことわざの受け取り方が変わってきたのであろう。

なお同じ意味のことわざに「縁の下の舞」があり,類似のことわざに「縁の下の小豆(あずき)の木」や「縁の下の筍(たけのこ)」があるが,どちらも立身出世できない人のたとえである。

▼情けは人の為ならず

若い人たちにこのことわざの意味を聞くと,ほとんどの場合「なまじ人に情けをかけるとその人の為にならない」という答えが返ってくる。だから若者はバスの中で老人が前に立っていても,このことわざの趣旨を生かし,席を譲らないこともあるようだ。年を取ると足が弱るから,立って足を丈夫にしたほうがよいというわけである。

しかしこのことわざの本来の意味は違う。「人に情けをかけておけば,その報いはめぐりめぐって自分にくる。人に親切にしておけば必ずよい報いがある」という意味であった。時代劇などではこの種のことがよく題材になるが,せちがらい現代社会の中で人々はこのようなことわざの趣旨は信じにくいかもしれない。江戸時代のように人口も少なく,人情に厚い人たちの多かったムラ社会の人々は,このようなことわざを信じていたであろう。

▼誤解されやすい成句

ほかにも,意味を取り違えたりすることわざや成句がたくさんあるが,特に若い人たちに誤解されやすいものを挙げてみよう。

( )内が正しい意味

1.「気のおけない」——信頼(安心)できない(相手に気づまりや

遠慮を感じさせない)
2.「役不足」——役目(荷)が重すぎて自分では力量が不足している(役目が実力不相応に軽い)
3.「食間〔に飲む薬〕」——食事中〔に飲む薬〕(食事と食事の間に〔飲む薬〕)
4.「座薬」——座って飲む薬(肛門などに差し込んで使う薬)
5.「いがん退職」——胃がん退職(依願退職)
6.「舌を巻く」——キスがうまい(ひどく驚く,感心する)
7.「草葉の陰から」——陰ながら〔祈っている〕(墓の下,あの世から)

また学生が教授に結婚披露宴への出席を頼む時に「枯木も花のにぎわいですから」と言ったりする者もいると聞く。さらに中年の男性が若い女性に「結婚を前提にして」(私はすでに結婚しているが,それを承知で)つき合ってくれと言ったりすることもあるそうだ。

言葉の使い方には本来,正・不正はなく,大半の人々が使っていればそれが正しい使い方であるという見方もできる。以上挙げたような,ことわざや成句の誤った解釈が一般的なものとして次第に定着していくかもしれない。

●注

1) Wolfgang Mieder, *A Dictionary of American Proverbs* (Oxford Univ. Press, 1992).
2) H. W. Fowler & F.G. Fowler (ed.), *The Concise Oxford Dictionary of Current English*, Sixth Edition (Oxford, 1976).

4
ことわざの現在と未来

Garbage in, garbage out.

　ことわざが成立するまでには長い年月がかかるが，20世紀になって新しいことわざも生まれている。標題のことわざはアメリカのコンピューター関係者の間で生まれたものである。また社会構造や価値観の変動とともに，ことわざの改作やパロディも生まれ，人々の生活の中に言葉遊びとしてもことわざが浸透しつつある。

日本語化した英語のことわざ
――「溺れる者は藁をもつかむ」

　英語のことわざの日本語訳が，日本のことわざとして定着したものがかなりある。標題の「溺れる者は藁をもつかむ」や「一石二鳥」「時は金なり」など，ほとんどの日本人が日本のことわざと思って使っているし，日本のことわざを集めたことわざ辞典にも収録してあるが，本来西洋のことわざなのである。以下その種のことわざの例を挙げてみよう。

　1.「一石二鳥」――Kill two birds with one stone.

第1部 日英のことわざ

日本のことわざに「一挙両得」があるが,「一石二鳥」のほうがずっとよく知られている。

2.「時は金なり」——Time is money.

これも完全に日本のことわざになっている感じであるが,本来日本のものではなく, Time is money. の翻訳であると思われる。「時は金なり」(時＝金)式の論理的な表現は,日本人にはあまり好まれなかったはずである。日本に昔からあるものは,中国から入った「一刻千金」である。ただしこのことわざは,大切な時や楽しい時の過ぎ去るのを惜しんで言う言葉で,時は金と同じように貴重である,という意の「時は金なり」とはニュアンスが異なる。

3.「溺れる者は藁(わら)をもつかむ」——A drowning man will clutch [catch] at a straw.

これも日本のことわざとして完全に定着している。

4.「大山鳴動鼠一匹」——The mountains have brought forth a mouse.

この日本のことわざが,外国語の翻訳から入ったものであることを知っている人は少ないであろう。これは『イソップ物語』"The Mountain in Labour" からローマの詩人ホラチウス (Horace, 65-8B.C.) がつくり,『詩論』(*Ars Poetica*) の中にのせたラテン語の *Parturiunt montes, nascetur ridiculus mus.*——The mountains are in labour, a ridiculous mouse will be born. (山々が産気づき,こっけいな鼠が生まれる) に由来するものである。「前ぶれは大きいが,これということは起こらない」の意で,「蛇が出そうで蚊も出ぬ」に当たる。

5.「今日(きょう)の一針(ひとはり),明日(あす)の十針(とはり)」——A stitch in time saves nine.

この日本語のことわざは,英語のことわざ「時を得た一針は九針を省く」という意味を,日本人の発想に合わせて表現したものである。まず in time (間に合って,ちょうどよい時の) を「今日の」とし,「明日の」を補った。次に nine という数字は,英語では「多数」を表し,ことわざでもよく使われる。A cat has nine lives. (猫に九生(きゅうしょう)あり) や, Nine tailors make a man. (仕立屋9人で一人前) などがその

4 ことわざの現在と未来

例である(pp. 216〜17参照)。しかし,日本人にはあまりピンとこない数字なので「十針」に改めたのであろう。

6.「血は水よりも濃し」——Blood is thicker than water.

本来の日本のことわざは「血は血だけ」であるが,これは現代人はあまり使わない。

7.「二兎を追う者は一兎をも得ず」——He that hunts two hares loses both.

日本には,「虻蜂取らず」ということわざがあるが,上記のもののほうがよく知られている。

8.「習慣は第二の天性なり」——Habit is a second nature./Custom is another nature.

日本のことわざに「習性となる」があるがこれはあまり使われていない。

9.「豚に真珠」——To cast pearls before swine.

本来の日本のことわざは「猫に小判」であるが,これは何となく古くさくて,「豚に真珠」のほうが現代的な表現と感じられるのかもしれない。もちろん,このことわざは「価値のわからない者に良いものを与えること」の意で,ことわざとしては Do not cast [Cast not] pearls before swine.(豚の前に真珠を投げてやるな)という形が,普通使われる。『新約聖書』「マタイ伝」7章6節より出た言葉である。

10.「恋は盲目」——Love is blind.

本来の日本のことわざには「恋は闇」「恋路の闇」があるが,「恋は盲目」のほうがよく知られている。

11.「必要は発明の母」——Necessity is the mother of invention.

若い人は,この日本語訳をことわざとして使っているようであるが,このような表現は,そもそも英米人的な発想によるもので,日本人には理屈っぽく感じられて肌に合わない。日本には「窮すれば通ず」がある。なお類似の表現に Necessity knows no law.(必要は法律を知らない)があるが,これも日本人の表現では,「背に腹はかえられぬ」のようになる。

第1部 日英のことわざ

12.「事実は小説よりも奇なり」——Truth [Fact] is stranger than fiction.

　世の中に実際に起こる出来事が虚構の小説以上に不可思議である場合もあるという意味。

13.「悪貨は良貨を駆逐す」——Bad money drives out good.

　グレシャムの法則（Gresham's Law）として有名。グレシャム（Sir Thomas Gresham, 1519-79）とはイギリスの貿易商・財政家で，エリザベス一世の顧問官となり，ロンドン王立取引所の設立者としても知られている。中世から18世紀頃までは，ヨーロッパには紙幣がなく，貨幣はすべて銀か銅貨に限られていた。ところが王は財政の窮乏を救うため，しばしば勝手に銀の含有量などを減らして，貨幣の質を落としたりした。そのため人々は良質のものを貯え，悪質のものだけを支払いに使ったので，いくら良貨を発行しても流通しなくなった。質の悪いものが質の良いものを圧倒したり締め出したりするという意味に使われる。また悪い人間がいると良い人間まで悪くなるという意味に使われることもある。

14.「目には目を，歯には歯を」——An eye for an eye, and a tooth for a tooth.

　これは『旧約聖書』「出エジプト記」21章23-25節から出た言葉であるが，相手の仕打ちに対しては，同じ行為で報復すべきであるという復讐の原則を示す言葉である。自分の目をつぶされた者は，相手の目をつぶしてもよいのであり，またそうすることが正義であるという考えから出たものである。法的にこのような同態復讐的なものが認められていたことは，今から3600年ぐらい前，バビロニアのハンムラビ王の発布した法典に明記されていることからも察せられる。

　ただし注意すべきは，『新約聖書』「マタイ伝」5章38節の中で，キリストはこの原則を否定し，「悪人に手向うな。もし誰かがあなたの右の頬を打ったら，左の頬をも向けてやりなさい」と言っているのである。

15.「天は自ら助くる者を助く」——God [Heaven] helps those

4 ことわざの現在と未来

who help themselves.

これは高校生以上の日本人なら、一度は見たことのあることわざであろう。英和辞典の help や god の項に例文としてたいてい出ている。例外なしに「天は自ら助くる者を助く」と訳し、こういうことわざが日本にあるような錯覚をもっている人もいるが、これは英語のことわざの日本語訳である。だいたいこのことわざは、英米人の発想をもとにしており、日本語に訳してもピンとこないはずなのに、これ以外の訳がまったく見当たらないのはどうしたことだろう。God（神）が人間を助けてくれるということも、ほとんどが事実上の無宗教である日本人にはやや理解しがたいことであるが、英語では Thank God.（ありがたい）, God knows.（誓って；誰も知らない）, God help him.（かわいそうに）, So help me God.（神に誓って；必ず）, など God を含む慣用句が日常使われている。もっと理解できないところは help themselves（自ら助くる）であろう。「他人を助ける」ということはわかるが、「自分を助ける」というのはどういうことか、日本人には理解できないはずである。「自助」という日本語もあるが、これは英語の self-help（Thomas Carlyle の造語と言われる）の訳語が日本語化したものであろう。ところが英語では、日常生活でも Help yourself to the cookies.（クッキーに対して自らを助けなさい）というように普通に使うのである。help oneself という表現は「自分で自分を助ける」つまり「自分のことを自分でやる」という意味なのであるから、help oneself to 〜 は「〜を自由にとって食べる」という意味になり、このことわざの help themselves というのは「他人をやたらと頼らずに自ら努力する」ということであるから、このことわざは「他人に頼らずに自らの道を切り開いていくような人間に運は向いてくるものだ」と訳せば、日本人にはよくわかるわけである。

なお、以上の例とはむしろ逆に、日本語のことわざが英語のことわざになったと思われるような例がある。Time flies like an arrow.（時は矢のように飛ぶ）がそれである。英語のことわざに Time flies. とい

うのがあり，これは時がたつのが早いことを述べたものである。Time has wings.（時は羽をもっている）とか Time flees away without delay.（時は猶予せず過ぎ去る）という同じ趣旨のものもあるが，Time flies like an arrow. ということわざは英米では普通使われないもので，日本の「光陰矢のごとし」ということわざを誰かが英訳して，たまたま口調のよい表現なので，日本で普及したものであろう。以前は日本の英和辞典やことわざ辞典にはたいていこの Time flies like an arrow. が英語のことわざとして載っていたが，最近ではたいてい Time flies., または Time flies (like an arrow). としているようである。

ことわざの改作・パロディ

1) ことわざとフェミニズム (Feminism)
——*Out of the frying pan into the future.*

ことわざには性差別を含めていろいろな形での差別語や差別的表現が使われている。第2部の「ことわざにみる女性観」の中に詳しく述べてあるように，英語のことわざの中では女性はひどく軽蔑され，女性の価値はきわめて低くみられている。しかし現代において，特に英米では Feminism（女権拡張運動）の大きな流れの中で，Feminists（男女同権主義者）がこのような古くからの英語のことわざに反発し，新しいことわざをつくっている。

フェミニストたちは -man のつく語を排斥しようとし，chairman を chairperson, sportsman を sportsplayer, salesman を salesclerk などのように言い換えるのと同様に，Man does not live by bread alone.（人はパンのみにて生くるにあらず）を People do not live by bread alone. とし，All men are created equal.（すべての人間は生まれながらにして平等である）を All people are created equal. と言い換えることを主

張する。

アメリカの言語学者で,ことわざ研究の第一人者であるミーダーは,伝統的なことわざにおける女性観を「女嫌い」(Misogyny)と表現し,現代においてもその傾向は続いているとしながらも,雑誌 *Time* や *Ms.* に載ったり,T-shirts の広告に使われた次のようなことわざの改作を紹介し,アメリカの社会が女性解放の方向へ進んでいることを示唆している[1]。

A woman's place is in the House.
女の居場所は議事堂である。

これは,A woman's place is in the home.(女の居場所は家庭である)ということわざがもとになっていて,「女性の活動する場所は家庭であり,家事や育児に専念すべきである」という意味であり,日本の「男は外回り,女は内回り」「稼ぎ男に繰り女」に当たるが,改作のほうは女性の政界への進出をうながしている。また A woman's place is in the House and in the Senate.(女の居場所は下院であり,上院である)という改作もある。

A woman without a man is like a fish without a bicycle.
男性がいない女性は,自転車を持たない魚のようなものだ。

魚は自分ですいすい泳げるから自転車など必要ないのと同じように,女性も男性なしで自由に生きていけるのだという意味であろうか,この種の英語の比喩表現はことわざによくみられる形式である。例えば,A man without religion is like a horse without a bridle.(信仰のない人は手綱のない馬のようなものだ)も同じである。

The best man for the job may be a woman.
その仕事に最適の人間〔男性〕は女性である。

これは職業における女性の役割や進出を認めようとするもので,The best man が woman であるという逆説(矛盾)がおもしろい。

A man's house is his castle ── let him clean it.
家は男の城である──だから男に掃除させよ。

これは A man's [An Englishman's] house is his castle.(人〔イギ

第1部 日英のことわざ

リス人〕の家は城である)ということわざをもとにしている。これは，イギリス人の家は城と同じで，何人(なんぴと)も主人の許可なく立ち入ることはできないという，イギリス人のプライバシー尊重を示すことわざであるが，「家が男の城であるなら男に掃除させよ」という諷刺である。

▌ Out of the frying pan into the future.
　フライパンから抜け出て未来へ。

　これは Out of the frying pan into the fire.(フライパンから飛び出して火の中に落ちる)つまり「小難を逃れて大難に陥る」という意味のことわざをもじったもので，女性が家庭から未来の世界へと飛び立っていく姿を描いている。

▌ A Ms. is as good as a Male.
　女性は男性と同じ〔平等〕である。

　これは A miss is as good as a mile.(少しの失敗も大きな失敗も，失敗であることに変わりはない——「五十歩百歩」)ということわざを改作したものだが，miss と Ms.，mile と Male は音まで類似していておもしろい。as good as 〜 は「〜も同然」という慣用句である。

2) ことわざと広告
　——*One man's sushi is another man's steak.*

　ことわざは商品の広告によく使われる。その場合にはことわざを改作し，ユーモアのあるパロディ風に作られたものが多い。

▌ Different Volks for different folks.
　人それぞれ好みのフォルクスワーゲンを。

　これは新しいアメリカのことわざ Different strokes for different folks.(人にはそれぞれのやり方がある〔p. 77参照〕)をもじって1974年に Volks-wagen 社が広告に用いた言葉である。Volks と folks との対比がおもしろい。

▌ Once driven, forever smitten.
　一度運転したら，永久に魅了される。

4　ことわざの現在と未来

これは1988年 Ford 車の宣伝文句である。英語のことわざには Once 〜, ever（always, twice）〜 の形の表現が多い。例えば, Once a beggar, always a beggar.（一度乞食になると永久に乞食——「乞食を三日すれば忘れられぬ」）, Once bitten, twice shy.（一度噛まれると二度目は用心する——「羹に懲りて膾を吹く」）, などがある。

> Empty glasses speak louder than empty words.
> 無意味な言葉より空のグラスのほうが雄弁に語る。

これは1991年のアメリカのビール Budwiser の宣伝文句であり, Empty vessels make the most sound.（空の器が一番大きな音をたてる。——「空樽は音が高い」）と Actions speak louder than words.（行動は言葉よりも声高く語る。——不言実行）とを合わせたような文句である。

またミーダーの著書からいくつかの例を追加させていただく[2]。

> One man's sushi is another man's steak.
> 寿司が好きな人にもステーキが好きな人にも。

これは日本航空（JAL）の来客サービスの宣伝文句だが, One man's meat is another man's poison.（ある人には食物であるものも他の人には毒である。——「蓼食う虫も好き好き」）ということわざを改作し「JAL は皆様のお好みの食事を提供します」という趣旨であろう。

> Behind every great woman, there's a man.
> すべての偉大な女性の蔭に男性がいる。

これは Behind every great man there is a great woman.（すべての偉大な男性の蔭に偉大な女性がいる）というアメリカのことわざの man と woman を取り替えたものであり, カルダン（Pierre Cardin）が香水の宣伝に使ったスローガンであるが,「1人の男性（Pierre）の力（香水）ですばらしい女性が出来上がる」といった意味であろう。

> A woman's place may be with New York Life.
> 女性の居場所はニューヨーク生活だろう。

これは既述の A woman's place is in the home. をもとにしているが,

第1部　日英のことわざ

ニューヨークの保険会社が求人広告の見出しに使ったもので，女性に男性と平等の雇用機会を与えるので女性の応募者を歓迎するという趣旨のものである。

　日本でも広告や宣伝文句に古くから次のようにことわざが使われている。
「1姫2太郎3サンシー」(サンシーゼリー，1950年)――「一姫二太郎」
「良薬口に甘し」(赤玉ポートワイン，1953年)――「良薬口に苦し」
「1枚のセーターにも27の検印」(旭化成，1962年)――「一寸の虫にも五分の魂」
「針変えて音固まる」(ナガオカ〔レコード針〕，1977年)――「雨降って地固まる」
「嫌煙の仲」(営団地下鉄，1978年)――「犬猿の仲」
「すこし愛して　ながーく愛して」(サントリー，1980年)――Love me little, love me long.
「百聞は一見より楽し」(日本電信電話公社，1981年)――「百聞は一見に如かず」
「引くは一時の恥，引かぬは一生の恥」(『広辞苑』1996年)――「聞くは一時の恥，聞かぬは一生の恥」

3）新しいことわざ・創作ことわざ
　　　――「人事をだまして内定を待つ」

　英語のことわざには遠くギリシャ・ローマに起源をもつものも多いが，ことわざの最盛期はシェイクスピア時代である。当時は多くの人々が日常的にことわざを口にし，また新しいことわざも生まれた。日本のことわざも古く『古事記』，『日本書紀』，『風土記』などにもすでに見られるが，最盛期は江戸時代である。

　日英とも20世紀に入ってから新しくつくられたことわざというものはきわめて少ない。今後新しいことわざが生まれる可能性はもちろん

4 ことわざの現在と未来

あるのだが,ある言葉が人々の共感を呼び,ことわざとして定着するのにはかなりの年月がかかることも事実である。ミーダーは Hanging and wiving go by destiny.(絞首刑と結婚は宿命による)や One knife whets another.(ナイフがナイフを磨く。――「相互扶助」)などのような古いことわざは消滅し,時代の価値観を反映するような新しいことわざが今後生まれていくであろうと述べ,20世紀の新しいアメリカのことわざとして次の2つを挙げている[3]。

> Different strokes for different folks.
> 人にはそれぞれのやり方がある。

これは「人はそれぞれ自分の望むように自分の人生を生きる自由をもつべきである」といったような趣旨で,いままでのことわざのように規範的でも教訓的でもなく,個人が自由な選択の権利をもつというアメリカ人の世界観を示すものだという。strokes と folks は脚韻をふんでいる。

> Garbage in, garbage out.
> がらくたを入れると,がらくたが出てくる。

garbage(生ごみ)はここでは不正確なデータを意味し,このことわざは「いい加減なデータを入れると,いい加減な結論しか出てこない」という趣旨である。1960年代にコンピューター関係の人々の間でよく使われ,GIGO という頭字語までつくられた。広義には,原因と結果の因果関係を示し,古いことわざの As you sow, so shall you reap.(種をまいたように刈り取ることになる――「身から出た錆」)や As you make your bed, so you must lie on it.(君の寝床の敷き方どおりに君は寝なければならない――「自業自得」)などに通ずるものである。

また *The Concise Oxford Dictionary of Proverbs* の新しい版(第3版,1998)の裏表紙にある説明によると,次のような新しいことわざを加えたという。

> Never say never.
> 「決して」という言葉は決してはくな。

第1部　日英のことわざ

　人生には予想もつかないことが起きることも多い。不可能と思われたことが可能になることもある。常に前向きに生きよということで，以前からあることわざ Never say die.（「死ぬ」などと口にするな——弱音をはくな）と類似の表現である。

▎It takes one to know one.
▎ある人間を知るにはある人間が必要だ。

　他人の性格の特徴を知るのは，その人と同じ性格をもった人にのみ可能だといった意味のことわざで，他人から非難を受けた場合，「それはあなたにも当てはまることだから，私に対してそういうことが言えるのでしょう」と，相手の矛先をかわすときなどによく使われる。

▎The devil is in the details.
▎悪魔は細部にいる。

　何事もやるからには大ざっぱでなく完璧にやれ，細かい点が重要なのだ，という意味で God is in the details. という形でも使われる。

▎If you want something done, ask a busy person.
▎何かをしたい時には，忙しい人に頼め。

　時間に余裕がある人に頼もうと思うのが普通であるが，忙しい人ほど仕事を快く引き受けてきちんとやってくれるものである。If you want work done, go to the man who is already fully occupied.（仕事を誰かに頼みたい時には，すでに仕事で手一杯の人のところに行け）ということわざもあるが，一方では If you want a thing done well, do it yourself.（物事をきちんとやりたければ，自分でやれ）ということわざもある。

　そのほか20世紀に生まれた，比較的新しいことわざに次のようなものがある。アメリカで生まれたものが多い。

▎The best things in life are free.
▎人生で最高のものはお金がかからない。

　美しい自然も春の花も小鳥のさえずりもお金を払わずに誰でも楽しめる。またすばらしい人との出会いや家族など人生には金銭と関係のないものがたくさんあるということ。1927年にアメリカの歌手，バ

ディ・シルバ (Buddy G. De Silva) が歌った "The Best Things in Life are Free" がブロードウェイでヒットしたのがきっかけで生まれた。

It takes two to tango.
タンゴを踊るには2人いる。

タンゴを踊るには2人の男女の息がピッタリ合わなければならない，物事をなすには互いの協力が必要という意味で，子育てに夫婦2人の責任と協力が大切だといったような場合にも用いられる。It takes two to make a quarrel.（けんかするには2人いる）ということわざをもとにしたもので，1952年にアメリカの歌手パール・ベイリー（Pearl Bailey）が歌った同名の曲から広まったことわざである。

If you can't stand [don't like] the heat, get out of the kitchen.
熱気をがまんできない（嫌う）なら，台所から出ろ。

大変な仕事や苦しい状況にがまんできないなら，やめてしまえばよいという意味で，仕事がきついとぐちをこぼす人などに使う。

There's no such thing as a free lunch.
ただで食べられる昼食などはない。

この世にただのものはない。何かを得るためには，それなりの負担をしなければならないということ。free lunch は会社や学校で無償で提供される昼食のこと。アメリカの景気が下降しはじめた時，経費節約，自己負担のスローガンとして使われたが，その後上記のような一般的な意味で広く使われるようになった。

A trouble shared is a trouble halved.
分かち合った悩みは半分になる。

悩み事も誰かに話して相談したりすればずいぶんと気分が楽になるということ。

Too many chiefs [All chiefs] and not enough Indians.
酋長が多すぎて（酋長ばかりで）インディアンが足りない。

指導者ばかりいても実際に働く者がいなくては，仕事ははかどらないということ。これは1940年頃オーストラリアで生まれ，現在では英語圏諸国で使われている。

第1部　日英のことわざ

　日本で今後新しくことわざになる可能性を持つ言葉は「赤信号みんなで渡ればこわくない」や「亭主元気で留守がいい」などであろうか。この後者のものは昭和61年の「キンチョーゴン」のコマーシャルである。

　筆者は大学の対照言語学の講座で，日英ことわざの比較を講じ，学生に新しいことわざをつくらせている。次に挙げるものは，和洋女子大学人文学部英文学科の学生が考えた改作ことわざの例であるが，なかにはかなりの傑作もみられる。現代の若い女子大生たちの考え方や価値観を反映していて興味深いので，以下に列記してみよう（カッコ内は本来のことわざである）。

Man is changeable. (Woman is changeable. 女は変わりやすい)

A rolling woman gathers no man. (A rolling stone gathers no moss. 転石苔を生ぜず)

Love me, love my parents. (Love me, love my dog. 私を愛しているなら私の犬も愛して)——プロポーズされた時

See Disneyland and die. (See Naples and die. ナポリを見て死ね)——ディズニーランドの大好きな学生

Laugh and lose weight. (Laugh and grow fat. 笑って太れ)

Life is not all cakes and skiing. (Life is not all beer and skittles. 人生はビールと九柱戯ばかりではない——「月夜半分闇夜半分」)——ケーキとスキーの好きな学生

To eat or not to eat, that is the question. (To be, or not to be: that is the question. 生きるべきか，死すべきか，それが問題だ)——食べたいが太りたくない

She that loses her boyfriend has lost a car. (He that loses his wife and sixpence has lost a tester. 妻と6ペンスを失う男は6ペンスを失ったのである)——アッシー君を失った女性

「遠くの彼氏より近くのボーイフレンド」（「遠くの親類より近くの他人」）

4 ことわざの現在と未来

「信じる者は足すくわれる」(「信じる者は救われる」)

「女は魔物,男はけだもの」(「女は魔物」)――女性からの反撃

「残り物にはカスばかり」(「残り物に福あり」)――残っている男性について

「失敗は墜落のもと」(「失敗は成功のもと」)

「美人は一日にして成らず」(「ローマは一日にして成らず」)――エステやエアロビにも通わなければならない

「腹の上のぜい肉」(「目の上の瘤」)

「クリントンは妻が命」(「女は髪が命」)

「ヒラリーの金髪はクリントンより引く力が強い」(One hair of a maiden's head pulls harder than ten yoke of oxen. 乙女の髪の毛1本は20頭の牛より引く力が強い)(p. 106参照)

「銭あれば政治も面を返す」(「銭あれば木仏も面を返す」)

「後輩をもって知る先輩の恩」(「子を持って知る親の恩」)

「学がなくても大学生」

「山はずれて泣きをみる」(「国破れて山河あり」)

「いやいやよも好きのうち」(「厭じゃ厭じゃは女の癖」)

「今日のひと口明日の10キロ」(「明日の百より今日の五十」)――食べたいが我慢する

「塵も積れば公害となる」(「塵も積れば山となる」)

「脳ある妻は棚に隠す」(「能ある鷹は爪を隠す」)――へそくり

「言わぬが損」(「言わぬが花」)

「恋は百薬の長」(「酒は百薬の長」)

「安くてびっくり買ってがっくり」(「聞いてびっくり見てびっくり」)

「長生きしわ多し」(「長生きは恥多し」)

「女は美貌のみにて生くるにあらず」(「人はパンのみにて生くるにあらず」)

「一子豪華主義」(「一点豪華主義」)

「馬子にも化粧」(「馬子にも衣装」)

第1部 日英のことわざ

「人事をだまして内定を待つ」(「人事を尽くして天命を待つ」)
「ねだる前の肩たたき」
「旅の味は食べ過ぎ」(「旅の恥はかき捨て」)
「少女老いやすく結婚成り難し」(「少年老い易く学成り難し」)

　以前アメリカのCBSテレビの"Candid Camera"という番組が,ロング・アイランドにあるBrookside Schoolの生徒たちに,ことわざについての知識をテストした結果があるので,その一部を紹介してみたい。テストは次の各文の斜線の左側の部分を与えて,そのことわざを完成させるものであるが,答えをみるとまったく新しいことわざができてしまって大変楽しい。各ことわざの下に挙げたものが正しいことわざである。

1. The pen is mightier than/the pencil.
   ペンは鉛筆よりも強し。
   ——The pen is mightier than the sword.
   ペンは剣よりも強し。
2. A rolling stone/plays a guitar.
   ローリングストンはギターを弾く。
   ——A rolling stone gathers no moss.（pp. 56～58参照）
3. A fool and his money are/very attached.
   馬鹿は金に大変縁がある。
   ——A fool and his money are soon parted.
   馬鹿は金をすぐ使ってしまう。
4. Spare the rod and/throw in the reel.
   釣り竿を惜しめばリールを川に落とす。
   ——Spare the rod and spoil the child.（p. 29参照）
5. Fools rush in where/people are crowded.
   馬鹿は人の集まる所にとびこんでいく。
   ——Fools rush in where angels fear to tread.
   「君子危うきに近寄らず」

4 ことわざの現在と未来

　若者にとってはことわざというと，何か古くさいもの，説教めいたものという感じがして敬遠されがちであるが，ことわざの多くはいかなる年齢層の人たちにとっても貴重な教訓や激励を与えてくれるものであり，また時代を超えて真実や真理を伝えるものである。まさにことわざは人類の知恵の結晶であるといえる。また無数の頭脳で磨かれた巧みな，ユーモアのある表現によって最も短い文芸作品としての価値をもつものである。人生を生きる指針としても，また会話にスパイスや楽しさを与えるためにも，また一国の文化や歴史を知るためにも，今後ますます多くの人たちがことわざに関心をもってくれることを期待したい。

●注

1) Wolfgang Mieder, *Proverbs Are Never Out of Season* (Oxford Univ. Press, 1993).
2) *ibid.*
3) *ibid.*

第 2 部
ことわざの比較文化論
日英の類似と異質

1
東西女性観

Woman is the woe of man.
女は男の災いである

　一般に東洋では女性は軽蔑され，西洋では女性は大切にされ，尊重されてきたとわれわれは考えるが，少なくともことわざの世界ではこの考え方は当てはまらない。女性の人格をまったく無視したようなことわざは，むしろ英語のことわざに多いのである。そこでこの章では，ことわざを通して東西の女性観を探っていこう。

男の評価，女の評価

　東西を問わず，少なくともことわざの世界においては，女性の地位は低く，男性の地位は高い。男についてのことわざの数は，女についてのそれと比べれば，はなはだ少ない。これは，ひとつには，ことわざを作るのはやはり男性が中心であること，またひとつには，ことわざのもつおもしろみは女を題材にしたほうが，より表現しやすいことなどの理由が考えられよう。そしてこのことは洋の東西を問わず当てはまることである。

第2部　ことわざの比較文化論

▼藁で束ねても男は男

　男についてのことわざは数は少ないが，とにかく男は高く評価されている。日本には，「藁で作っても男は男」とか「藁で束ねても男は男」というのがある。この後者のものは，髪を藁で束ねるような卑しい暮らしをしていても，男は男としての価値がある，という意味であるが，英語にもこれと類似のものがある。

　A man of straw is worth a woman of gold.
　藁の男でも金の女の値打ちがある。

　日英どちらも「わら」を使っているが，英語では「金の女」と対応させている点がおもしろい。日本にはまた「箸に目鼻つけても男は男」ということわざがある。箸は日本の日常生活における必需品であるから題材として使われたばかりでなく，箸が細いところから「やせた人」を意味し，このことわざは「やせても枯れても男は男」という意味になるのである。日本では古来，太った男が恰幅がよいとされ，体重が地位と生活を示した。中国でも大人は通常太っていた。現代と異なり，貧乏では太りたくても太れない時代であったからである。

▼茄子と男は黒いがよい

　男に関する英語のことわざは少ないが，日本にはかなり多い。それらのほとんどは，次のように，男の価値を認め，男らしさ，男の意地，度胸などを強調するものである。

　「男の目には糸を張れ」「茄子と男は黒いがよい」「男と烏は黒いが上」などのように容貌の点から男らしさを要求するものもあり，「男と牛の子は急ぐものでない」「男と箸はかたきがよし」のように態度や性格の点から男らしさを要求するものもある。しかし欧米では，色の黒い男が好かれることはなく，次のように色白でない男へのお世辞として使われることわざがあるのはおもしろい。

　A black man is a pearl in a fair woman's eye.
　黒い男は美女の目には真珠に見える。

1 東西女性観

「男は生まれた時と親の死んだ時のほか泣かぬ」「男は三年に一度笑う」などのことわざどおり，男はやたらに泣いたり笑ったりしてもいけないのであった。

そのほか，「意地」とか「度胸」についてのものは多い。

「引くに引かれぬ男の意地」「男は度胸」
「男は当ってくだけろ」「男前より気前」
「男の心と大仏の柱（大黒柱）は太い上にも太かれ」
「男は気で食え」「膾は酢でもて男は気でもて」
「男の謝罪は打首も同然」「男の我には居糞を垂るる」

この最後のものは，「男がこれと思ったことは，是が非でも押し通せ」という意味である。これらはみな日本人の国民性をよく示す表現であろう。そして男をけなしたことわざは，ほとんど見られない。

「男に似た女はないが女に似た男は多い」ということわざは，いくじのない男が多いことをいっているのだが，これも裏を返せば，「男らしさ」の重要性を強調し，「男の中の男」という日本人の理想的な男の姿を述べているものと考えられよう。また「男に似た女はないが……」の箇所は，現代では通用しないであろうが，すべての面において，つつましい「女らしさ」を美徳として強いられた過去の日本の女には，だいたい通用する事実であったろう。

▼ *There's only two good women in the world.*
この世によい女は2人しかいない

男に関することわざに反し，女に関することわざはまったく男からの攻撃と嘲笑に満ちている。このことは日英ともに共通の事実であるが，それらのことわざの数と質には，いささか相違がみられる。まず気がつくことは，英語のことわざのほうが徹底的に女を攻撃していることであろう。またその数も多い。

Man, woman, and devil, are the three degrees of comparison.
男，女，悪魔は，比較の3級である。

日本には「女は魔物」「女は化物」ということわざがあるが，これ

は「女は化粧によって年齢がかくされる」という意味で，英語のものとは異なるようである。英語は文法に comparison（比較）があるから，この表現も生きてくるのであろう。

> There's only two good women in the world; one is dead, the other not found.
> この世によい女は2人しかいない。その1人は死んでいて，もう1人は見つからない。

> Men have faults, women only two. There's nothing good they say, and nothing good they do.
> 男には欠点がある。女には欠点は2つしかない。女の言うことによいことは何ひとつないことと，やることによいことが何ひとつないということだ。

これらのことわざでは，酌量の余地がまったくないほどに，女が悪いものと決めつけられている。

> A woman is an angel at ten, a saint at fifteen, a devil at forty, and a witch at fourscore.
> 女は10歳では天使で，15歳で聖女，40歳にして悪魔になり，80歳で魔女になる。

> Woman is the woe [confusion] of man.
> 女は男の災い（混乱）である。

これは「女は乱の基」に当たる。しかし，日本には「女がいるので世の中はやわらかみが添えられ，円滑にいく」という意味の「女は国の平らげ」というのがあり，女にも敬意を表している。

なおこの英語のことわざは，woman の語源を woe＋man とするところからつくられたものであろう。woman＝womb（子宮）＋man とすることもある。こういう語源解釈を folk etymology（民間〔通俗〕語源説）という。

> Women are saints at church, angels in the street, devils in the kitchen, and apes in bed.
> 女は教会では聖者，町では天使，台所では悪魔，ベッドの中では

1 東西女性観

> 猿である。

> There are three without rules: a mule, a pig, and a woman.
> 規則を守らないものが3つある。ラバと豚と女である。

> A pig is more impudent than a goat, but a woman surpasses all.
> 豚は山羊より厚かましいが、何にもまして厚顔無恥なのが女である。

これらのことわざでは女を動物にたとえているが、いずれも愚かな動物である。また、次のように凝ったものもある。

> Women are born in Wiltshire, brought up in Cumberland, lead their lives in Bedfordshire, bring their husbands to Buckingham, and die in Shrewsbury.
> 女はウィルトシャで生まれ、カンバランドで育ち、一生をベッドフォドシャで送り、夫をバッキンガムへ連れてきて、シュルーズベリで死ぬ。

ここに出てくる固有名詞はいずれも英国の州の名であるが、Wiltshire は "wilt"＝self-willed（わがままな）のしゃれ（pun）、Cumberland は "cumber"（苦労）のしゃれ、Bedfordshire は bed（ベッド）の pun、Buckingham（＝Buckinghamshire）は "buck"（＝cuckold〔不貞な妻を持った夫〕）のしゃれ、Shrewsbury は "shrew"（がみがみ女）のしゃれである。

また同じようなしゃれで、will（意地）と will（遺言状）をかけた次のようなものもある。

> Women must have their wills while they live because they make none when they die.
> 女は死ぬ時遺言状を書かないから、生きている間は意地を通さずにはいられないのだ。

次のものは、女性の存在意義を一応認めているようであるが、結局は男のための存在にすぎないことを強調しているのであろう。

> Women are young men's mistresses, middle-aged men's companions, and old men's nurses.

> 女は若い男にとっては愛人，中年の男にとっては話相手，老人にとっては看護婦である。

> Women, money, and wine have their good and their pine [evil].
> 女と金と酒には良い点と悪い点とがある。

▼女と犬とクルミの木

さて，以上のものよりさらにひどいことわざがある。

> A woman, a spaniel, and a walnut tree, the more they are beaten, the better they be.
> 女とスパニエル犬とクルミの木は，叩けば叩くほどよくなる。

Spaniel というのは愛玩用の犬の一種で，日本の「ちん」は a Japanese spaniel という。walnut tree がでてくる理由については，英国文学者ブルーワー（E. C. Brewer）の次のような説明が明らかにしている[1]。

> It is said that the walnut tree thrives best if the nuts are beaten off with sticks, and not picked.
> クルミの実を棒で叩いて落として拾わずにおくと，クルミの木は一番よくなるといわれている。

なお walnut が用いられたのは以上の理由ばかりでなく，この木に対して西欧人は何か特別な連想をもっていたのではないかとも思われる。『世界大百科事典』には，次のようにある[2]。

> 古代ギリシャ人はクルミの木を〈ペルシャの木〉と呼んでいた。ローマ人は多産を祈って結婚式にこの実を投げた。のち，この木の枝には悪い精が住んでいて，その実を持った者は魔力を及ぼすと信じられ，いろいろな迷信のもとになっていた。

このことわざの spaniel は dog や ass（ロバ）になることもある。シェイクスピアの『夏の夜の夢』2幕1場の中では，ヘレナがつれない男デメトリアスに向かって，次のように言っている。

> I am your spaniel; and, Demetrius,
> The more you beat me, I will fawn on you:

1 東西女性観

> Use me but as your spaniel, spurn me, strike me,
> Neglect me, lose me ; only give me leave,
> Unworthy as I am, to follow you.
> デメトリアス,あたしはあなたのスパニエル犬,
> ぶたれればぶたれるほど,尾をふってまつわりつくの。
> ええ,あなたのスパニエルにしていただくわ。
> 蹴ってちょうだい,ぶってちょうだい,
> 知らん顔をしようと,忘れてしまおうと構わない。
> ただ,許していただきたいの,なんの値うちもない女だけれど,
> せめておそばにだけは居させて。　　　　　　(福田恆存訳)

　このことわざは,ギリシャ・ローマの女奴隷をむち打つ様子を想像させるが,実際,欧州中世封建時代には夫は妻の肉体に折檻を加える権利をもっていたのである。ラフィット゠ウサ(Lafitte-Houssat)によれば,この時代には,夫はみな,妻がその命令に従わない場合,あるいは妻が夫を罵り,あるいは裏切る場合,ほどよくならば,また死を来たすことがなければ,妻を打擲することができることになっていたという[3]。

　日本の場合には,「藁沓(わらぐつ)の面(つら)と嬶(かかあ)の面は叩く程よくなる」のように,夫が妻をなぐるということわざがある。

　もうひとつ,「小僧と障子は張るほどよい」があるが,これは女に関するものではない。

　結局,女をつけあがらせずに,常に服従させておこうというのが,洋の東西を問わず男の願いのようである。フランスにも,次のようなことわざがある。

> Cartes, femme et salade, on ne les remue jamais assez.
> カードと女とサラダはいくら掻きまわしても十分でない。

　女をかきまわすということは,できる限りいじめて安心させないということのようである。

第2部　ことわざの比較文化論

▼女は三界に家なし

英語のことわざに，Three things drive a man out of his house—smoke, rain, and a scolding wife.（3つのものが男を家から追い出す。煙と雨もりと，がみがみ女房）というのがある。これは男が女に愛想をつかす場合をいっているのであるが，「七去三従」(p. 117参照)の「七去」に対して男の「三去」にも似て興味深い。わが国では人間関係が古来「家」を単位として発達し，女（嫁）は単に「家」の付属物としてみられてきたわけであるから，家から出ていくのは常に女であった。

日本にも次のような「煙」や「雨もり」についてのことわざがある。

> 「憎まれる所にはいられても煙い所にはいられぬ」
> 「世の中に怖いものは屋根の漏るのと馬鹿と借金」
> 「煙る中にも三年」（何事も忍耐が大切）
> 「秋柴嫁に焚かせろ」（煙が多いから）

「男は松，女は藤」ということわざどおり，女は男に頼って生きるべきなのであった。しかし，松と藤が調和して一層美しさを増すこともある。松のようにたくましい男と，藤のようにやさしい女が一緒になって，望ましい夫婦ができるという意味にもとれるわけで，このことわざには西洋のものとは違った味を見出せる。また「かがみ女に反り男」というのも同類のことわざである。

英語のことわざには，Women are necessary evils.（女はやむを得ない悪である）というものがある。necessary evils は「必要悪」ならまだしも，ここでは「避けられない悪」の意なのである。日本の「女と俎板は無ければ叶わぬ」などとは，まったく比べものにならない。また英語には，次のようなものがある。

> He that loses his wife and a farthing has a great loss of his farthing.
> 妻とファージングを失う者はファージングを失うという大損失をこうむったことになる。

1 東西女性観

要するに妻は失っても少しも惜しくはないというのである。farthing というのはイギリスの小青銅貨で4分の1ペニーであるが，1961年に廃止された。be not worth a farthing（びた一文の値打ちもない）I don't care a farthing.（ちっともかまわない）というような表現に使うほど，ほんのわずかな金額であるが，それでも妻より価値があるというわけである。日本の「厭（いや）な女房でも去れば三百文損した心地」ということわざと比べてみると，ずいぶん差があることがわかる。

しかし，女が男の慰みものであることには，日英とも変わりない。

> Women are created for the comfort of men.
> 女は男の慰みもののためにつくられた。

> 「女は男の慰みもの」「女は売物」
> 「炒豆（いりまめ）と小娘はそばにあると手が出る」

そして日本では女を一人前に扱わず，「女子供」「女三割引」として軽蔑したのである。結局「女は三界（さんがい）に家なし」ということになる。「三界」は仏教の言葉で「三千世界」ともいい，「全世界」の意である。女は生家にいる時には父に，嫁いでは夫に，年をとれば子（長男）に従い，一生安住の場はないというわけである。まさに日本の女の悲しい歴史は，この言葉によって代表されるといえよう。

▼ *Frailty, thy name is woman.*
弱き者よ，汝の名は女なり

女は果たして弱いものであろうか。女は肉体的には男に劣るとはいえ，精神的には決して劣るまい。特に妻や母になると，強くなることは日英のことわざにも表れている。

> A woman is the weaker vessel.
> 女は（男よりも）弱い器である。

Vessel という語は普通「船」とか「容器」の意味であるが，聖書では「（精神的な特質を受け入れ保つ器とみなしての）人」を指す。女性のことを the weaker vessel と表現することもある。なおこのことわ

第2部　ことわざの比較文化論

ざは,『新約聖書』「ペテロの第一の手紙」3章7節の次の言葉から出たものである。

> Likewise, ye husbands, dwell with them according to knowledge, giving honour unto the wife, as unto the weaker vessel and as being heirs together of the grace of life; that your prayers be not hindered.
> 夫たる者よ。あなたがたも同じように,女を自分より弱い器であることを認めて,知識に従って妻と共に住み,命の恵みを共に受け継ぐ者として貴びなさい。それはあなたがたの祈りが妨げられないためである。

しかし女性に同情的なのは上の聖書の文句ぐらいのもので,ほかにはほとんどない。標題のハムレットの文句として有名な Frailty, thy name is woman. も,女の弱さというより,夫が死んで2カ月もたたぬうちに再婚してしまうような女(母)の貞操のもろさを嘆いたわけである。これは,むしろ女の浮気心についての言葉と考えられよう。女は精神的にはたとえ弱くなくとも,いつも受身の立場にあるから,男の誘惑に負けやすかったり,すぐ涙を流したりするのはやむをえまい。したがって次のごときものは,女の精神的弱さというより,男の誘惑に対する弱さをいっているのであろう。

> Woman is made of glass.
> 女はガラスでできている。

> Glasses and lasses are brittle ware.
> コップと小娘は壊れやすい器である。

> A woman and a glass are ever in danger.
> 女とコップは常に危険にさらされている。

日本の場合にも,同じようなことわざがある。壊れやすいもののたとえに,英語では glass が使われる代わりに,日本語では「小袋」が使われる。

「小袋と小娘は油断がならぬ」は,ほころびやすくて目が離せないという意味で,すぐ色気づくという意味の「小娘と茶袋」などというのもある。

1　東西女性観

「五段の豆畑に垣はできても十六娘の垣はできぬ」は，豆が実ると盗まれやすいので垣をつくるとよいのだが，五段もの畑に垣をつくるのは大変だ。しかし十六娘の垣をするよりはまだ楽だといっているのである。この「豆畑」に対して，英語では vineyard（ブドウ園）が使われるのはおもしろい。そして「娘」の代わりに「美人の妻」が出てくる。

A handsome wife, a vineyard and fig-tree are hard to be kept.
美人の妻とブドウ園とイチジクの木は管理するのが難しい。

美人の妻もブドウもイチジクも，盗まれやすいのである。

▼ *A woman's tears and a dog's limping are not real.*
女の涙と犬が片足を引きずるのはうそっぱち

女は，また涙もろいものである。この種のことわざも数多い。

Woman is made to weep.
女は涙を流すようにできている。

だから女が泣くのを見ても，同情はわかないという意味のことわざは多い。

It is no more pity to see a woman weep than to see a goose go barefoot.
鵞鳥がはだしで歩いているのを見ても憐れみがわかないように，女が泣くのを見ても憐れみはわかない。

A woman's tears and a dog's limping are not real.
女の涙と犬が片足を引きずるのはうそっぱち。

Nothing dries sooner than a woman's tears.
女の涙ほど早く乾くものはない。

しかるに，日本には「女のこわがると猫の寒がるはうそ」というのがあるが，女の涙についてのことわざはほとんど見られない。日本の女は人に涙を見せることをつつしみ，「袖のかわく間もない」の言葉どおり，泣く時は袖で顔をかくさねばならなかったのである。涙を出して泣いたり，大口をあけて笑うことは女のつつしまねばならぬこと

であった。現在でも日本女性は,笑う時に手を口にあてて口を隠すのはそのあらわれである。西洋人はこんなことはしない。したがって女は好きな時に泣き,笑うのである。

> Women laugh when they can, and weep when they will.
> 女は笑えるとき笑い,泣きたいときに泣く。

> Woman complains, woman mourns, woman is ill when she chooses.
> 女は好きなときにぼやき,悲しみ,そして病気になる。

したがって既述のとおり,女の泣くのを見ても,同情できないのである。

そもそも涙を出す理由にもいろいろあるが,西洋の女の涙は,失恋その他男に対するものが多く,日本の女のそれは,家庭的不和や悩みに原因したものが多かった。しかし,日本の女は長い間忍従とあきらめの座についてきたから,少しぐらいのことでは泣いたりしないのであり,それが女の美徳でもあった。また女(特に西洋)の場合には,涙を流すのもひとつの術策であることも多いわけで,Beauty's tears are lovelier than her smiles.(美人の涙は微笑よりも美しい)ということになる。

女心の変わりやすさ

女の心理は,たしかに理解しにくいようである。女は心の中では承知していても,口では否定する。

> Maids say no, and mean yes.
> 娘はいやと口では言いながら心では承諾の意を示す。

> Maids say 'Nay' and take it.
> 娘は「いらない」と言いながらそれを取る。

シェイクスピアの『リチャード三世』(*Richard III*) 3幕7場には,次のような興味深い引用がある。

1 東西女性観

And be not easily won to our requests;
Play the maid's part, still answer nay and take it.
みんなの願いを，たやすくお聴きいれになってはいけませぬ，
ま，女の子の役をお演じになるおつもりで，
いや，いや，と言いながら，言うことをきく，その手に限ります。
　　　　　　　　　　　　　　　　　　　　　　　　（福田恆存訳）

そのほかにも，いくつか同種のものがある。

A woman's nay is no denial.
女のいやは否定ではない。

Between a woman's Yes and No, there is no room for a pin to go.
女の諾と否の間にはピン1本入る余地もない。

Woman's at best a contradiction still.
女はひいきめにみてもやはり矛盾のかたまりである。

日本にも「いやと頭を縦に振る」「厭じゃ厭じゃは女の癖」など，同じものがある。

娘が「はい」という意で「いいえ」と言う心理について，金子武雄氏は次のように説明している[4]。

　(1)女は受動的なものである。だから積極的に，明確に意志表示をしない傾きがある。そうしてその受動性は，肯定するよりも否定する方向を辿るものである。

　(2)女は弱いものである。だから相手の誘いに対してすぐに応ずることから生ずる危険を避けるために，一応拒否するのである。

さらにまた，西洋の女の場合には特に，この "No" という返事が男心に対する一種の挑発として発せられていることもあると，考えられはしまいかと思う。また，日本の女は一層消極的であるから，「いや」とか「はい」という言葉すらも発せず，ただ頭を縦や横に振るだけのことも多いわけである。

女はかく，常に受動的であるから，女をくどくには「一押二金三男」ということになるわけである。しかしながら浄瑠璃や芝居の恋愛

第2部　ことわざの比較文化論

では、ほとんど常に女のほうから男に惚れることになっている。男はいつも受身なのである。しかし、これは日本の女が積極的であることを示すものではない。男たるもの常に毅然として女にデレデレしてはいけないという、理想的な男の姿を示すものであろう。女がこのような態度をとれば、結局「女の身であられもない」といって馬鹿にされるだけである。前に述べたように「男は松、女は藤」という姿を描いているのである。

▼ Woman is changeable.
女は変わりやすい

さて女心の変わりやすさについては、ことわざの世界ではどうであろうか。英語のことわざには、それについて述べたものが実にたくさんある。

> Woman is changeable.
> 女は変わりやすい。

> A woman is a weathercock.
> 女は風見である。

> Women and weather are not to be trusted.
> 女と天気は当てにならぬ。

> Women, wind, and fortune are ever changing.
> 女と風と運命は常に変わる。

> A woman's mind and winter wind change oft.
> 女の心と冬の風はしばしば変わる。

> Winter weather and women's thoughts change oft.
> 冬の天候と女の考えはしばしば変わる。

> Women are as fickle as April weather.
> 女は四月の天気のように変わりやすい。

ところが「男心」についてのものはほとんどないのである。わずかに次のようなものが見つかる程度であり、最初のもの以外あまり知られていない。

1　東西女性観

> Men were deceivers ever.
> 男はいつもうそつき。

> Men's professions are not to be trusted.
> 男の口先はあてにならぬ。

> When a man is full of lust his womb is full of leasing.
> 男が色欲のかたまりになると，心はうそで一杯になる。

　このはじめの文の were は，過去における真理は現在にも未来にも適用されるという気持ちで使われている「不変の真理」を示す過去時制の用法で，格言や引用句に多いものである。そしてこのことわざはシェイクスピアの『空騒ぎ』（*Much Ado about Nothing*）2幕3場にある次のような歌の一節から出たもので，ことわざとして認めていない辞典もある。なお，イギリスの著述家パーシー（Thomas Percy, 1729-1811）がイギリスの古い詩を集めた詩集の中にあるものと同じである[5]。

> Sigh no more, ladies, sigh no more!
> Men were deceivers ever;
> One foot in sea and one on shore,
> To one thing constant never.
>
> 泣くな　歎くな　御新造衆よ
> 男の口は　当てにはできぬ
> 海へ一足　陸へ一足
> きのうときょうとで　相手が変る
>
> 　　　　　　　　　　　　　　　　　　　　　（福田恆存訳）

▼男心と秋の空

　さて，日本の場合はどうであろう。教室で「男心と秋の空」ということわざを挙げると，学生たちが笑って「先生，それは女心と秋の空の間違いではないですか」と言う。現代では「女心と秋の空」のほうが人々に知られているようである。リゴレットの「風の中の羽根のように，いつも変わる女心」という文句が人口に膾炙したことも関係があろう。しかしながら，日本では「男心と秋の空」ということわざが

第2部　ことわざの比較文化論

はじめにできて,「女心と秋の空」ということわざは元来なかったようである。男の便宜上,あとからできたものであろう。これは,女は常に愛される立場にあったため,女の浮気はもちろん,嫉妬や移り気は極度に禁じられていたことを示すとも考えられる。

このほか,男心については,「男心と秋の空は一夜に七度変わる」「一生添うとは男の習(ならい)」「夫(男)の心と川の瀬は一夜に変わる」などがあるが,この最後のものは『古今集』の「世の中は何か常なる飛鳥川　昨日の淵ぞ今日は瀬になる」という歌をもとにしてつくられたものである。

「女の心は猫の目」ということわざもあるが,これは日常の事柄について女心の変わりやすさをいったもので,男に対する心についてのものではないようである。

ただしいかなる時代においても,現実問題としては,男心も女心も変わることは否めない事実であろうから,「女心と秋の空変わりますぞよ日に三度」とか「秋の日和と女の心は日に七度変わる」というがごときことわざも,ちゃんとできている。この点に関しては,鈴木棠三氏が次のように指摘している[6]。

　　儒教道徳の時代,女大学の時代でも,今と変らない,人の心自体が変りやすいものなのに,女の心だけ不変不動であるはずもないし,男性中心の人間観では,女はむしろ常心すなわち確固不動の志をもたないのが当然ということになるのであった。結論的に女だから仕方がない,に落ちつくわけだ。

　　いや,一皮むけば女心の底には,こういう浮動性がひそんでいるのが現実なので,そのことは儒教的解釈や男性中心主義とは無関係である。教訓としてのことわざは否定しても,現実観照の結論としてのことわざは,女心に浮気性が巣くっている点を決して看過していないのである。「いとし可愛いは女の癖よ」などでも,結局は女も男と同じ人間である事実をちゃんと指摘している。

ちなみに,フランスには次のように女心についてのことわざはかなりあるが,男心についてのものはないようである。

1 東西女性観

> Comme la lune est variable,
> Pensée de femme est variable.
> 月が変わるように，女の心も変わる。

> Souvent femme varie,
> Bien fol qui s'y fie.
> 女はしばしば変わる，女を信用する者は馬鹿だ。

> Le vent, la femme et la fortune changent comme la lune.
> 風と女と運命は月のように変わる。

そしてイギリスには前に挙げたもの以外にも，女についてのものはまだある。

> A woman's oaths are wafers, break with making.
> 女の誓いはウェハースのようなもの，作るそばからこわれる。

> He ploughs in sand and sows against the wind, that hopes for constant love from womankind.
> 女に変わらぬ愛を求める男は，砂地を耕し，風に向かって種をまくようなものだ。

> Give a woman thy whole heart, and she will break it.
> 女を心から愛しても裏切るだろう。

とにかく，西洋では女心はよく変わるようである。したがって，

> Trust not a woman even when dead.
> 死んでしまっても女は信用するな。

ということになる。

日本にも「七人の子はなすとも女に心を許すな」という同じようなことわざがある。

女の武器と知恵

東西を問わず女はおしゃべりなもので，これに関することわざは多い。

第2部　ことわざの比較文化論

> One tongue is enough for two women.
> 女2人に舌1枚で十分だ。

> Foxes are all tail and women all tongue.
> 狐は体じゅう尻尾で、女は体じゅう舌だ。

> A woman's hair is long; her tongue is longer.
> 女の髪の毛は長い、舌はもっと長い。

> Silence is the best ornament of women.
> 沈黙は女の最良の飾り物である。

> Women's tongue is her sword, which she never lets rust.
> 女の舌は剣なり、女はこれを決して錆びつかせることはない。

> A woman's strength is her tongue.
> 女の力は舌にあり。

> A woman's tongue is the last thing about her that dies.
> 女の舌は女の体のうちで最後に死ぬ器官である。

> When a man dies, the last thing that moves is his heart, in a woman her tongue.
> 男が死ぬときに最後まで動いているのは心臓で、女はその舌だ。

> Where there are women and geese there wants no noise.
> 女たちと鷲鳥どもがいれば騒々しさに事欠かぬ。

> Three women and a goose make a market.
> 女3人と鷲鳥1羽で市ができる。

　第1部の「ことわざについて」で述べたごとく（p. 25参照）、この最後のことわざと類似のものはヨーロッパ各国にみられる。各国において同じ発想をもったか、あるいはこのことわざの模倣や交流が行われたと考えられる。これらの場合、そのほとんどは goose と frog という動物を引き合いに出している。goose は、その不格好な形と動作から愚かなものを象徴するものとして扱われ、古代エジプトの象形文字においては、goose は馬鹿を表すのに用いられた。つまり、女はこのような馬鹿な動物なみに扱われているのである。

　日本では、これらのことわざの模倣は行われていない。「姦」とい

う字を用いて,「女三人寄れば姦(かしま)しい」という。しかるに漢字の「姦」には本来「かしましい」という意はなく,「邪・私・詐・淫・乱・悪人」などの意しかなかった。「姦」は会意文字で,「かしましい」の意にも用いられるようになったのであろう。3人の「3」という数字は,日英どちらのことわざにおいても,ひとつのまとまりを示す数字であり,日本では「衆」の最低単位が3人であった。

また同じ女の多弁を示すことわざに,「女三人寄れば囲炉裏(いろり)の灰飛ぶ」があるが,このほうが,ことわざの表現形式としては文芸性があり,そのすさまじさが如実に表されているといえよう。

また女はかくおしゃべりだから,A woman can never keep a secret. (女は決して秘密を守れない) ということにもなるのである。

▼ Long hair, little wit.
髪長く,知恵少なし

標題のように,ことわざの世界では,女は頭の悪いものと決めつけられている。

Woman has long hair and short wit.
女は長い髪と短い知恵をもつ。

When an ass climbs a ladder, we may find wisdom in women.
ロバがはしごを登るようになれば,女に賢さが見られるかも知れない。

日本にもいろいろある。

「女の知恵は鼻の先」「女の猿知恵」「女の知恵は後へ回る」
「女賢(さか)しくて牛売り損なう」
「女の賢いのと東の空明りはあてにならぬ」

だから「女の利口より男の馬鹿がよい」ということにまでなってしまう。そして女は,なまじ知恵があるより情にあついほうがよいのである。

Man with the head, woman with the heart.
男は知,女は情。

第2部　ことわざの比較文化論

魔性をもつ美

　女の魔性を強調することわざは，英語に多い。アダムとイブ以来，女は男を惑わすものと考えられている。

> No mischief but a woman or a priest is at the bottom of it.
> 女か僧侶がその背後にいない悪事はない。

> Play, women, and wine undo men laughing.
> ばくちと女と酒は笑いながら男を破滅させる。

> Women and wine, game and deceit, make the wealth small, and the wants great.
> 女と酒と勝負事と詐欺は財産をへらし欠乏を増す。

> Woman is the woe [confusion] of man.
> 女は男の災い（混乱）である。

　女はまた，その恨みや仕返しも恐ろしい。

> No vengeance like a woman's.
> 女の仕返しほど恐ろしいものはない。

　日本では女の魔性を蛇にたとえたりする。

> 「女の根性は蛇の下地」「女の情に蛇が住む」
> 「女の仕返しは三層倍(さんぞうばい)」「大蛇をみるとも女を見るな」
> 「女の一念岩をも通す」「女は地獄の使」

▼女の髪の毛には大象もつながる

　また，女は男に対して絶大な力をもつことがある。

> One hair of a maiden's [woman's] head pulls harder than ten yoke of oxen.
> 乙女（女）の髪の毛1本は20頭の牛より引く力が強い。

> One hair of a woman draws more than a team of six horses.
> 女の髪の毛1本は6頭の馬よりも強く引く。

1 東西女性観

> Beauty draws more than oxen.
> 美貌は牛よりも引く力が大きい。
> The dugs draw more than cable ropes.
> 乳房は鉄のロープより引く力が強い。

Ox が用いられるのは，西欧人の生活に牛が密接に結びついているからであり，かつ力の強い動物であるために使われたのであろうが，日本ではこの種のことわざに「牛」は用いない。

牛は，力が強いというよりむしろ，のろのろと，ある場合には辛抱強く進むことのたとえとなり，愚直を暗示することも多い。

だから日本では，牛の代わりに象を用いて，「女の髪の毛には大象もつながる」という。日本では大きな，力の強い動物の代表は象（陸）と鯨（海）らしい。象にまつわる故事ことわざは，インド起源のものが多いが，やはりこのことわざは，仏教の経典にある，女が出家のさわりになると戒めた故事から出た言葉である。

> 象ノ力ハ無雙(むそう)。人有リ髪ヲ以テ其ノ脚ヲ絆繋(はんけい)セシニ象之ガ為ニ躄(へき)シテ復(また)動ク能ハズ。　　　　　　　　　　（五句章句経）

象の力はそれと並ぶものがない。ある人が女の髪の毛で作ったなわでその足をしばりつけたところ，その象はそれがために足がきかなくて，もう動くことができなかった。

また次の『徒然草』第九段の文も，仏典に基づくものである。

> されば，女のかみすぢをよれる綱には大象もよくつながれ，女のはけるあしだにて作れる笛には秋のしか必ずよるとぞいひつたへはべる。

なお，日本には「女の髪の毛一本千人の男つなぐ」というのもある。また「女のえくぼには城を傾く」ともいうが，これもまた中国に起源をもつものである。振り向いただけであまりの美しさに迷い，国を滅ぼすにいたるほどの美人を「傾城(けいせい)」というが，これも同じ起こりである。美人の色香におぼれると寿命を縮めたり，身を滅ぼしたりする。「美女は生を断つ斧」なのである。

第2部　ことわざの比較文化論

▼ *A fair face is half a portion.*
美貌は持参金の半分

　最後に女の美しさについて考えてみたい。男は女を軽蔑しながらも，やはり女の美しさには勝てないのである。だから美しい女は幸福なのである。

> A fair face is half a portion [fortune].
> 美貌は持参金の半分。

> Looks breed love.
> みめは愛を生む。

> She that is born a beauty is half married.
> 美人に生まれた女はなかば結婚したようなもの。

　この点は，もちろん日本でも同じである。

> 「みめは果報の基(もとい)」「みめは幸の花」

　また美しい女は，いろいろな点で得をする。

> A fair complexion covers seven defects.
> 色白は七つの欠点をかくす。

　日本にも「色の白いは七難かくす」ということわざがある。

> Beauty doth varnish age.
> 美人は年をぬりかくす。

> Fair maidens wear no purse.
> きれいな娘は財布を持っていない。

　男性がおごってくれるからである。

> A good face needs no paint.
> 美しい顔に紅はいらない。

　この paint というのは「紅を塗ること」である。昔は白粉と紅だけで化粧した。だからこそ，色の黒いのは致命的で，色の黒い女が白粉を塗ったさまを「焼原へ霜の降りたるよう」とひやかした。

　ことわざはそれができた時代の反映であり，時代の移り変わりとともに，あるものは通用しなくなり，ただ昔を偲ぶだけのものとして，

1 東西女性観

教訓としての価値などはまったく失うが，女の美のように流行の移り変わりのかなり激しいものについては，特にこの事実が当てはまる。既出のことわざもある意味ではもはや現代には通用しまい。化粧品も化粧技術もはるかに進歩したし，また色の白いばかりが美人の条件ではなくなった。したがって「女と米の飯は白いほどよい」ということわざも，その絶対的価値を失った。この点では「茄子(なすび)と男は黒いがよい」も同じであろう。このことわざについて金子武雄氏は，「これはいわゆる白米病などを知らなかった時代のものであるが，うまいだけで結局毒になる点では女と同じであろう」と言っているが，興味深い[7]。

金子氏はまた，同書中において，日本のことわざを概観した場合，女の容貌についてのものの中で，顔だけが問題にされ，スタイルが問題にされていないのは，長い間女が家の中に閉じこめられて生活していて，全身が衆目の批判にさらされる機会をもたなかったためであろうと述べているが，西洋のことわざにも，やはりスタイルのことについて特に述べたものは見当たらない。やはり女は顔が第一に問題とされてきたのであろうし，美人コンテストにおけるがごとく，身体の健康的バランスを数字で示したり，教養の程度までも考慮するのは，比較的新しいことであろう。ただし女の顔についてごく細かい点まで述べたものは，日本のことわざに非常に多いことは事実である。女は男の慰み物だから，いろいろ勝手な批判をするのである。この点，日本人が自然的，感性的描写にすぐれ，西欧人が知性的，理性的表現にすぐれていることにも大いに関係があろう。

▼一瓜顔に二丸顔

日本では，女の顔についてちゃんと格付けもしてある。

「一瓜実(うりざね)二丸顔三平顔に四長面五ぐしゃ(痘痕(あばた))六目つり七頰焼け八がんち(片目)九禿十いぐち(欠唇)」

「一に瓜実二に丸顔三に角面四に長面五盤台(ばんだい)(平たい顔)六目かんち七みっちゃ(痘痕)に八でぼちん(出額)九あごなしに十し

第2部　ことわざの比較文化論

> かみ（しかめ面）

> 「一に瓜実二丸顔三平顔に四長顔五までさがった馬面顔」

　これらは顔の長短や高低について述べたものであるが，目鼻立ちについて述べたものとしては，「目細鼻高桜色」「男の目には糸を張れ，女の目には鈴を張れ」などという。細い目もぱっちりした目もどちらもよさを認めている。しかし吊り目はだめで，「吊り目に色目なし」という。

　さらに女にとって，髪も大切な要素のひとつである。

> 「女は衣裳髪かたち」「女は髪が命」
> 「一髪二化粧三衣裳」「髪の長いは七難かくす」

　『徒然草』にも「女は髪のめでたからんこそ，人の目立つべかんめれ」とある。当時は身のたけに余るがごとき黒髪が美人にふさわしい髪であったが，近世に入ってからは結髪の様式が流行したので，「髪形」は髪の結い方と受け取られたことになろう。

　「湯上りには伯父坊主が惚れる」は，おもしろいことわざである。「伯父」は父母の兄であり「姪」をふだん見慣れているから色気を感じたりすることも少なく，しかも出家して「坊主」となっているのならばなおさら女に惚れたりしてはならない立場にあるのだが，そういう「伯父坊主」でさえ惚れるというのである。湯上りの皮膚の血色のよさ，適度の開放感などがあいまって色気を発散するわけであるが，忘れてならないのは，湯上りの，しめった真黒な長い髪である。これが女の美しさを一段と増しているのである。これも，日本人のように風呂で体を十分に温め，あがってから涼む（特に夏）という習慣がない国では，このことわざは生きないであろう。「湯上り」とか「湯ざめする」というような日本語は，英語に翻訳できない言葉である。

　類似のことわざに，「湯上りには親でも惚れる」「洗髪には伯父坊主が惚れる」がある。

　なお，「一人子持は伯父も惚れる」ということわざもある。女は子供を1人産んだ頃に一段と女っぽさが増すという意味であろう。

1 東西女性観

▼ *Beauty is only skin-deep.*
美しいも皮一重

さて美人は必ずしも幸福で、人から称賛ばかりされるとはかぎらない。英語のことわざに、Beauty is only [but] skin-deep. (pp. 47〜48参照) というのがあるが、日本にも「美しいも皮一重」とか「美人というも皮一重」という同じものがある。「皮一枚はげば美人もどくろ」ともいう。これは美人に恵まれなかった男たちや、美に恵まれなかった女たちの自らをなぐさめる言葉であろうが、そのへんの心情には国境はあるまい。また美は皮一重と、わかっていても美が快いものであることも否めない事実であろう。イギリスのジャーナリスト、コベット (William Cobbette, 1763-1835) は、この気持ちを次のごとく描いている[8]。

> The less favoured part of the sex say, that 'beauty is but skin deep'; ... but it is very agreeable though, for all that.
>
> 美に恵まれない女は「美は皮一重に過ぎず」と言うが、……やはり美は快いものであることに変わりない。

また、次のようにもいう。

> Beauty is but a blossom.
> 美は花に過ぎず。

日本の「盛り一時（ひととき）」の言葉どおり、女の美しさも一時のものという意味である。「花に過ぎず」ということは「実を結ばない」という意味もあるわけで、その意味からいえば、果樹の花である blossom でなく flower を使うべきなのであるが、beauty の [b] の音と頭韻をふませるため、ここでは blossom を使ったのである。また、Beauty is a blaze. (美貌はつかの間の輝きにすぎない) ともいう。日本の「器量は当座の花」に当たる。「女の美しさとまだら雲は長く続かず」とか、「女二十は婆始め」などともいう。

第2部　ことわざの比較文化論

▼美人薄命

また美人は早死にすることも多く，日本では「美人薄命」とか「佳人薄命」という。英語でも同じで，Whom the gods love die young.（神々に愛される人々は若くして死ぬ）というのがある。このことわざの意味については，*English Proverbs Explained* の次の説明が参考になる。

> This springs from a belief in an after-life that is better than this life. On this assumption a person who dies young is luckier than who dies old. The gods love the young person so much that they cause him to die so as to have him with them earlier. This idea was expressed in classical Greek as early as the third century BC and has survived because it is not inconsistent with Christianity.
>
> これは，死後に現世よりよい来世がある，という信仰からきている。そういう前提に立つと，若くして死ぬ人は老いて死ぬ人より幸福だということになる。早くそばにおきたいために，神々は愛する若者を早死にさせる。この思想は紀元前3世紀にすでに古代ギリシャにみられるものであるが，キリスト教と衝突しないため今日まで生きている。

▼美人に愚人多し

日本では「美女は悪女の仇」「美女は醜婦の仇」のように，美しい女は他の女の恨みをかうことになる。もっとも日本に限らぬであろうが。

また美人は不運なことも多い。

> Beauty and luck seldom go hand in hand.
> 美と幸運はめったに両立しない。

そして美人に愚かな女が多いという。

> Beauty and folly are old companions.
> 美と愚とは古い友である。

1 東西女性観

> Beauty and folly are often matched together.
> 美貌と痴愚はしばしば好一対をなしている。

美人はまた性格が悪かったり，正直でなかったり，不貞であったりする。

> A fair face and a foul heart.
> 美しい顔に汚い心。

> A fair face may hide a foul heart.
> 美しい顔に醜い心がかくれている。

これは「外面似菩薩内心如夜叉」や「人面獣心」に当たる。

> Beauty may have fair leaves, yet bitter fruit.
> 美貌の葉は美しいが実は苦い。

> Beauty and honesty seldom agree.
> 美貌と正直が両立するのはまれ。

> Beauty and chastity seldom meet.
> 美貌と貞節が両立するのはまれ。

シェイクスピアは『ハムレット』3幕1場の中で，beauty と honesty との関係を，ハムレットとオフェリアの対話で，次のごとく引用している。

Ham: Ha, ha! are you honest?
Oph: My lord?
Ham: Are you fair?
Oph: What means your lordship?
Ham: That *if you be honest and fair, your honesty should admit no discourse to your beauty.*
Oph: Could beauty, my lord, have better commerce than with honesty?
Ham: Ay, truly; for the power of beauty will sooner transform honesty from what it is to a bawd than the force of honesty can translate beauty into his likeness: ...

ハム： ハッハッ！ あんたは清い女ですか？

オフ：　何と仰せられます？
ハム：　あんたは美しい女ですか？
オフ：　それはどういうことでございますか？
ハム：　つまりあんたが清くて美しければ，その清い心は，美しさに，あんまり親しくさしてはいけないということ。
オフ：　美しさは清さと親しくするのが，一番よくはありませんでしょうか？
ハム：　そうですとも，清い心が自分の姿どおりに美しさを変える力よりも，美しさが清い心を動かして，穢れた仕事をさせる力の方が強いでしょうから。……（沢村寅二郎訳）

▼悪女の深情

　日本には「悪女の深情（ふかなさけ）」ということわざがある。悪女はこの場合，容貌の美しくない女のことで，そういう女は情が深いという意味であるが，実際には，美しくない女に愛されつきまとわれて，ありがた迷惑という場合に用いられる。まさに男のつくったことわざである。
　「みめより心」ということわざも真実であるが，やはり男は美しい女を求めることが多い。したがって女も化粧や衣服によって美しく化けようとする。

Varnishing hides a crack.
化粧すればあらが見えない。

No woman is ugly if she is well dressed.
着飾ればみにくい女はいない。

　日本では昔から「悪女は鏡を疎（うと）む」という。しかし化粧の技術が進歩し，みにくさも種々の方法でカバーできるようになった現代では，鏡は悪女にとってむしろ最も大切なものになっているわけで，「鏡は悪女の宝」と変えねばならないかもしれない。「鬼瓦にも化粧」などという残酷なことわざもあるのだから。
　また美人の条件も，健康やスタイルを重視してきたのであるから「眼病み女に風邪引き男」などということわざも，現代人の感覚には

1 東西女性観

ピンとこないであろう。目を病んでいる女の目がむしろ色っぽくうるんでみえたり，美人が眼帯をしている姿がむしろ魅力的だったりするのは何となくわかるが，風邪引き男はあまりいただけないように思えるが，これも好みの問題であろう。次の引用も参考になる。

> 眼病み女に，かぜ引き男と，昔の人は妙な好みを表現した。もみを眼に当てた美人を言ったのだろうが，現代では，腕にまいた白いほうたいなども，一種のアクセサリーとして，通用しないことはない。もちろん，誰にも，という訳にはいかないが……。
>
> （永井龍男『外燈』）

同じものでもある人の目を喜ばせれば，その人にとってそれは美であるが，別の人にとっては美でないかもしれないのである。

> Beauty is in the eye of the beholder.
> 美は見る人の目の中にあり。

ということわざもあるように。

女の歴史

ヨーロッパにおける女性は，アダムとイブの時代より魔性をもつものとされ，合理主義とヒューマニズムを旗印とするルネッサンス最盛期においてすら，残虐きわまりない魔女旋風が吹きまくったことも，これと無関係ではあるまい。

『旧約聖書』「創世記」にあるように，神から禁じられていたエデンの園の中央にある木の実をイブが食べてしまい，アダムにも食べさせてしまったことは，人間の犯した最初の罪（原罪 original sin）であり，ゆえに女は悪の元凶であるかのように考えられ，それはことわざの世界にも反映されているといえよう。

東西の女性に関することわざを比較した場合気づくことは，西洋のものには女性の不可解さ，複雑さ，魔性を強調したものが多くみられるのに反し，日本のものには，女性がまったく男性に隷属するもので

あることを述べたものが多い，ということである。

　西洋のことわざにおいて女性が複雑であるというのは，ある意味では，女性を男性と相対する人格として扱っていることになるのであり，日本のようにまったく無視してしまえば，複雑でもなんでもない。

　日本では「女は三界(さんがい)に家なし」ということわざどおり，女にとってこの世に安住の地はなかった。女性が権力をもち得たのは原始社会においてのみである。しかし男性の生業が狩や漁から農業に変わり，強い力をもつ家長の統制で生産が管理されると，女性たちは労働の奉仕者となり，経済権は男性にわたった。それ以来，日本の社会は常に男性中心の社会であった。平安貴族社会では，一見女性が大切にされたが，それは貴人の子を産む道具として大切にされたにすぎなかった。平安時代に女流文学が栄えたのも婦人の地位の高さを示すものではない。清少納言も紫式部も和泉式部もみな中以下の貴族の娘であり，本名も生死の年も不明である。誰の娘とか誰の妻，母ということが伝えられているにすぎず，彼女らが一個の人格と見られていなかった証拠である。またこの時代の一見自由にみえる恋愛も，男女平等に基づくものでなく，男の放逸がもとになっていたことはいうまでもない。

　武家社会においては，武力をもたぬ女性はまったく男性の隷属者と考えられ，人格はまったく認められなくなった。女性はただ強い武士になるべき男の子を産むための道具でしかなかった。そして平和が訪れて，武力だけではその合理性を維持することが困難になった時，その理論として採用されたのが儒教道徳である。それまでの仏教は，社会的にはその影響力はそれほど強くなかったが，儒教は江戸時代の封建的な秩序を維持するための大切な理論となった。そして，この儒教道徳のため最も悲しい状態におかれたのが女性である。女性は人間でも家族でもなかった。そして一夫多妻制は最高の家族道徳であった。「男は七人あてがい」という言葉もそれを示している。徳川家康の遺法として伝えられた「成憲百箇条」には「天子に十二妃，諸候に八嬪(びん)，大夫に五嬙(しょう)，士に二妾(しょう)，それ以下は匹夫なり」と身分によって

1 東西女性観

妾の数も決まっていた。攘夷論者，水戸の会沢正志斎は「西洋人は畜生である。なぜならば彼らは一夫一婦制で，妻に子が生まれなくて，家のあとつぎがなくなっても，なお妾をおかないからである」と言ったそうである。十一代将軍家斉のように女性40人に55人の子供を生ませたほうが人間的なのであった。

日本の封建時代の女の悲しい宿命を示す言葉に「七去三従(しちきょさんじゅう)」というのがある。これは元来中国の思想で，七去とは，妻が父母に従順でない場合，子がない場合，淫乱である場合，しっと深い場合，悪疾がある場合，多言である場合，盗癖がある場合という，妻を離縁すべき7つの条件を意味した。三従というのは『儀礼』の「喪服伝」の中の，次の言葉がそれを説明している。

　　婦人ニ三従ノ義有リ，専用ノ道無シ。故ニ嫁セ未ダ父ニ従ヒ既ニ嫁シテハ夫ニ従ヒ，夫死スレバ子ニ従フ。

ヨーロッパにおいてもまた，女性の人格は長い間認められなかった。特に中世初期封建時代までは既出のことわざの示すとおり，女性は日本以上に苛酷な立場におかれた。しかし女性の（少なくとも貴族の女性の）地位は12世紀から目立って改善された。そして騎士道も変わり，女性に対する男性の態度も少しずつ変わっていったことも事実である。もちろん18世紀頃までは，やはり女性の地位が低かったのも事実であるが，鯖田豊之氏によれば，ヨーロッパにおいては，キリスト教の聖母マリア崇拝，騎士道の婦人崇拝からルネッサンスの官能主義に至るまで，「永遠の女性という理想」がいつも支配的だったという。「女性を手の届かないもの，理解を越えたもの，神聖なものとしてあがめる」のはヨーロッパ特有だとし，ヨーロッパ人は自然現象の中にも「女性」を求め，愛らしさ，こまやかさ，優しさを思い起こさせるものはみな女性化される。しかるに日本人に最も愛されるのは，男性的でもなく，女性的でもなく，はっきりそれといえぬ，中性的なものだけだという[9]。

たしかに西欧文化では性別意識は強調される。しかし日本の女性史においても，大切なことは女性全体がひとつの「分」として，男性と

区別されたことである。「男女七歳にして席を同じうせず」という儒教思想もこれを表している。つまり，西欧の性別意識は男性と女性が異質のものであるという考えに基づいているが，日本のそれは，女性無視，軽蔑の上に立っているといえよう。

　ただ最後に述べておきたいことは，西洋のことわざにおいて，日本のもの以上に，女性が激しく攻撃され，軽蔑されたりするのは，それだけ女についての苦労が多いということも考えられようし，男性の女性に対する一種の反発であるとも考えられよう。同時に，物事のある一面だけをとらえた表現をしたり，諷刺的な見方をした表現や逆説的な表現も，ことわざのもつ特徴なのである。

●注

1) E. C. Brewer, *Brewer's Dictionary of Phrase and Fable* (Cassell, 1971).
2) 『世界大百科事典』（平凡社，1972）。
3) J. ラフィット゠ウサ著，正木喬訳『恋愛評定』（白水社，1960）。
4) 金子武雄『日本のことわざ』第1巻（大修館書店，1961）。
5) Thomas Percy, *Reliques of Ancient English Poetry* (1765)。
6) 鈴木棠三『ことわざ処世術』（東京堂，1962）。
7) 金子武雄『日本のことわざ』第4巻（大修館書店，1961）。
8) William Cobbette, *Advice to Young Men* (1829)。
9) 鯖田豊之『日本を見なおす』（講談社，1964）。

2
結婚観の比較

Marriage makes or mars a man.
結婚は男を完成させるか破滅させる

結婚は必要か

　まず結婚が望ましいことであり，当然すべきものであるという意味のことわざは日英ともにきわめて少ないが，聖書の中には，結婚を尊重すべきもの，必要なものとする言葉が見られる。

> Marriage is honourable.
> 結婚は尊ばれるべきものである。

　これは『新約聖書』「ヘブライ人への手紙」13章4節の次の箇所から出たことわざである。

> Marriage is honourable in all, and the bed undefiled: but whoremongers and adulterers God will judge.
> すべての人は，結婚を重んずべきである。また寝床を汚してはいけない。神は，不品行な者や姦淫をする者をさばかれる。

　また次のようなことわざもある。

> Marriage is honourable but housekeeping is a shrew [but housekeeping chargeable].

第2部　ことわざの比較文化論

■　結婚は尊ばれるべきものであるが，家政は厄介事である。

　また『新約聖書』「マタイ伝」19章や「ルカ伝」10章では，人は父母を離れ，その妻と結ばれ，夫婦が一体となるべき（twain shall be one flesh）ことが説かれている。さらに姦淫を避けるために結婚をすすめている言葉が『新約聖書』「コリント人の第一の手紙」7章2節にある。

　Nevertheless, to avoid fornification, let every man have his own wife, and let every woman have her own husband.
　しかし，不品行に陥ることのないために，男子はそれぞれ自分の妻を持ち，婦人もそれぞれ自分の夫を持つがよい。

　次のことわざは，結婚の長所と短所を述べている。

■　Marriage halves our griefs, doubles our joys, and quadruples our expenses.
■　結婚は悲しみを半分にし，喜びを2倍にし，出費を4倍にする。

　また次のものは，結婚生活が男を落ち着かせる効果があることを述べている。

■　A married man turns his staff into a stake.
■　結婚した男は杖を杭に変える。

　このことわざは「男は独身の時は外を歩き回るが，結婚すると家にばかりいるようになる」という意味である。

■　Age and wedlock brings a man to his nightcap.
■　老齢と結婚生活は男をナイトキャップの所へ連れて来る。

　nightcap は夜寝る時にかぶる帽子のことであるが，若く独身の時は男は夜になっても寝場所にも帰ってこないが，年を取り妻子ができれば身持ちがよくなってくるという意味である。

■　Age and wedlock tame both man and beast.
■　老齢と結婚生活は男と獣をおとなしくさせる。

　これらのことわざに類似の日本のことわざには「女房は男の鎮(しず)」や「妻子は世帯のおもり」があるが，前者は「女房は男にとって，軽はずみな挙動を戒めるおもしのようなものだ」，後者は「人は妻子を

持ってはじめて生活が落ち着いたものになる」といった意味である。

女房は必要か

女房がいないと大変不便だという趣旨のことわざがある。

No lack to a wife.
女房が「無い」が一番困る「無い」

A man without a wife, a house without a roof.
女房のいない男は，屋根のない家のようなもの。

日本には，女房の必要性を述べたことわざはかなりある。

「女と俎板（まないた）は無ければ叶（かな）わぬ」
「家に無くてはならぬものは上がり框（がまち）と女房」
「女房と昼の日は目に見えぬ所に光あり」
「女房は半身上（しんしょう）」（女房は財産の半分の値打ちがある）
「持つべきものは女房」
「うどんそばよりかかあのそば」
「女房は家の大黒柱」

だから良い女房をもつかどうかによって男の幸福も左右される。

「男は妻（め）から」「一生の得は良い女房を持った人」
「鍋釜売っても良いかかあ貰え」

英語のことわざにも同じ類のものがある。

Marriage makes or mars a man.
結婚は男を完成させるか破滅させる

シェイクスピアはこのことわざを『ロミオとジュリエット』
(*Romeo and Juliet*) 1幕2場の中で次のように引用している。

And too soon marr'd are those so early made. （made＝married）
あまり早く結婚するとすぐにこわれる。

その他，良妻の価値を述べたことわざは次のようにたくさんある。

The day you marry it's either kill or cure.

結婚の日が人を殺しも生かしもする。

It is in vain for a man to be born in fortunate, if he be unfortunate in marriage.
結婚に不運であったら,幸運に生まれても無駄である。

A man's best fortune or his worst is a wife.
男の最大の幸運または不運は妻である。——「男は妻から」

A good wife and health is a man's best wealth.
良妻と健康は男の最高の富。

A good wife makes a good husband.
良妻は夫を良夫にする。

A good wife's a goodly prize, says Solomon the wise.
賢王ソロモンいわく,良妻は家の宝。

A good wife is best furniture.
良妻は最上の家具。

A good housewife is a jewel.
良い主婦は宝石である。

He has kindred enough that has a good wife.
良妻を持った者には十分な親類がある——良妻がいれば親類はなくても,多くの親類があるに等しい。

Two things do prolong your life, a quiet heart and a loving wife.
2つのものが寿命を延ばす:安らかな心と愛情深い妻

A good wife is a perfect lady in the living room, a good cook in the kitchen, and a harlot in the bedroom.
よい妻は居間では貴婦人,台所では上手な料理人,寝室では売春婦。

悪妻は百年の不作

しかし反対に,悪妻をもったら一生を台なしにしてしまうわけで,

2 結婚観の比較

この意味のことわざも日英にある。

A bad wife is the shipwreck of her husband.
悪妻は夫の破滅である。

Who has a bad wife, his hell begins on earth.
悪妻を持つとこの世の地獄が始まる。

An ill marriage is a spring of ill fortune.
まずい結婚は不幸の泉である。

Better be still single than ill married.
不幸な結婚をするより独身のままでいたほうがまし。

Better be half hanged than ill wed.
悪い結婚をするくらいなら半殺しにされるほうがまし。

Smoke, rain, and a very curst wife make a man weary of house and life.
煙と雨もりと大悪妻は夫を家庭と人生にあきあきさせる。

このことわざには次のように多くの異形表現がある。

A smoking house and a chiding wife make a man run out of doors.
煙の出る家と小言を言う妻は夫を家から追い出す。

Three things drive a man out of his house——smoke, rain, and a scolding wife.
3つのものが男を家から追い出す。煙と雨もりと, がみがみ女房。

Smoke, a dropping gutter, and a scold, cast the good man out of his hold.
煙と雨もりのする樋(とい)とがみがみ女に善良な男も我慢をなくす。

A scolding wife and a smoky house marreth a man's eyes.
がみがみ女とけむい家は男の眼を痛める。

この「煙と雨もりとがみがみ女」は『旧約聖書』「箴言」の中の次の3カ所の言葉を結びつけたものである。

As vinegar to the teeth, and as smoke to the eyes, so is the sluggard to them that send him. （10章26節）

第2部　ことわざの比較文化論

なまけ者は, これをつかわす者にとっては, 酢が歯をいため, 煙が目を悩ますようなものだ。

A foolish son is the calamity of his father: and the contentions of a wife are a continual dropping. (19章13節)

愚かな子はその父の災いである。妻の争うのは, 雨漏りの絶えないのと等しい。

A continual dropping in a very rainy day and a contentious woman are alike. (27章15節)

雨の降る日に雨漏りの絶えないのと, 争い好きな女とは同じだ。

とにかく, がみがみ女は嫌われる。それではがみがみ女をめとってしまったらどうしたらよいのか。次のことわざが教えている。

> He that fetches a wife from Shrewsbury must carry her into Staffordshire or else shall live in Cumberland.
> シュルーズベリから妻をもらってくる者はスタフォドシャに連れていかねばならない。さもないとカンバランドに住むことになるであろう。

Shrewsbury はイングランド Shropshire の首都で, shrew（がみがみ女）とのしゃれ (pun) である。Staffordshire はイングランド中部の州で staff（棒）の意味をきかせてあり, Cumberland はイングランド北西部の旧州で, cumber (＝trouble, distress) の意味をきかせてある。要するに, このことわざは「がみがみ女をめとってしまったら, 棒でたたきのめしてやらないと, 亭主は苦労し, 厄介な目に合うことになる」という意味なのであり, しゃれを利用しておもしろくしてある。

日本にも悪妻に関して次のようなことわざがある。

> 「悪妻は百年の不作」「悪婦家を破る」
> 「女房の悪いは六十年の不作」「一生の患は性悪の妻」

2 結婚観の比較

結婚は人生の墓場か

　日本では「結婚は人生の墓場」などというが,結婚が男の自由を奪ってしまうものであるとか,良い女房などというのはこの世にいないから,結婚すると苦しみが始まり,後悔するだけだという意味のことわざは英語に非常に多い。まず次に挙げるものは,結婚などすべきでないと説いている。

It is good to marry never.
全然結婚しないのがよい。

Nothing is better than a single life.
独身生活にまさるものはない。

No one marries but repents.
結婚するものは必ず後悔する。

Marry today and repent tomorrow.
今日結婚すると明日後悔することになる。

Next to no wife, a good wife is best.
妻を持たないことの次は良妻を持つことが一番よい。

Who marries does well, who marries not does better.
結婚するのは結構なことだが,結婚しないことはもっと結構なことだ。

Honest men marry soon, wise men not at all.
正直者はすぐに結婚し,賢い者は全然結婚しない。

Advise none to marry or go to war.
誰にも結婚または出征をすすめるな。

　そして結婚すると,苦しみや憎しみや争いが始まる。

Needles and pins, needles and pins: when a man marries his trouble begins.
びくびくひやひや,結婚と共に男の悩みが始まる。

be on pins and needles は「びくびく（やきもき）している」という意味の慣用句で，このことわざでは begins と脚韻をふませるために needles and pins と語順を変えたのである。

> Who takes a wife takes care.
> 妻を持てば心配はつきもの。

> He that has a wife has strife.
> 妻を持つ者には争い事がある。

> Without wife, without strife.
> 妻がいなければ争い事もない。

> He that has a wife and children wants not business.
> 妻子を持つ者は厄介事に事欠かない。(business＝trouble)

> The marriage ceremony takes only an hour, its troubles last a lifetime.
> 結婚式はほんの1時間で終るが，苦労は一生涯続く。

> A man finds himself seven years older than the day after his marriage.
> 男は結婚したとたん7歳年を取る。

日本では「添わぬうちが花」という。そして結婚は男を束縛する。

> Wedlock is a padlock.
> 結婚生活は南京錠である。

> He that hath wife and children hath given hostages to fortune.
> 妻子を持つ者は運命に人質を与えたことになる。

次の2つは，西洋人の女性上位を暗示していよう。あとのほうのものは，独身者のからいばりを示している。

> He that has a wife has a master.
> 女房を持つ者は主人を持っているようなもの。

> He that has no wife beats her often.
> 妻のいない者は妻をたびたびなぐる――「俺ならそんな女房はぶんなぐってやる」と独身者は言う。

なぜ結婚がこのように嫌われるかというと，女房がみな悪いからで

2 結婚観の比較

ある。

> An ill year and a wife do never fail.
> 悪い年と悪い女房は決して絶えることがない。

> An ill year and a bad wife is never wanting.
> 悪い年と悪い妻にはことかかない。

女は娘のうちはよいが，結婚すると悪くなるのである。

> All are good lasses, but whence come the bad wives?
> みなよい娘たちなのに悪妻はどこからくるのだろうか。

> Maidens should be mim till they're married, and then they may burn kirks.
> 娘たちは結婚するまではきちんと取り澄ましていて，そのあとで教会を焼くようなことをするかもしれない。

このことわざは，ある娘さんに関して，「彼女はよい娘だ」と言ってから，「でも結婚してからもよい女房かどうかはわからない」といった含みで使う。

また女房ははじめのうちはよいが，だんだん悪くなるのである。

> Many a man sings, when he home brings his young wife; wist he what he brought, weep he might.
> 多くの男は若い妻を家へ連れてきたとき歌を歌う。彼が連れてきたのが何であるかを知れば彼は泣くであろう。

これと類似の日本のことわざには「女房の持ちたてとわらじのはきたては足が軽い」がある。

なぜ女房が悪いのかというと，いつもがみがみ言ったり，不満をかこったりするからである。

> Husbands are in heaven whose wives chide [scold] not.
> 女房に小言を言われない夫は天国にいる。

> Mills and wives are ever wanting.
> 水車小屋と女（女房）は常に物を欲しがる。

水車小屋をいつも動かしておくためには，絶えず grist（製粉用の穀物）を供給してやらねばならないし，女を美しくしておくために

第2部　ことわざの比較文化論

は，紅だ白粉だのと絶えず与えてやらなければならないといった意味である。

また妻子は金もかかる。

> Wife and children are bills of charges.
> 女房と子供は支払請求書に等しい。

そして女房はなぐってもやはりだめだという。

> You may ding the Deil into a wife, but you'll never ding him out of her.
> 君は女房の心に悪魔を叩き込むことはできるが，女房の心から悪魔を叩き出すことはできない。

ding はスコットランド語で beat，Deil は Devil の意味であり，このことわざの意味は「女房はなぐってもよくはならない」ということである。日本には「女房打つなら豆がらでも打て」ということわざがある。

だから結婚して楽しい日は2日しかないという。

> A wife brings but two good days, her wedding day and death day.
> 女房は2日だけ良い日をもたらしてくれる。結婚式の日と死亡の日と。

ゆえに男はみな結婚して後悔する。

> Marriages rides upon the saddle and repentance on the crupper.
> 結婚が鞍(くら)に乗ると後悔がしりがいに乗る。

crupper（しりがい）は馬の尾の下を通して鞍に結ぶ馬具のひとつで，このことわざは，「人は結婚すると必ず後悔するもの」という意味である。

> Age and wedlock we all desire and repent of.
> 老齢と結婚生活はわれわれがみな望み，そして後悔するものである。

また次のように，結婚して月日がたつにつれてふたりの関係が変わっていく様子を描いたおもしろいことわざもある。

> When a couple are newly married the first month is honeymoon or

2 結婚観の比較

> smick smack, the second is hither and thither, the third is thwick thwack, the fourth, the devil take them that brought you and I together.
> 新婚のふたりの最初の月は蜜月つまりチュチュチュッ，2カ月目はあちらこちらとかけずり回り，3カ月目はピシャピシャピシャリ，4カ月目は仲人恨み。

このことわざの中の smick smack は「チュチュというキスの音」，thwack は「ピシャと打つこと」，the devil take ... together は「おまえと俺を一緒にした人を悪魔がつかまえるように（祈る）」という意味。

結局 Wives and wind are necessary evils.（女房と風は避けられない悪である）ということになり，実に手きびしい。日本の「厭な女房でも去れば三百文損した心地」のほうが，まだ女房に対するやさしさを残しているといえる。さらに次のようなひどいものもある。

> This is goodly marriage [match] were the woman [wife] away.
> 女房がいなければ，これはなかなか結構な結婚だ。

妻の選び方

1）相手をよく見て慎重に

妻の選び方や結婚の際の忠告，これが英語のことわざにはきわめて多い。まず，あわてず慎重に選べという。

> Make haste when you are purchasing a field but when you are to marry a wife be slow.
> 畑を買うときは急げ，しかし妻をめとろうとするときはゆっくりせよ。

> Marry in haste, and repent at leisure.
> あわてて結婚し，ゆっくり後悔せよ。

日本には類似の趣旨のことわざに，「縁と月日の末を待て」「縁と浮

第2部　ことわざの比較文化論

世は末を待て」「縁と月日はめぐり会う」などがある。

結婚する時には，相手を自分の目でよく見て選べという。

> Keep your eyes wide open before marriage, and half shut afterwards.
> 結婚前は両眼を大きく開き，結婚後は半眼を閉じよ。

ただし，人の噂も参考にせよという。

> Choose a wife rather by your ear than your eye.
> 目よりもむしろ耳によって妻を選べ。

見た目の美しさでなく，世間の評判によって妻を選べということである。

また「女は化物」「女は魔物」というから，ふだん着で，素顔の時に，明るいところでよく見て選ばねばならない。

> Choose a wife on a Saturday rather than a Sunday.
> 日曜日よりも土曜日に妻を選べ。

> Choose neither a woman nor linen by candle light.
> 女性もリンネル製品もろうそくの光の下では選ぶな。

ただし，あまり選り好みをすると，かすをつかむこともある。

> He that chooses takes the worst.
> 選り好みをする者は一番悪い女を選ぶことになる。

2) 家と家との釣り合い

結婚には「釣り合い」や「似合い」が大切だということわざは多い。

> Marry your match.
> 君に釣り合う人と結婚せよ。

> Marry your equal.
> 君と同等の者と結婚せよ。

> Every Jack has his Gill
> ジャックにはみな似合いのジルがいる。

> Unequal marriages are seldom happy.

2 結婚観の比較

釣り合わぬ結婚は幸せになることは少ない。

Like blood, like good, and like age make the happiest marriage.

血筋, 財産, 年齢が似通っていることが幸福な結婚生活の条件である。

Let beggars match with beggars.

乞食は乞食と結婚させるのがよい。

There is no pot so ugly that a cover cannot be found for it.

どんなに醜い鍋にもそれに合う蓋があるものだ。

日本にもこの種のものはある。まずこの最後のものと同じ pot（鍋）と cover（蓋）を使ったものに「破鍋（われなべ）に綴（と）じ蓋」「破鍋（われなべ）に欠け蓋」があり，また「ねじれ釜にねじれ蓋」「合うた釜に似寄った蓋」のように「釜」を用いたものもある。そのほか同意のものに次のようなものがある。

「似た者夫婦」「釣り合わぬは不縁の基」

「牛は牛連れ, 馬は馬連れ」

そして, 嫁は下からもらうほうがよいともいう。

Go down the ladder when you marry a wife, go up when you choose a friend.

妻は下から貰え, 友は上から選べ。

自分より身分の高い女と結婚すれば, 尻に敷かれることになる。

Marry above your match, and you get a master.

君より身分の高い女と結婚すれば, かかあ天下となる。

日本にもこの種のものはかなりある。日本の「イエ制度」の中では, 嫁だけでなく「むこ」も問題になる。

「婿（むこ）は座敷から貰え, 嫁は庭から貰え」

「嫁は下から婿は上から」「婿は大名から貰え」

「女房は下から」「女房は台所から貰え」（女房は, 台所から出入りするような, 自分より身分の低い者から貰え, という意味。以下のものも同じ）

「女房は流し下から」「嫁は灰小屋から貰え」

第2部　ことわざの比較文化論

　こういう趣旨のことわざが日本に多いのは、「嫁」という字からも想像できるように、嫁は「家」の付属物であり、その家によっては、働き手であり、跡取りとしての男の子を産むための道具でしかなく、人格は認められていなかったということを示している。「嫁は手を見て貰え」「嫁十年ただ奉公」ということわざも、嫁が単なる働き手として考えられていたことをよく示している。

　次のような類似の英語のことわざもあるが、日本のものとはいささかニュアンスは異なる。

> A clean-fingered wife is not always the best housewife.
> 指のきれいな妻は必ずしも最上の主婦ではない。

3）仲人は必要か

　日本の見合結婚（arranged marriage）では仲人が大きな役割を果たす。仲人は英訳すれば matchmaker または go-between となるが、後者は結婚の仲人以外にも広く双方の仲立ちをする人をいう。

　仲人に関する日本のことわざは多い。まず、仲人は何とかして縁談をまとめようとするためにうそをつくことが多く、それに関することわざが多い。

> 「仲人七嘘」「仲人の嘘八百」
> 「仲人口は当てにならぬ」「仲人口は半分に聞け」
> 「仲人の空言」

　また仲人の仕事が重要で、大変なものであるという。

> 「仲人は腹切り仕事」「仲人は草鞋千足」
> 「仲人は痘痕の数まで数えてくる」

　だから、「仲人せざれば死して後になめくじになる」ということわざもあり、人間は一生のうちに仲人を一度はしなくてはならないという。

4）結婚と金

　金銭に関係したことわざも多い。これは特に英語のものに多いよう

2 結婚観の比較

である。まず次のものは,「金のない者と結婚するな」と教える。

Marry a beggar, and get a louse for your tocher-good.
乞食と結婚すると, 持参金としてしらみを貰うことになる。

このことわざは「商売や事業を始める時, 貧しい人間と組んでやると, 失敗した時その損失をすべて自分がかぶらなければならなくなるから, 金のない者とは組むな」という忠告としても使われる。

しかし, 金のために結婚するとやはり不幸になるという。

He that marries for wealth sells his liberty.
財産目当てで結婚する者は自由を売り渡すことになる。

Who marries for a dower resigns his own power.
持参金のために結婚する者は, 自らの権力を譲り渡すことになる。

A rich wife is a source of quarrel.
金持ちの妻はけんかの源となる。

A great dowry is a bed full of brabbles.
多額の持参金は口論に満ちた床である。

日本の封建的家族制度の下では, 婿養子に入ったら舅, 姑に仕えなければならなくなり, 自由を失うわけで,「粉糠三合あったら婿に行くな」ということわざがある。そのほか次のようにもいう。

「来ぬか来ぬか三度言われても婿と養子には行くな」
「小糠三合あったら入聟するな」
「養子に行くか, いばらの藪を裸で行くか」

また次のものは, 金もないのに結婚する人たちへの警告である。

Who marries for love without money has good nights and sorry days.
金はないが愛情のために結婚した者は夜は楽しいが昼は悲しい。

だからまず金ができてから結婚せよという。

First thrive and then wive.
まず商売を繁昌させてから結婚せよ。

日本でも「早く産を求めて遅く妻をめとれ」といい, 一家の生活を

たてる資力もないのに妻を迎えることを「かまどより先に女房」という。

金がなくて結婚すると夫婦げんかが多くなる。

> Poverty breeds strife.
> 貧困は争いのもと。

> When poverty comes in at the doors, love leaps out at the windows.
> 貧困が戸口から入ってくると愛は窓から飛び出していく。

日本にも次のようなことわざがある。

>「夫婦げんかも貧がもと」「夫婦げんかも無いから起こる」
>「金の切れ目が縁の切れ目」

そのほか次のような、持参金についてのものがある。

> Better a portion in a wife than with a wife.
> 持参金つきの女房より、持参金を含んでいる女房のほうがよい。

これは、「持参金つきの高慢な女と結婚するよりも、心の中に持参金(人格)を持った女と結婚するほうがよい」といった意味である。

> The death of wives and the life of sheep make men rich.
> 妻が死んでくれて、羊が生きていてくれれば男は金持ちになる。

これは男性のエゴを示すことわざである。妻が死ぬと妻の持参金が夫のものになるから男が得するということである。これと同意のことわざは、日本にはないようである。

また次のように、結婚前に金をためて、まず住居を確保せよという忠告もある。

> Before you marry be sure of a house wherein to tarry.
> 結婚する前に住む家を確保せよ。

> Ne'er take a wife till thou hast a house to put her in.
> 妻を住まわせる家を持つまでは妻をめとるな。

日本には「早く産を求めて遅く妻をめとれ」ということわざはあるが、住まいを確保せよというような具体的な忠告はない。

2 結婚観の比較

5) 結婚の時期について

あまり早く結婚すると早死にするという。

> Early wed, early dead.
> 早婚の早死に。

日本には「早く咲けば早く散る」ということわざがあるが、これは結婚に限らず、一般に、早熟な者、あまり早く地位や名誉を得た者は、早く老化したり、早く凋落したりすることが多いという意味に使われる。

It is good to marry late.(晩婚がよい)ということわざもあるが、逆に He that marries late marries ill.(晩婚は悪い)という打ち返しもある。結局早すぎても遅すぎてもいけないのである。

> To marry young is too early, to marry old in too late.
> 若くして結婚するのは早すぎるし、年取って結婚するのは遅すぎる。

またクリスマスに結婚する男は馬鹿だということわざがある。

> He is fool that marries his wife at Yule, for when the corn's to shear the bairn's to bear.
> クリスマスに妻をめとる者は馬鹿である。なぜなら麦刈りの時期に子供を産むことになるからだ。

クリスマスに結婚してすぐ妻が妊娠すると、一年中で最も忙しい麦刈りの時期に妻が産褥にあることになるからである。Yule (yule) は現代ではあまり使わない語であるが、「クリスマス(の季節)」の意。corn はアメリカやカナダなどでは「トウモロコシ」になるが、イギリスでは「麦(特に小麦)、(集合的に)穀物」の意に使う。bairn は主にスコットランドで「子供」の意に使う語である。

6) 結婚と愛との関係

> Marry first and love will follow.
> まずは結婚せよ、そうすれば愛情はあとから生まれるであろう。

第2部　ことわざの比較文化論

　これは，はじめは愛がなくても，結婚すれば自然に愛がわいてくるというもので，日本の見合結婚の場合のような内容であるが，一方では次のようなことわざもある。

> They who marry where they do not love will love where they do not marry.
> 愛情がなくても結婚する者は，結婚しなくても愛するであろう。

また次のように恋愛の危険について述べたものもある。

> Marry your daughters betimes lest they marry themselves.
> 娘たちが自分で相手を見つけるといけないから，早めに嫁にやれ。

> Who marries ere he be wise shall die ere he thrive.
> 賢くならないうちに結婚する者は栄える前に死ぬであろう。

　この最初のことわざは，今では古き時代のことわざになった感じであるが，あとのほうのものは現代でも十分通用することわざである。「賢くならないうちに」というのは「相手を見る目（判断力）が備わらないうちに」といった意味であろう。

　日本には次のようなことわざがある。

> 「好き連れは泣き連れ」（親の反対を無視して好き合って結婚した夫婦は，あとで泣いて過ごすようになる）
> 「恋は盲目」「あばたもえくぼ」
> 「縁の目には霧が降る」（縁あって結ばれる者の目にはお互いに霧がかかったように，何もかも美しくみえるもの）

7）娘と親の関係

　日本には「将を射んと欲すればまず馬を射よ」ということわざがあるが，狙った女性を射止めたかったらまず彼女の母親にアプローチせよということわざがある。

> He that would the daughter win, must with the mother first begin.
> 娘を得たいと思う者はまず母親から始めなければならない。

また女性を選ぶ際，母親を見てから決めるのがよいという。

2 結婚観の比較

> Observe the mother and take the daughter.
> 母親をよく見て娘を選べ。

> Take a vine of a good soil, and the daughter of a good mother.
> ブドウ苗木はよい土地のものを選び，妻は，立派な母親の娘を選べ。

娘はやはり母親に似るもので，父親はどうでもよいともいう。

> Choose a good mother's daughter, though her father were the devil.
> よい母親の娘を選べ，父親は悪魔であっても。

日本では「嫁を見るより親を見よ」とか「嫁を取るなら親を見よ」という。

次のものは娘や息子を持つ親への忠告である。

> Marry your daughter and eat fresh fish betimes.
> 娘は早く結婚させ，鮮魚は早く食べよ。

> Marry your son when you will, (but) your daughter when you can.
> 息子は親にその意志があるとき結婚させ，娘は親にその能力があるときに嫁がせよ。

また次のものは結婚前の女性に対する忠告である。

> Maidens should be meek till they be married.
> 娘は結婚するまではおとなしくしていなければならない。

> Discreet women have neither eyes nor ears.
> 思慮分別のある女性には目も耳もない。

これは「慎重な女性は男の甘い言葉に耳を貸さず，また男からの高価なプレゼントなどには目もくれない」という意味である。

8) 美人の妻は心配のもと

男性は結婚に際して，たいてい美人を望むが，美人の妻をもつと悩みや面倒のもとになる。

> He that has a white horse and a fair wife never wants trouble.
> 白い馬と美人の妻を持つ男には苦労が絶えない。

白い馬は汚れが目立つので手入れが大変だということである。

> A fair wife and a frontier castle breed quarrels.
> 美人の妻と国境の城は争いのもと。

> If you marry a beautiful blonde, you marry trouble.
> 美しい金髪女性との結婚は苦労との結婚である。

また、美人の妻をもつと、夫はいつもほかの男に取られないように気をつけていなければならない。

> Who has a fair wife needs more than two eyes.
> 美人の妻を持つ男には目玉が2つ以上必要だ。

> A handsome wife, a vineyard and fig-tree are hard to be kept.
> 美人の妻とブドウ園とイチジクの木は管理するのが難しい。

だから妻を愛していれば目を離してはいけないのである。

> He who loves his wife should watch her.
> 妻を愛する者は見張ってなければならない。

結婚は天で決められる

以上のように、妻や夫を選ぶに際して、いろいろな忠告や警告があるが、結局のところ結婚は「運命、宿命」であり、「縁」であり、人間の力ではいかんともしがたい要素をもっており、そのような趣旨のことわざも日英ともにかなりある。

> Marriages are made in heaven.
> 結婚は天で決められる。

> Marriage is destiny.
> 結婚は宿命である。

> Marriage is a lottery.
> 結婚は運である。

> Marriage and magistrate be destinies of heaven.
> 結婚と支配者は天の定めである。

2 結婚観の比較

Marriage [Wedding] and hanging go by destiny.
結婚と絞首刑は宿命による。

日本では結婚が縁であることを強調したことわざが多い。

「縁は異なもの（味なもの）」「縁と月日の末を待て」
「縁と浮世は末を待て」「縁は知れぬもの」
「縁と月日はめぐり会う」「縁と月日は待つがよし」

結婚と迷信

日本には迷信に関することわざが多い。「五月の婚礼八月の離れ月」は，5月と8月に婚礼を忌むという俗信である。

9月と3月についてもある。桜の花の色がさめやすいというので3月の嫁入りも嫌われた。また花見の衣装は派手で色がさめやすいからという説もある。

「九月婿入り三月嫁入り」「三月の桜さめ」
「三月は去られ月」「三月は花の縁」

日本では昔から「相性」ということがいわれ，生まれ年や年齢についてのものもある。

「巳(み)年(どし)男に未(ひつじ)女は貰うな」「丙(ひのえうま)午の女は男を食う」
「丙午は亭主八人食い殺す」「四(よ)目(め)十(とお)目(め)」

この最後のものは「夜(よ)目(め)遠(とお)目(め)（笠の内）」の音をまねたもので，男女の縁組で，年の差が一方から数えて4年目と10年目，つまり3つ違いと9つ違いを不縁のもととして忌み嫌った俗信である。

「夫婦同年は忌み嫌う」「同い年夫婦は火吹く力もない」のように夫婦が同い年である場合は，嫌われる場合と好まれる場合がある。

後者は「同い年の夫婦は仲がよくて，いつも笑っているから火吹き竹を吹いても火をおこすことも十分にできない」ということで，火吹き竹はふくれ面をしないと吹けないからである。

英語のことわざにも，迷信に関するものがある。

第 2 部　ことわざの比較文化論

> Marry in May, repent alway.
> 5 月に結婚すると必ず後悔する。

　5 月に結婚するのは不幸であるという古代からの迷信がある。ローマ神話では, 女性たちの守護神であるユノ（Juno）が彼女の月とされている 6 月に挙げる結婚式に祝福を与えてくれると思われていた。しかし 5 月は, この月の女神であるマイア（Maia）が年寄りたちの後援者であったため敬遠されたという[1]。現代でも June bride は好まれるが, 6 月は学校卒業後で気候がよいことにもよる。

　5 月は結婚には悪い月と考えられたため, 次のようなことわざもある。

> Of the marriage in May, the bairns die of a decay.
> 5 月に結婚した者の子供は衰弱のために死ぬ。

　イギリス人は結婚式はすべて戸外（教会の入口）で挙げていたから, 婚礼当日の晴天を祈って, 次のようなことわざもできている。

> Happy is the bride on whom the sun shines.
> 太陽が輝く日の花嫁は幸福である

　イギリスは雨が非常に多い国であるから, 結婚式の日が晴天に恵まれると花嫁はとても喜んだのである。

　そのほか次のようなことわざがある。

> Marry in Lent, and you'll live to repent.
> 四旬節に結婚すると後悔することになる。

> Dream of a funeral and you hear of a marriage.
> 葬式の夢を見ると結婚の話を耳にする。

> If you carry a nutmeg in your pocket, you'll be married to an old man.
> ポケットにニクズクを入れていれば, 老人と結婚することになるだろう。

　Nutmeg（ニクズク）というのは, 熱帯産の常緑高木ニクズクノキの種子で香料や薬用に用いる。これを粉末にした香辛料を「ナツメグ」という。

2 結婚観の比較

> They that marry in green, their sorrow is soon seen.
> 緑色の衣裳を着て結婚すると，やがて悲しみに遭う。

スコットランドの北部には，green は悲哀，災難を招くという迷信がある。

> After a dream of a wedding comes a corpse.
> 結婚式の夢を見ると死人が出る。

> He that would an old wife wed must eat an apple before he goes to bed.
> 年取った女と結婚しようと思う者は床に入る前にりんごを食べなければならない。

りんごは肉欲をしずめるという俗説があるために，このことわざが生まれたのである。

以上，結婚に関する日英ことわざを概観してきたが，イギリスのことわざには，結婚について警告を発したものや，その苦しみや束縛について述べたものなど種々あるが，日本のことわざの場合には「縁」や「迷信」に関するもの以外は比較的少ない。また妻の選び方についてもイギリスには，金銭に関するもの，結婚前に家を用意せよと教えるもの，美人を選びすぎてはいけないと忠告するもの，移り気な男へ警告するものなど，具体的な忠告をすることわざがきわめて多いが，日本のことわざの場合には，「嫁は灰小屋から貰え」のような，家の格式についてのものと，「仲人七嘘(なこうどななうそ)」のような，「仲人」についてのもの以外はあまり多くないようである。結局日本では，結婚は本人の意志によるものというよりは家と家との結びつきで，そこには選択や考慮の余地がほとんどない場合が多かったことを示していよう。実際「女は三界(さんがい)に家なし」のことわざどおり，日本では妻の座はまったく忍従とあきらめの座であったのである。また妻に限らず女性についてのことわざのほとんどがそうであるが，妻（女）が性悪でいつもがみがみ言ったり，不平を言ったりするものであるという意味のことわざはイギリスにきわめて多い。Wives and wind are necessary evils. のよ

うに妻（女）を徹底的に攻撃しているのはイギリスに多いのである。これは，悪い女にぶつかり不幸な結婚をしたイギリスの男たちの体験から出た言葉であろう。

　日本の場合には，妻（女）を攻撃するというよりその人格を無視したものが多いといえる。「女と俎板(まないた)は無ければ叶(かな)わぬ」のように，妻の必要性を述べたものが日本にはいくつかあるが，これも妻の人格を認めたものではなく，「家(イエ)」の付属物としての嫁の必要性を述べたものにすぎないといえよう。

●注

1) J. バチェラー，C. ドリス共著，横山一雄訳『アメリカの迷信さまざま』（北星堂書店，1962）。

3
親と子の関係

An idiot is all dearer to his parents.
阿呆な子ほど可愛い

　親と子についてのことわざは，日英ともにかなりあるが，特に日本には驚くほど多い。

　『ことわざ大辞典』（小学館）と『英語諺辞典』（三省堂）の索引を利用して，日英の親子関係のことわざの数を調べてみた。両書が収録していることわざの総数は前者が43,000で，後者は12,300であるから，前者は後者の約3.5倍の数のことわざを収録しているわけで，この点考慮しなければならないが，「父」(father)と「母」(mother)についてのものは日英ともに40～60程度でほぼ同数である。しかし「親」(parent, parents)についてのものは日本語は約450，英語は5であり，「子」(child, children)についてのものは，日本語が約730，英語が約120である。もちろん「親子」についてのことわざに parent や child といった語を使わずに表現したものもあるが，それにしても日本語のことわざで親子関係について述べたものが多いことは事実である。やはり，日本における親と子の結びつきの強さを物語っているのであろう。

第2部 ことわざの比較文化論

父の教え，母の愛

　英語のことわざの世界でも，やはり父は子供を正しく導く役を果たし，母はその愛で優しくつつむのである。

> One father is more than a hundred school-masters.
> 一人の父親は百人の学校教師にまさる。

日本には，親と学校の先生を比較したことわざはない。

> No advice to the father's [like a father's].
> 父親の忠告にまさるものなし。

日本では「親の意見と茄子(なすび)の花は千に一つも仇(あだ)はない」とか「親の意見と冷酒(ひやざけ)は後できく」という。

> A father's blessing cannot be drowned in water or consumed by fire.
> 父のありがたみは水に溺れさすことも，火で焼きつくすこともできない。

> What is home without a mother?
> 母親のいない家庭のどこに，よいところがあろうか。

> A mother's love changes never.
> 母の愛は変わることなし。

> The mother's breath is aye sweet.
> 母の息はいつもよい匂いがする。

> Mother's truth keeps constant youth.
> 母の真(まこと)は不変の若さを保つ。

> The future destiny of the child is always the work of the mother.
> 子供の将来の運命は常に母親の所業である。

> One good mother is worth a hundred school-masters.
> 一人のよい母親は百人の教師に匹敵する。

3 親と子の関係

▼父教えざれば子愚なり

日本にも父親の重要性を述べたことわざはかなりある。しかし驚いたことに，母親についてのものがほとんどないのである。「父慈なれば子孝なり」のように父の慈愛を述べたものがあって，母の慈愛を述べたものがない。「父教えざれば子愚なり」も，現代の日本の教育ママにはまことに遺憾なものであろう。現代では子供に勉強を教えるのは，主に母親であり「母教えざれば……」に変えねばならないであろう。しかし子供に知識を伝授するのは，昔は父親の役目であった。父親についてのものは，まだたくさんある。

「父父たり子子たり」は，父親は父親らしく，子供は子供らしく，家族みながそれぞれの分を守ることの必要を説いたものであるが，父親は一家の長であるから，この場合は父でなくてはなるまい。

「父命じて呼べば唯して諾せず」は，父に何か言いつけられたときには，「はい」と打てば響くように返事をするということである。さらに「子を知ること父にしくはなし」のように，子供を一番よく知っているのも父親なのである。

英語では The parent is the best judge of the child.（子供を最も正しく判断するのは親だ）という。さらに，子供は父親でなく母親の血を受け継ぐものだということわざすらある。

The child followeth the womb.
子供は子宮に従う。

しかし日本では「子を持って知る親の恩」は，「子を養いてまさに父の慈を知る」のように親が父に変わるが母にはならない。まことに日本の母は気の毒である。

ただし，この2つのことわざは主に中国から日本へ入ったものであるため，特に父が重視されているのであろう。母親に関して述べた日本のことわざは，次のものがある程度である。

「母の折檻より隣の人の扱いが痛い」
「母の尼して祈禱はすべし」（母の祈りは強い）

第2部　ことわざの比較文化論

ただし，父と対比したことわざに「父の恩は山よりも高く，母の恩は海よりも深し」がある。

蛙の子は蛙

子供が親に似ることを述べたことわざは，日英ともにはなはだ多い。欧米では，子供を一個の独立した人格として育てるよう気を配るが，やはり血は争えないのであろう。

> Like father, like son.
> 父も父なら，せがれもせがれ。

> Like mother, like daughter.
> 娘は母親に似る。

日本では「この父あってここにこの子あり」とか「この親にしてこの子あり」というが，「この母にしてこの子」とは，やはり言わないのである。

> The fathers have eaten sour grapes, and their children's teeth are set on edge.
> 父が酸っぱいブドウを食べたのでその子供の歯が浮いた。

これは「親の因果が子に報う」に当たる。

> Children have the qualities of the parents.
> 子は親の性格をつぐ。

親子の関係は，動物を例にして述べられることも多い。

> At last a wolf's cur becomes a wolf.
> しまいには狼の子は狼となる。

> What is born of a cat will catch mice.
> 猫から生まれたものは鼠を捕る習性をもつ。

> As the old cock crows, so crows the young.
> 親鶏がときをつくるように若鶏は学ぶ。

> Where the dam leaps over, the kid follows.

3 親と子の関係

母獣(ぼじゅう)が跳び越えるところに子山羊は従う。

日本でも, 動物や植物にたとえる。

「親に似た蛙の子」「蛙の子は蛙」
「親に似た亀の子」「蝮(まむし)の子は蝮」
「親に似た鮫(きめ)の子」「瓜(うり)の蔓(つる)に茄子(なすび)はならぬ」

親の影響が大きいたとえは, まだいろいろある。

「親も親なり子も子なり」「親が親なら子も子でござる」
「親が鈍すりゃ子供が鈍する」
「親が嘘吐きゃ子が嘘ならう」
「親を習う子」

▼ Black hens lay white eggs.
黒いめんどりが白い卵を生む

蛙の子はいつも蛙とは限らない。平凡な両親からすぐれた子供が生まれることもあり, そういう場合に「鳶(とび)が鷹を生む」と表現する。また竹の子の成長が早いところから, 親よりすぐれていることのたとえに「竹の子親まさり」ともいう。現代の子供たちは, たいてい親より大きくなるので, まさにこのとおりであろう。親子は似るというが正反対になることもあり, それを「親の黒きは子が白し」とか「烏の白(しろ)糞(くそ)」という。英語にも, 同じような内容のものがあり, 動物を例にしている。

Black hens lay white eggs.
黒いめんどりが白い卵を生む。

Black cows give white milk.
黒い牛が白い牛乳を出す。

Out of a white egg often comes a black chick.
白い卵から往々にして黒い雛が生まれる。

日本では特に, 子は親を見本として成長すべきものだから, 「親に似ぬ子は鬼子」「親に似ない子は芋の子」のように親に似ないような子は人間の子ではないとさえ決めつけている。ただし, これは親に比

第2部　ことわざの比較文化論

べて子が劣る場合であろう。

親の恩と親不孝者

　親のありがたさ，親の恩に関することわざは，日本には非常に多いが，英語には非常に少ない。聖書の教えが少しある程度である。

> My son, keep thy father's commandment and forsake not the law of thy mother.
> わが子よ，あなたの父の戒めを守り，母の教えを捨てるな。
> Honour the gods, reverence parents.
> 神をあがめ両親を敬え。

▼親と月夜はいつもよい

　これはいかにも日本的なことわざといえよう。親と月はいつ見てもよい。親のそばにいるとなんとなく，心が休まる。美しく明るい月夜もそうだ，という意味である。ただし電灯のなかった昔の人々にとって，月夜がいかにありがたいものだったかは，現代の（特に都会の）人々には理解できまい。暗い夜には野獣や盗賊などがおそってきたのである。だから昔の人にとってありがたいものの代表ということで，「いつも月夜に米の飯」ということわざもあった。「川中に立っても親の脇の下は香し」というのは「川を渡る時，流れに足をとられないように，一生懸命になっているような時でも日頃から嗅ぎ慣れた親の脇の下の臭いはよい。危急の場合でも親のそばにいれば頼もしい」という意味であるが，子の親を慕う気持ちがよく出ていることわざである。その他，たくさんある。

> 「父母の恩は山よりも高く海よりも深し」
> 「親の打つこぶしより他人のさするが痛い」
> 「親は千里に行くとも子を忘れず」
> 「打つもなでるも親の恩」「親の光は七光」

3 親と子の関係

■ 「親は打たるる杖もゆかしい」「親の掛替(かけがえ)はない」

日本には「子を持って知る親の恩」ということわざがある。英語にも，次のようなものがある。

■ He that has no children knows not what love is.
■ 子のない人は愛とはどんなものかわからない。

しかしこの日本語と英語のことわざの意味に，かなり違いがあることは明らかであろう。

▼親の心子知らず

親の深い心も，子供にはなかなか通じないものなのである。

「親の思うほど子は思わぬ」とか「親をたずねる子はまれな」は，親は子をたずねて千里の道のりも遠いと思わないが，子はそれほどの心はもたないという意味である。「親は思えど子は糞たれる」「親煩悩に子畜生」（親の愛を子が全然感じない）ということわざがあるくらいである。

ところが英語にはもっとひどいのがある。

■ Children when (they are) little make parents fools, when (they are) great, (they make them) mad.
■ 子供は小さい時は親を馬鹿にし，大きくなると逆上させる。

▼親をにらむと鮃になる

このような親不幸な子供に対する教訓が日本には多い。「親をにらむと」は「親に反抗すると」の意であり，「鮃(ひらめ)になる」というのは「次の世には鮃に生まれる」ということである。

■ 「親を叩くと手が曲る」「親には一日に三度笑うて見せよ」
■ 「親ほど親思え」「孝行のしたい時分に親はなし」
■ 「親孝行はわがため子孫のため」

そして，たとえ「馬鹿な親でも親は親」といって，どんな親でも親は敬えという。

さらに，「親物に狂わば子ははやすべし」ともいって親のすること

第2部　ことわざの比較文化論

はたとえ間違っていても，子はそれに従うのが孝行なのである。

親なればこそ子なればこそ

> It is a wise father that knows his own child.
> 自分の子供を知っているのは賢い父親である。

　これが「親馬鹿」に当たる英語のことわざである。ただしこれは本来は，奥さんにだまされて自分の子供だと思っている亭主を皮肉ったもので，「知らぬは亭主ばかりなり」とほぼ同意のものだったようである（pp. 59～60参照）。

　親の思うほど子は親を思わないと知りつつも，親は自分の子がかわいくてかわいくて仕方がないのである。だから自分の子供の欠点は見えない。

> Every mother's son is handsome.
> どの母親の子もみなハンサムだ。

> No fathers or mothers think their children ugly.
> どんな父親も母親もわが子を醜いとは思わない。

　この場合にもやはり動物をたとえにしているものが多い。

> The crow thinks her own bird fairest.
> 烏は自分の子が一番きれいだと思っている。

> The owl thinks all her young ones beauties.
> フクロウは自分の子はみんな美しいと思っている。

> The she-bear thinks her cubs pretty.
> 熊は自分の子がきれいだと思っている。

> Every man thinks his own geese swans.
> 誰でも自分の鵞鳥を白鳥と思う。

　日本でも同様である。

> 「親の欲目」「親の目はひいき目」「わが子の悪事は見えぬ」
> 「親に目なし」「子に甘いは親の常」

3 親と子の関係

しかも親にとっては馬鹿な子ほどかわいいのである。

> 「阿呆な子ほど可愛い」「悪い子ほど可愛い」
> 「鈍な子は可愛い」「はずれっ子ほど可愛い」

英語にもある。

> An idiot is all dearer to his parents.
> 馬鹿な子は親にとってはなお可愛い。

> The greater the dunce, the dearer he is to his parents.
> 馬鹿であればあるほど親にとっては可愛い。

要するに,親の愛は功利を超越した純粋なものなのであろうが,同時にそういう恵まれない子供を生んでしまった自分の責任からも精いっぱい大切にしてあげたいという気持ちや,とかく賢い子より頭の悪い子のほうが素直で親を慕うというような点も含まれていよう。

ただし,馬鹿な子や悪い子をもつことは親にとってつらいことでもある。

> 「馬鹿な子を持ちゃ火事よりつらい」
> 「子はあるも嘆き無きも嘆き」

しかし,結局は「親なればこそ子なればこそ」ということになるのである。

子育ての苦しみ,楽しみ

子供の育て方についてのことわざは日英どちらにもみられるが,英語の場合にはもっぱら子供を甘やかしてはいけないという意味のものであるのに反し,日本にはそれ以外に,祖父母との関係を示すものや,生みの親と育ての親についてのもの,子供の数や長男,末子に関するものなど,さまざまである。

▼可愛い子には灸をすえ,憎い子には砂糖をやれ

「可愛い子には旅をさせよ」というのはよく知られたことわざであ

第2部　ことわざの比較文化論

るが、これに類するものはいろいろある。

> 「思う子に旅をさせよ」「いとしき子には旅をさせよ」
> 「可愛い子は打って育てよ」「可愛い子には薄着をさせろ」
> 「可愛い子に夏の火を焚かせよ」

夏は暑くて火をたくのは大変だから「夏の火は嫁に焚かせろ、冬の火は娘に焚かせろ」ともいうが、ここではつらい仕事こそ自分の子供にやらせろというのである。まだほかにもある。

> 「甘やかし子を捨てる」「親の甘茶が毒になる」
> 「親父と南蕃(なんばん)は辛いほどよい」

「親の奥歯で嚙む子は他人が前歯で嚙む」は、「親が子をかわいがりすぎて必要な時に叱らないと、他人に叱られるような子になってしまう」という意味である。だから、「打たれても親の杖」ということになるのである。

欧米では、子供をむち打つ習慣が昔からあったからこの種のものは多い。

> Spare the rod and spoil the child.
> むちを惜しんで子供を悪くせよ。──「可愛い子には旅をさせよ」(pp. 63〜64参照)

このことわざは、『旧約聖書』「箴言」13章24節の次の箇所から出たものである。

> He that spareth his rod hateth his son; but he that loveth him chastenth him betimes.
> むちを加えない者はその子を憎むのである。しかし子を愛する者はつとめてこれに罰を与える。

その他にも、次のようなものがある。

> Woe to the house where there is no chiding.
> 親が子供を叱らない家に災いあれ。

> The dearer the child, the sharper must be the rod.
> 子供が可愛いければ可愛いほど、むちが鋭くなくてはならぬ。

> Let alone makes many a lown (lurdan).

3 親と子の関係

> 放任主義は多くの怠け者をつくる。
> Mothers' darlings make but milksop heroes.
> 母の甘やかしっ子は腰抜けの英雄にしかならない。
> A light-heeled mother makes a heavy-heeled daughter.
> 足まめな母親からは足の重い娘ができる。

▼ばば育ちは三百安い

日本の古い家族制度のなごりであろうか，日本には祖父母との関係を述べたものがある。

> 「祖母(ばば)育ちは銭がやすい」
> 「あいだてないは祖母育ち」（祖母育ちの子はわがままで，無作法である）
> 「年寄りの育てる子は三百文安い」

英語のことわざには祖父母や孫に関するものはあまりないが，ひとつ似たようなものがある。

> Three things are ill handled: birds in boys' hands, young men in old men's hands, and wine in Germans' hands.
> まずい扱いを受けるもの3つ——少年の手にかかる小鳥，老人に引き回される子供，ドイツ人に飲まれるブドウ酒。

その他日本には，孫がかわいいことを述べたものがたくさんある。

> 「孫は子より可愛い」
> 「孫の可愛いと向うずねの痛いのはこらえられぬ」
> 「孫二十日」（孫のめずらしいのも生後20日ぐらい）
> 「内孫より外孫」

▼ *Two daughters and a back door are three arrant thieves.*
2人の娘と裏口は3人の大泥棒

子供の数などについても，次のようにいろいろなものがある。

「男の子三人金の綱」は，男の子が3人もいると頼りになることをいっているのである。また次のものは，子供は3人ぐらいが理想だと

第2部　ことわざの比較文化論

いっているものである。

> 「思うようなら子三人」「負わず借らずに子三人」
> 「足らず余らず子三人」「三人子持ちは笑うて暮らす」

　現代では，子供3人を立派に育てて教育するのは非常に大変なことで，笑って暮らせるどころではないであろう。しかし，子供の数が多かった昔の時代からみれば3人は楽なのである。だから「死なぬ子三人皆孝行」ということわざのとおり，健康な子供が3人もあり，しかも親孝行ならまったく理想的ということになる。

　ただし子供は1人であればなおさら生活は楽であるし，いきとどいた教育もできるので，「思うようなら子と三人」「死なぬものなら子一人」ともいう。しかし，実際には「貧乏人の子沢山」という例が多かったのも事実である。子供があればその数に関係なく，心配や苦しみも多いものなのである。

> 「子を持てば七十五度泣く」
> 「子がなくて泣くは芋掘ばかり」

　英語のことわざにも，子供が親の負担になることを述べたものがある。

> Two daughters and a back door are three arrant [stark] thieves.
> 2人の娘と裏口は3人の大泥棒。

　女の子は嫁入り仕度に金がかかり，裏口からは召使いが主人の家の物をこっそり持ち出すので大泥棒が3人いることになるとの意。日本でも「娘三人持てば身代潰す」という。

> Children suck the mother when they are young, and the father when they are old.
> 子供は幼いときは母親の乳を吸い，大きくなると父親のすねをかじる。

> Wife and children are bills of charges.
> 女房と子供は支払請求書に等しい。

> Building and marrying of children are great wasters.
> 家を建てたり子供を結婚させるには莫大な金がかかる。

3 親と子の関係

しかし苦しいながらも子育ては楽しみなのである。

> Many children and little bread is a painful pleasure.
> 子多くて衣食足らざるは苦しき楽なり。

▼子供は教え殺せ，馬は飼い殺せ

これは「子供は徹底的に教えこみ，馬は十二分に飼養せよ」という意味であるが，猛烈な教育ママのモットーのようなものである。これに似たものが英語にもある。

> The best horse needs breaking and the aptest child needs teaching.
> 最良の馬でも訓練が必要であり，どんな利口な子でも教える必要がある。

そのほか英語のことわざには，教育の必要を述べたものがある。親と子や祖父母と孫の精神的な結びつきなどよりも，正しい知識の教育の必要性を説く西欧合理主義のあらわれであろうか。しかも次のことわざは，13世紀にすでにみられるものである。

> A child is better unborn than untaught.
> 子供は教育されないくらいなら生まれぬほうがましだ。

> Better unfed than untaught.
> 教育されないくらいなら食物を与えられないほうがよい。

> Better untaught than ill taught.
> 悪い教育をされるくらいなら教育をされないほうがましだ。

親と子が切っても切れない関係にあるという意味のことわざは英語にはあまりないが，日本には多い。現代においてすら，日本では親は子を自分の所有物と見なすことが多く，欧米のように親と別個の人格とは考えない。だからこそ，日本には親子心中が多いのである。子供は親の夢そのものであり，親の苦しみそのものなのである。

「親子は一世，夫婦は二世，主従は三世」とはいうが，これは封建社会における身分の保証といった観点からのものであり，人間の情とは関係のないものであろう。「親にかけがえはない」「子に過ぎたる宝なし」というように，やはり親子の関係は最も必然的で強いものでは

なかろうか。

▼子の命は親の命

　日本では特に親子は一心同体なのであり，こういうことわざもそれを示している。

> 「親の物は子の物，子の物は親の物」
> 「親の恥は子の恥，子の恥は親の恥」
> 「親の嘆きは子の嘆き」「親の難儀は子の難儀」
> 「親の因果が子に報う」

　そして，親は子供のために「子は三界の首枷」「親子は三界の首枷」といって，一生自由を束縛されるのである。

　また「親と子は銭金で買われぬ」ということわざも，親子の関係が絶対的なものであることを指摘している。そして「子はかすがい」のとおり，仲の悪い夫婦ですら子供のために縁がつながれるのである。ある時は苦しみの種に，またある時は喜びの種になる子供は，やはり親にとってかけがえのないものなのである。

　「銀も金も玉も何せむに　まされる宝子にしかめやも」

（山上憶良）

4
イギリス人と犬

Let sleeping dogs lie.
眠っている犬を起こすな

　英米人，特にイギリス人は動物愛護の点では世界一といわれるほどである。ことに「犬」は，イギリスでは家族の一員として非常に大切にされている。家の中のどの部屋でも自由に出入りできるようにしてあるのが普通で，この点日本の多くの家庭のように，一日中犬小屋に鎖でつないでおくような飼い方とは異なる。*Pocket Oxford Dictionary*（第4版）の dog の説明には，次のようにある。

　　... noted for serviceableness to man in hunting, shepherding, guarding, & companionship, & for antipathy to cats.
　　狩猟や，羊飼いや門番として，人間の役に立つと同時に，人間の仲間として，また猫と仲の悪いものとしてよく知られている。

　Dog から連想するものは，イギリス人にとっては，「人間に最も忠実な好伴侶」であろうが，「犬」とは古来，日本人にとっては，通りをうろつき，時おり勝手口などに現れる「野良犬」の連想が多かった。既述の「犬も歩けば棒に当たる」ということわざも，それを示している。

　ところが種々の英語の表現やことわざの中では，犬はほとんどの場合，軽蔑すべきものとして悪い意味に用いられているのである。dog を含む英語表現を挙げてみよう。

第2部 ことわざの比較文化論

a dirty dog（ひどい野郎）　a regular dog（まったくのやくざ）
a lazy dog（なまけ者）　　a dead dog（何の役にも立たぬ人〔物〕）
a sly dog（ずるいやつ）　 a dusty pup（ひどい野郎）
a cur（下等な人間）　　　 a dog's chance（わずかな見込み）
a puppy（生意気な小僧）　 in the doghouse（面目を失って）
dog-cheap（二束三文の）　 dog Latin（変則のラテン語）
dogged（強情な）　　　　 dog-tired（へとへとに疲れた）
doggish（意地悪い）　　　 the dogs of war（戦争の惨禍）
put on the dog（上品ぶる）[1] lead a dog's life（みじめな生活をする）
go to the dogs（堕落する）　eat dog（〔米〕屈辱を忍ぶ）
die a dog's death（みじめな死に方をする）[2]
throw（give）to the dogs（〔無価値なものとして〕投げ捨てる）

　日本でも「犬死」「犬の遠吠え」「犬侍」「犬畜生」「犬目」（泣くことを知らぬ非情の人のたとえ）など，しばしば悪い意味に用いる。『広辞苑』（第3版）の「犬」の説明は次のようになっている。特に②と④に注意する必要がある。

　　いぬ［犬・狗］①食肉目の獣。よく人になれ，嗅覚と聴覚が発達し，狩猟用・番用・軍用・警察用・労役用・愛玩用として広く飼養される家畜。大きさ，色，形など様々である。②ひそかに人の隠事を嗅ぎつけて告げる者。まわし者。間者。（中略）③犬追物(いぬおうもの)の略。④或る語に冠して，似て非なるもの，劣るものの意を表す語。また，卑しめ軽んじて，くだらぬもの，むだなものの意を表す語。「―蓼(たで)」「―死」「―侍」

わざわいをもたらす

　以上のように日英の「犬観」には共通な部分がみられるが，犬を打つ（beat, whip）とか，溺れさせる（drown）とか，殺す（kill, hang）などといった残酷な内容をもったことわざは，むしろ英語の

4 イギリス人と犬

ことわざに圧倒的に多いのである。これについて鈴木孝夫氏は次のように述べている[3]。

> 歴史的に遊牧か半農半牧の生活形態をもっていたイギリスを含むユーラシア大陸の民族にとっては，犬とは元来ペットであると同時に家畜でもあり，犬が重い病気にかかった時などには飼主が安楽死させるが，これは，家畜とは人間が支配し，人間に隷属すべき主体性のない生物だから，人間がその生死を決める権利と義務があるからである。しかし，日本においては，犬は，気ままに出入りできる，一個の自由な独立者の形で人間と共存するのであるから，不治の病の犬を自らの手で殺すなどということは残酷で耐えられない。要するに，人間の完全な支配下にある家畜としての犬と，人間と共存共生関係にある自由独立者としての犬との違いが，イギリス人と日本人の犬の扱いに典型的に表れている。
> （要旨）

この人間と犬との関係は，親と子の関係と比べてみるとわかりやすい。既述のように欧米では，子供は1個の独立した人格として認められるが，日本では古来子供は親に隷属すべき（ある場合には親と一心同体である）主体性のない生物であった。したがって日本には，昔から親の都合で子供を殺してしまう親子心中が後を絶たないのである。

英語のことわざの中で，犬がほとんど悪い連想を伴うものとして用いられているのは，聖書の中において，dog が特に悪い意味で用いられていることにも関係があろう。犬はすべて卑しいもの，乱暴な動物として卑下され，排斥されている。例えば次のような表現がある。

Beware of dogs, beware of evil workers, ...

あの犬どもを警戒しなさい。悪い働き人たちを警戒しなさい。

（『新約聖書』「ピリピ人への手紙」3章2節）

Give not that which is holy unto the dogs, neither cast ye your pearls before swine, lest they trample them under their feet, and turn again and rend you.

聖なるものを犬にやるな。また真珠を豚に投げてやるな。恐らく

第2部　ことわざの比較文化論

彼らはそれらを足で踏みつけ，向きなおってあなたがたにかみついてくるであろう。　　　　　　　　（『新約聖書』「マタイ伝」7章6節）
For dogs have compassed me: the assembly of the wicked have inclosed me: they pierced my hands and my feet.
まことに，犬はわたしをめぐり，悪を行う者の群れがわたしを囲んで，わたしの手と足を刺し貫いた。

（『旧約聖書』「詩篇」22章16節）

聖書の舞台となったパレスチナ地方一帯には当時野良犬が群れをなして，夜中には村落から市街地にまで現れ，うろつき回ったり，人間に害を及ぼすこともあったようである。現代でも犬に対する感情はイスラエル人にとっては悪いものだともいわれる。聖地パレスチナでは，犬というのは軽蔑の言葉として使われるのである。

あとで述べるとおり，シェイクスピアも犬を常に軽蔑し，ののしっているが，筆者は犬に関することわざに「女性」に関することわざとの類似性をみるのである。すでに「東西女性観」の中でみてきたように，英語のことわざの世界では，女性は徹底的にこきおろされている。西洋人にとって犬は身近な伴侶であるから，なおさら，ある場合は軽蔑され，諷刺と冷笑の対象となるのであろう。事実西洋のことわざには，犬と女を同時に扱ったものがみられるが，日本では皆無に近い。日本では女と一緒に引き合いに出されるのは「猫」である。

▼一石二犬

まず，犬についての英語のことわざを概観して気づくことは，犬を打つ，殺す，石を投げつけるといったような意味のものが多いということである。

A dog will not howl [cry] if you beat [strike] him with a bone.
骨で打てば犬はなかない。
（得になると思えば多少侮辱されても人は我慢する）

これと類似の日本のことわざには，「飢えたる犬は棒を怖れず」があるが，英語にはこのほかいろいろある。

4 イギリス人と犬

> It is an easy thing to find a staff to beat a dog (with).
> 犬を打つ棒を見つけるのは容易なことだ。
> (他人を苦しめてやろうと思えばいくらでも方法や手段はある)

> Keep a dog for your friend, and in your other hand a stick.
> 片手に犬を味方として持ち、もう一方の手には棒を持て。
> (「飼い犬に手を嚙まれる」ことのないように)

> He hasn't a word [stone] to cast [throw] at [to] a dog.
> 彼は犬に投げ与える言葉(石)さえも持たぬ。
> (彼はむっつりしている)

> When the dog comes, a stone cannot be found; when the stone is found, the dog does not come.
> 犬が来た時は石がなく、石があった時は犬が来ない。
> (とかく浮世はままならぬ)

> If you want a pretence to whip a dog, it is enough to say he eat up the frying-pan.　　　　　　　　　　　　　(eat〔古〕=ate)
> 犬を打つ口実がほしければ、犬めがフライパン食っちまったと言うだけで十分だ——「理屈と膏薬はどこへでもつく」

すでに「東西女性観」の章で挙げたように、女やクルミの木と対比させたものもある。

> A woman, a spaniel, and a walnut tree, the more they are beaten, the better they be.
> 女とスパニエル犬とクルミの木は、叩けば叩くほどよくなる。

また Kill two birds with one stone.「一石二鳥」に対して次のことわざでは「一石二犬」になっている。

> He fells two dogs with one stone.
> 彼は1つの石で2匹の犬を打ち倒す。

もっと残酷なものもある。

> There are more ways to kill a dog than hanging.
> 犬を殺すには首を締める以外にもっと方法がある。
> (物事にはいろいろな方法がある)

第2部　ことわざの比較文化論

> Give a dog a bad [an ill] name and hang him.
> 犬に悪名を与えて絞殺せよ。
> (人は一度悪評がたつと世間から見放される——反語的に使い，卑劣な行為を非難することが多い)

> He that would hang his dog gives out first that he's mad.
> 飼い犬を絞め殺そうとする者は，まずその犬が気が狂っていると言いふらす。
> (気に食わぬ奴には何かと難癖をつけて失脚させる)

> When a dog is drowning everyone offers him drink [water].
> 犬が溺れかかっているときは誰でも犬に水を与えようとする。
> (追い撃ちをかける)

なお，同じような意味のことわざはイギリス以外にもある。

> Strike a dog or stroke him.——エストニア
> When they wish to kill a dog they say it is mad.——ブルガリア
> He who would drown his dog first calls him mad.——フランス

日本にはこれらに相当することわざは見当たらない。せいぜい次のようなものがある程度である。

> 「犬打つ童（わらべ）まで」（どんな子供でも）
> 「米食った犬が叩かれずに糠（ぬか）食った犬が叩かれる」（親分が捕まらず子分が捕まる）

日本では犬を打つのは子供であり，叩かれるのは悪いことをした犬だけなのである。英語のことわざの残酷さは女に関することわざの場合と似ている。

▼眠っている犬を起こすな

西洋ではdogというと，『イソップ物語』の"a dog in the manger"（まぐさ桶の中の犬——自分では草を食べないのに馬にも食べさせない意地悪犬）の連想がある。これに対して日本の「犬にも食わせず棚にも置かず」（それを必要とする人にあげず，きちんとしまっても置かず結局むだにする）ということわざは，犬が逆の立場になっていて

4 イギリス人と犬

おもしろい。

また西洋では、犬はわざわいを招くものといった連想もある。日本の「藪をつついて蛇を出す」の蛇の代わりに犬が用いられている。

Let sleeping dogs lie.
眠っている犬を起こすな。

シェイクスピアは dog の代わりに cur (のら犬, 雑種犬) を, sleeping の代わりに in his slumber を用いて『ヘンリー八世』(King Henry VIII) 1幕1場の中で犬をののしっている。

This butcher's cur is venom-mouth'd, and I
Have not the power to muzzle him; therefore best
Not wake him in his slumber.
あの牛殺しの飼犬めが毒口をたたきやがるが、おれには奴に口籠をはめる権力がない。だからまあ今のところ、奴の眠っているのを起こさないのが上策だ。
(坪内逍遙訳)

また、『ヘンリー四世』1幕2場の中では Wake not a sleeping wolf. と wolf を用いている。日本人にはこの wolf のほうがピンとくるようである。しかし犬の先祖は狼である。アメリカの小説家ロンドン (Jack London, 1876-1916) の『荒野の呼び声』(The Call of the Wild) には、本性に目ざめ、狼の群に加わり、その首領となる犬が描かれている。これは日本で犬から連想する「花咲かじじい」や「桃太郎」「忠犬ハチ公」などの話とは非常に性質を異にしている。

女と犬は足手まとい

また、犬と女は男の争いのもとにもなるのである。

Women and dogs set men together by the ears.
女と犬は男たちを争わせる。

第2部　ことわざの比較文化論

▼飼い犬に手を嚙まれる

A dog is a faithful animal.（犬は忠実な動物である）とよくいわれる。しかしそのような意味のことわざがたくさんあるかと思うと、英語のことわざにはほとんど見当たらない。むしろ、日本に多いのである。

> 「飼い飼う犬も主(しゅう)を知る」「犬は三日飼えば三年恩を忘れぬ」
> 「犬はその主を知る」「犬も三日飼えばその主を忘れぬ」
> 「犬猫にも馴染めば思う」「犬猿も主人(あるじ)に従う」

逆に「飼い犬に手を嚙まれる」というように、犬が人間を裏切るという趣旨のものもある。

この種のものは英語にもある。

> A man may cause his own dog to bite him.
> 人は飼い犬に嚙まれる原因をつくることがある。

> The mad dog bites his own master.
> 狂犬は飼い主に嚙みつく。

> He that keeps another man's dog shall have nothing left him but the line.
> 他人の犬を飼う者には綱しか残らないであろう。
> (綱を切って飼い主の所へ行ってしまう――恩知らずの者に恩を施してもむだだ)

一般的事実を必ずしもありのままに述べずに、時折みられる事実を、ある場合には風刺的に、ある場合には誇張して述べるのがことわざのもつ特徴であるから、以上のようなことわざがあるのも当然であろう。

▼ *A dog's nose and a maid's knees are always cold.* 犬の鼻と娘の膝はいつも冷たい

犬と女とを対比させていることわざで、すでに挙げたもの以外のものを整理してみよう。まず標題のごときことわざが英語にある。

4 イギリス人と犬

なぜ犬の鼻と娘の膝が冷たいかについては、スティーブンソンのことわざ辞典で Lowsley の書物から引用して次のような説明が紹介されている[4]。

> In the days of the flood the Ark sprung a small leak, and Noah, who had forgotten to bring carpenter's tools on board with him, was at his wits' end. His faithful dog had followed him to the place where the leak was, and in his trouble Noah seized the dog and crammed his nose into the leak. This stopped it, but in a few moments Noah perceived that the dog must die if kept in this position any longer. By this time Noah's wife had come up, and Noah thereupon released the dog and stuffed his wife's elbow into the crack. The danger was thus averted, but a dog's nose and a woman's elbow will remain cold as long as the world lasts.[5]

> 大洪水のとき箱舟に小さな水漏れがおきた。ところがノアは大工道具を舟に積んで置くのを忘れていたので途方に暮れてしまった。その時彼の忠実な犬がついて来ていたので、困ったノアは犬をつかまえてその鼻を漏れ口に押し込んだ。これで水漏れは止まったが、このままにしておいたら犬は死んでしまうに違いないと、すぐにノアは気がついた。このときまでにノアの妻がその場に来ていたが、ノアはここで犬を放し、彼の妻のひじを漏れ口に押し込んだ。このようにして危機を脱することができたが、犬の鼻と女のひじは世界が続く限り冷たいものとなろう。

ここでは maid's knees の代わりに woman's elbow となっているが、やはりどちらかといえば膝のほうが冷たいと感じられることが多いであろう。

ところが日本では、冷たいものは女の腰や尻であり、犬は猫に代わる。

「女の腰と猫の鼻はいつも冷たい」
「芸妓の心と猫の鼻はいつも冷たい」
「猫の鼻と女の尻は大暑三日の外(ほか)は冷たい」

第2部　ことわざの比較文化論

　日本では，人間が家の中で飼い，人間により身近なものは猫だったのである。次章「猫」の項でくわしく述べるように，日本では猫と女は関係があり，芸者のことを「ねこ」ともいった。
　日本の芸者は西洋ではa mistress（情婦）やa whore（売春婦）になり，次のことわざがある。

> Three things cost dear: the caresses of a dog, the love of a mistress [whore], and the invasion of a host.
> 金のかかるものに3つある。犬を愛撫すること，情婦（売春婦）を愛すること，それから大勢の客に押しかけられること。

　さらに女と犬を対比させたことわざが，ほかの国にもある。

> With dogs one catches hares, with praise fools, with money women.
> ——ドイツ
> 犬を使えば兎がつかまり，お世辞で馬鹿が，金で女がつかまる。

> A dog is wiser than a woman, he does not bark at his master.
> ——ソ連
> 犬は女より賢い，主人に向って吠えたりしないから。

> A dog's faithfulness lasts all its life; a woman's till the first opportunity.
> ——スペイン
> 犬は死ぬまで忠実だが，女は機会があればすぐ裏切る。

　日本のことわざで犬と女を対比させているものは，「旅に女と犬は連れぬもの」（足手まといになるから）ぐらいである。

老犬は知恵ある助言者

　犬は狩りによく使われる。したがってこの種のことわざもある。

> A dog which barks much is never good at hunting.
> よく吠える犬は狩りは下手。

> The hindmost dog [hound] may catch the hare.
> 最後の犬が兎を捕える。

4 イギリス人と犬

　これは何匹もの犬が兎を追う時，先頭を走る犬どもは兎を追いかけ回して疲れてしまい，結局最後を走っていく老練な犬が獲物にありつくということで，未熟な者ほど先走って大騒ぎするとの意。これらは「しいら者の先走り」や「後の雁がさきになる」に似ている。

> The dog that is idle barks at his fleas, but he that is hunting feels them not.
> 怠けている犬は蚤に向かって吠えるが，狩りをしている犬は蚤を感じさえしない。

これは日本の「暇あれば瘡搔く」に当たる。

　日本でも犬を狩りに使った。『徒然草』に次のごとく，鷹狩りに用いた描写がある。

　　小鷹によき犬，大鷹につかひぬれば，小鷹にわろくなるといふ。
　　……愚かなる人といふとも，賢き犬の心におとらむや。　　（174段）

また「兎を見て犬を放つ」ということわざは，兎狩りに犬を使ったところから出たのであろう。

　英語のことわざには，犬と犬が骨や獲物などを取り合ったりするような意味のことわざも多い。

> The dogs strive for a bone, and a third runs away with it.
> 犬が1本の骨をとり合い，第三者がそれを持ち逃げする。

これは日本の「漁夫の利」に当たる。

> While a dog gnaws a bone he hates his fellow.
> 骨をかじっている間は犬は仲間を憎む。

▼年寄りの言うことと牛のしりがいは外れない

　老犬を老人にたとえたことわざは英語には多いが，日本にはほとんどない。

　まず，豊かな経験からその忠告には耳を傾けるべきだというのがある。

> An old dog barks not in vain.
> 老犬はむだに吠えない。

> If the old dog barks, he gives counsel.
> 老犬が吠えるときは助言をしているのである。

日本では標題のことわざのようにいう。また「年寄りの言うことは聞くもの」ともいう。また老人は一筋縄ではいかず，また怒るとこわいという意味のものがある。

> An old dog will not be led in a string [chain].
> 老犬は人間の意のままにあやつることはできない。

> An old dog bites sore.
> 老犬は痛烈に噛む。

また老犬には柔軟性がないことを述べたものもある。

> An old dog will learn no tricks.
> 老犬は芸を覚えない。

> You cannot teach an old dog new tricks.
> 老犬に新しい芸は教えられない。

日本では「老い木は曲がらぬ」とか「矯めるなら若木のうち」という。

▼犬の糞で敵をとる

犬は不潔なものであるから，犬の蚤についてのものが西洋のことわざには多い。

> He that lies down with dogs must rise with fleas.
> 犬と一緒に寝る者は蚤をつけられて起きねばならない。
> （下賤な者と交われば悪影響を受ける）

この種のものは各国にある。

> Even the king's dog has fleas.――ドイツ
> 王様の犬にすら蚤がいる。

> The fatter the flea, the leaner the dog.――ポーランド
> 蚤が太れば，犬がやせる。

> The lean dog is all fleas.――スペイン
> やせた犬は蚤だらけ。

4 イギリス人と犬

　日本では蚤についてのものは「犬の蚤の嚙みあて」（不確かなこと）ぐらいであるが，もっと不潔な犬の「糞」に関するものが驚くほど多い。これも人間に一番近い仲間である西洋の犬と，野良犬が主だった日本の犬との相違からくるものであろう。

> 「犬の糞で敵をとる」「犬の糞説教」「犬と糞」
> 「犬の糞に手裏剣」「犬の糞と愛宕様は高い所にある」
> 「犬の糞もたきで来い」「犬の糞の高上り」
> 「犬の糞にも所びいき」「犬も頼めば糞食わず」
> 「犬の糞も一盛り」「大犬は子せめる，子犬は糞せめる」
> 「犬の目には糞が貴い」「犬の小便道道」

Cat and dog は犬猿の仲

　最後に，犬を扱ったことわざの中にほかのどんな動物が出てくるかを考察してみよう。西洋のことわざでは，仲の悪い cat，臆病な犬に対して，勇敢な lion，ともに不潔な pig, hog，より獰猛で，犬の先祖である wolf などである。

> The cat and dog may kiss, yet are none the better friends.
> 猫と犬がキスすることがあっても，それだけ仲のよい友達になったわけではない。

> A living dog is better than a dead lion.
> 生きている犬は死んだライオンにまさる。

　これに似た日本のことわざに「死にたる人は生ける鼠にだにしかず」「麒麟も老いては駑馬に劣る」などがある。

> Better be the head of a dog than the tail of a lion.
> ライオンの尾となるより犬の頭となるほうがよい。──「鶏口となるも牛後となるなかれ」

> Every dog is a lion at home.
> どの犬も自分の家ではライオンである。──「うちの前の痩犬」

第2部　ことわざの比較文化論

■　「陰弁慶」

■　He knows not a pig from a dog.
■　彼は豚も犬も見分けがつかない。（愚かな奴だ）

　日本には，豆と麦との区別すらわからぬ馬鹿だとの意で「菽麦(しゅくばく)を弁ぜず」ということわざがある。

■　The dog that kills the wolf is at length killed by the wolf.
■　狼を殺す犬も最後には狼に殺される。

　日本の「川だちは川で果てる」「泳ぎ上手は川で死ぬ」「木登りは木で果てる」などに通じる。

■　While you trust to the dog, the wolf slips into the sheepfold.
■　君が犬を信頼している間に狼が牧羊場にしのび込む。

　これは犬がsheepdog（羊の番犬）として使われるところからきたもの。

■　Dogs which fight each other unite against the wolf.
■　互いに争っている犬も狼と戦うときは手を結ぶ。

　日本では，犬と仲の悪いのは「猫」でなく「猿」である。犬と猿がどうして仲の悪いものの代表と考えられるようになったかは，はっきりしないようである。動物の本能，習性から相反発するものがあるからか，猿が猟の対象となって犬に狙われたからか，また同じように人間に飼われて仲たがいをしたからか，種々の理由が考えられるという[6]。そのほか，犬と同じく人間が飼っていた「猫」や「鷹」，昔話などによく出てくる「狸」などがみられる。

■　「犬骨折って鷹の餌食」「犬は人につき，猫は家につく」
■　「犬も朋輩(ほうばい)，鷹も朋輩」「犬児(いぬご)がごうなら猫子もごう」
■　「犬一代に狸一匹」

●注

1)「(米口語)米国史上で南北戦争とこの世紀の終わりとを飾った不況の

4 イギリス人と犬

間ほど光彩に富んだ期間は少ない。米国金満家の細君たちの間には lap dogs が大はやりとなり，自分の愛玩犬には途方もない金額をつぎ込むし，お互いに他人の鼻を明かそうとした。犬儒的観察者は甘やかせたむく犬（pampered poodles）こそ見せびらかしの魂胆を表すものだと言いだした。そこで何か安っぽい見えを張る人があれば，犬を気取る（putting on the dog）といって非難したが，これは1885年までには英語の中にはいり，あらゆる気取り（pretentiousness）に用いられるようになった」(井上義昌『英米故事伝説辞典』冨山房，1972)。

2) *COD* の説明には die miserably, shamefully とある。日本語のいわゆる「犬死」とは区別すべきであろう。「犬死」とは，元来昔の武士などがよく用いたように「無益な死」であった。『広辞苑』にも「無益に死ぬこと，むだじに」とある。
3) 鈴木孝夫「犬と人間」(『英語教育』1971年7月号，大修館書店)。
4) B. Stevenson, *The Macmillan Book of Proverbs, Maxims, and Famous Phrases* (The Macmillan Company, 1948).
5) Barzillai Lowsley, *A Glossary of Berkshire Words and Phrases* (1888).
6) 白石大二『日本語の発想』(東京堂出版，1971)。

5
猫の神性と魔性

A cat has nine lives.
猫に九生あり

　前章の「犬」に続き，本章では「猫」と日英の故事ことわざとの関係について考えてみたい。猫も，犬と同じく西洋においても日本においても家族の一員として飼われてきたが，その連想は犬に対するものとはだいぶ異なる。西洋では，中世の迷信から猫は"familiar"「使い魔」と言われ，サタンがよく，黒猫に姿を変えると信じられた。また魔女は，その使い魔として猫を持っていると言い伝えられた。アメリカの詩人・小説家ポー（Edgar Allan Poe, 1809-49）の『黒猫』（*The Black Cat*）においても猫の魔性が描かれているし，現在でもアメリカなどでは，行く手を黒猫が横切ると，縁起が悪いと考えられることもある。ただし，イギリスでは黒猫は good luck とされ，古代ローマでは自由の象徴であった。

　日本でも「猫は化ける」「猫を殺せば七代祟る」のように，猫は魔性をもつものとみられ，江戸時代には大名のお家騒動と結びついて，「鍋島の猫騒動」や「有馬の猫騒動」には「化け猫」が現れた。日本で庶民階級にも広く猫が飼育されるようになったのは平安末期で，元慶8年（884年），唐土から送られてきた黒猫を光孝天皇が非常にかわいがったが，当時猫に関しては，①年経た雌猫が化けて人を害する（猫股）＝猫が年老いて尾が2つにわかれ，よく化けるといわれるも

5 猫の神性と魔性

の，②猫が品物を持ってきて飼い主に報恩する，という2つの伝説があったという[1]。ちなみに中国では，猫が化けるというような話はないそうである[2]。

さて猫を『広辞苑』（第4版）でひくと，次のようにくわしい説明がある。

> ねこ［猫］（鳴き声に接尾語コを添えた語。またネは鼠の意とも）①広くはネコ目（食肉類）ネコ料の哺乳類の総称。一般には家畜のネコをいう。エジプト時代から鼠害対策としてリビアヤマネコ（ヨーロッパヤマネコ）を飼育，家畜化したとされ，当時神聖視された。現在では愛玩用。②㋑(猫の皮を胴張りに用いるからいう）三味線の異称㋺(三味線を使うところから）芸妓の異称。③猫火鉢の略〈季・冬〉④猫車の略⑤ふいごの内側についていて，空気の出る孔をふさぐ革。

これを研究社『新英和大辞典』（第5版）のcatの説明と比較してみると，日英とも似かよった用法があることがわかる。

> cat 1a ネコ b 猫の毛皮 2［動物］a ネコ科の食肉動物の総称〈ライオン・トラ・ヒョウなど〉 b ネコに似た小動物 3a 意地悪女；(特に）他の女の人に意地悪な口をきく人 b［限定詞を伴って］臆病な人 c＝cat burglar 4（三脚で立つ）六脚器 5 九尾のねこむち 6（中世の攻城用）移動式昇降楼 7a＝catboat b catamaran 1 8〈俗〉a ジャズ音楽家；ジャズ狂 b 男；やつ（以下略）

日英ともに「女」の意に用いているが，日本では男を楽しませてくれるものとしての女であるのに対し，英語では「意地悪女」である点がおもしろい。ただし俗語では英語にも「売春婦」の意がある。猫火鉢も日本的である。また日本では土砂運搬に使う「猫車」の意があるが，英語でも，滑車やcatboatになる。また九尾のねこむち（cat-o'-nine-tails）とは，こぶのついた9本のひもを柄に通したむちのことで，罪人を打つのに用いたものだが，9本というのは，「猫に九生あり」という英語のことわざからつくられたものであろう。また六脚器はど

第2部 ことわざの比較文化論

のような置き方をしても常に三本の足で立つもので、これも猫の習性からきたものであろう。なおこれらの点についてはあとで詳述する。

猫の説明を『言海』にみると、次のようになる[3]。

ねこ、(中略) 人家ニ畜フ小サキ獣。人ノ知ル所ナリ。温柔ニシテ馴レ易ク、又能ク鼠ヲ捕フレバ畜フ。然レドモ窃盗ノ性アリ。形虎ニ似テ二尺ニ足ラズ。性睡リヲ好ミ、寒ヲ畏ル。毛色、白、黒、黄、駁等、種種ナリ。其睛、朝ハ円ク、次第ニ縮ミテ、正午ハ針ノ如ク、午後、復タ次第ニヒロガリテ、晩ハ再ビ玉ノ如シ。陰処ニテハ常ニ円シ。

これを *OED*, *POD* (第4版) の次の説明と比較してみよう。

cat 1. A well-known carnivorous quadruped (*Felis domesticus*) which has long been domesticated, being kept to destroy mice, and as a house pet. (*OED*)

猫 1. 人によく知られた食肉性の四足獣で昔から飼いならされ、鼠駆除用や愛玩用動物として飼われる。

cat 1. Small domestic carnivorous quadruped preying on mice &c., persecuted by dogs, & credited with nine lives. (*POD*)

家庭で飼う小さな食肉性の四足獣で、鼠などを捕食し、犬に迫害され、9つの命を持つと信じられている。

日本の『言海』の説明はなかなかいきとどいていて、特に目の描写などは非常にすぐれている。「女の心は猫の目」という日本のことわざは、この事実から来ている。「然レドモ窃盗ノ性アリ」という箇所は日本的なものであろう。日本人の食生活には魚が多かったから、猫がよくこれを盗んだのである。*POD* の「犬に迫害され」と「9つの命を持つ」というところは、いかにも西洋らしい。この特徴はことわざの中にもよく表れている。西洋では犬が人間にとって最もよい伴侶であったが、日本では犬は元来「野良犬」で、家の中で飼われ、大事にされたのは「猫」であった。ゆえに猫は、日本人の生活に一層関係が深かったといえよう。

研究社『新和英大辞典』(第4版) で猫に関する表現をみると、次

5 猫の神性と魔性

のようにある。

「猫もしゃくしも」all the world and his wife; every man Jack 〔of them〕; everyone; anybody and everybody 「猫に小判」pearls (cast) before swine; guineas given to a cat 「猫かわいがりの」doting on (a child) 「猫の額ほどの地」a strip of land; a bit of ground 「猫の目のように変る」make a chameleonic change; change in kaleidoscopic fashion; be (as) fickle as a weathercock (＝a cat's eye) 「猫の手も借りたい〔ほど忙しい〕」be very busy and short-handed 「猫をかぶる」dissemble; play (the) fox; hide one's claws; feign innocence; play the hypocrite; be (＝play) a wolf in sheep's clothing. 「それは丁度猫にかつおぶしだ」It is like setting a fox to keep geese (＝like putting a wolf in the sheepfold *or* trusting a cat with milk). 「猫糞をきめる」pocket; embezzle; *peculate*; play dumb 「猫舌」aversion to hot food 「猫被り」hypocrisy; a wolf in sheep's clothing; a prude 「(女の)猫撫で声」an insinuating voice; a coaxing voice 「猫背」a stoop; round shoulders

以上の英語の表現の中で、"cat"が用いられているものはほとんどない。猫のかわりに swine, chameleon, fox, sheep などが現れる。日本人の生活に猫が密接な関係をもっていたことがわかる。

このほか、猫についての語句には次のようなものがある。

猫脚　猫石　猫板　猫いらず　猫下　猫搔（ねこがき）　猫車　猫鮫　猫三昧
猫四手（ねこしで）　猫じゃらし　猫頭巾　猫網　猫面（ねこづら）　猫背中　猫の恋　猫萩　猫八　猫火鉢　猫間　猫股　猫跨　猫目石　猫柳

猫と鼠のかけひき

さて以上の事実をもとに、いよいよ猫に関する日英のことわざを観察してみよう。まず日英ともに「鼠」と関連して述べられたものが多

第2部　ことわざの比較文化論

い。これは鼠をとることが猫の仕事であるというような意味のものと，猫と鼠のかけひきのようなものを示すものとに大別される。

▎A cat in gloves catches no mice.
　手袋をしている猫は鼠を捕らえない。
　（仕事をするときは手の汚れなどを気にしていてはだめ）

▎Keep no more cats than will catch mice.
　鼠をとる猫だけを飼っておけ。（役に立たぬ人間は雇っておくな）
　——「鼠なきをもって捕らざるの猫を養うべからず」

▎Let the cat wink and let the mouse run.
　猫に目をつぶらせ鼠に走り回らせよ。
　（強いほうが時には目をつぶることが必要）

▎That comes of a cat will catch mice.
　猫の子は鼠を取るもの。（人間は小さくても慣れた仕事は一人前にできる）——「猫は小そうても鼠捕る」

▎When the cat is away, the mice will play.
　猫がいないと鼠が遊びまわる——「鬼のいぬ間に洗濯」

▎Cat after kind, (a) good mouse hunt.
　猫はその天性によって鼠を取るのがうまい。——「猫と庄屋に取らぬはない」

▎Who will bell the cat?（p. 15 参照）
　誰が猫の首に鈴をつけるか。——「言うは易く行なうは難し」

▎A blate cat makes a proud mouse.
　恥ずかしがり屋の猫は鼠をいばらせる。
　（主人がおとなしいと使用人が増長する）

▎It is a bold mouse that breeds in the cat's ear.
　猫の耳の中で子を生むのは大胆な鼠である。（危険を冒すたとえ）
　——「竜の髭を撫で虎の尾を踏む」

　日本にも猫と鼠を対比させたことわざは多い。すでに挙げたもの以外にも次のようなものがある。

▎「鼠捕る猫は爪かくす」「鼠とらぬ猫」

5 猫の神性と魔性

「猟ある猫は爪をかくす」「窮鼠猫をかむ」
「猫の鼠をうかがうよう」「猫の額にある物を鼠のうかがう」
「鳴く猫は鼠をとらず」「猫さえおらなきゃ鼠の世盛り」
「鼠窮して猫を噛み人貧しうして盗す」「猫の前の鼠」
「三年になる鼠を今年生れの猫子が取る」

▼犬は人につき,猫は家につく

　西洋には「犬」と関連して述べられたものがかなりある。これには犬と猫を単に並列したものと,犬と猫の仲が悪いことのたとえとがある。

Never was cat or dog drowned, that could but see the shore.
猫でも犬でも,岸を見ることさえできたものは溺れ死んだためしはない。

Knit my dog a pair of breeches and my cat a codpiece.
私の犬にはズボンを,猫にはコドピースを編んでくれ。
(codpieceとは15～16世紀に流行した男子の服装で,ズボンの前につけた袋)

The cat and dog may kiss, yet are none the better friends.
猫と犬がキスすることがあっても,仲のよい友達になったわけではない。

By scratching and biting cats and dogs come together.
引っ掻いたり嚙みついたりして猫と犬は仲良くなる。(けんかばかりしている男女は案外結婚したりするもの)

　日本にも多少あるが,犬と猫を単に並列させたもので,犬と猫の仲が悪いことを示すことわざは見当たらない。

「犬児がごうなら猫子もごう」「犬猫にも馴染めば思う」
「犬は人につき,猫は家につく」
「叶わぬ恋に心を尽すより犬猫を飼え」

　英語にはcat and dogという句があるが,これは犬と猫が仲の悪いことから出たもので,日本では「犬猿の仲」という。前出の *POD* の

第2部　ことわざの比較文化論

中の "persecuted by dogs" の説明もこれを示している。ちなみに同じ *POD* の "dog" の説明の中には，"noted for antipathy to cats" とある (p. 157参照)。また rain cats and dogs（どしゃ降り）は，猫は雨を降らし，犬は風を起こすという北欧の伝説に由来するようである。

　日本ではその外観が似ているところから，むしろ「虎」などと比較される。

> 「猫にもなれば虎にもなる」「猫は虎の心を知らず」
> 「猫でない証拠に竹を書いておき」（虎を猫と間違えられぬように）

▼猫糞

　猫は日本人の生活に関係が深かったから，日本には猫の習性，特徴などについて述べたことわざや成句が非常に多い。標題の「猫糞(ばば)」も，猫が糞をしたあとで，足で土をかけて隠すところから，悪事を隠して知らぬ顔をすることをいう。その他，次のようにたくさんある。

> 「猫に傘(からかさ)見せたよう」（ふきげんなようす）
> 「猫に紙袋(かん)」（こわがってあとずさりする）
> 「猫が手水(ちょうず)を使うよう」（申しわけ程度に顔を洗う）
> 「猫は三年飼っても三日で恩を忘れる」
> 「猫は長者の生れ替り」（眠ってばかりいる）
> 「たくらだ猫の隣歩き」（たくらだ猫＝馬鹿猫）
> 「猫がはやると雪が降らぬ」（猫の交尾期が来るともう雪は降らぬ）
> 「猫と庄屋に取らぬはない」（猫は鼠や魚を，庄屋はその下を）
> 「猫は家にばかりいるようでも七軒歩く」
> 「猫にまり」「猫の食い残し」「猫の啼(な)き食い」

　以上は猫の習性についてのものであるが，猫が寒さを嫌うところから，次のようなことわざがある。

> 「猫の暑いのは土用の三日だけ」「猫の寒恋(かんごい)」
> 「猫のいるのは屋根の上，烏のいるのは木の上」

5 猫の神性と魔性

「秋の雨が降れば猫の顔が三尺になる」(雨の日は暖かいから)
また,次のものは猫の体の特徴についてのものである。

「あってもなくても猫の尻尾」「猫の尻尾」
「猫舌の長風呂入り」「猫の目のよう」
「猫は土用に三日鼻熱し」「猫の額ほど」
「二番子と猫の尻尾」「女の心は猫の目」
「猫の鼻と傾城(けいせい)の心は冷たい」
「猫は魔の者眼中瞳に時を分つ。六ツ円ク五八卵ニ四ツ七ツ柿ノタネ也九ツハ針」

次のものは猫の好物についてのものである。

「猫に鰹節」「猫にまたたび」「猫の鼻に魚」
「猫が肥えれば鰹節がやせる」「猫の魚(うお)辞退」

このように日本では猫の好物は,まず鰹節であるが,西洋では,断然 milk [cream] である。そのほか lard や fish もある。

Like a cat round hot milk.
熱い牛乳を前にした猫のように。(欲しいが猫舌で飲めない)

An old cat laps as much milk as a young.
親猫も子猫と同じくらい牛乳をなめる。

That cat is out of kind that sweet milk will not lap.
おいしい牛乳をなめようとしない猫は天性に反している。

The cat shuts its eyes while it steals cream.
猫はクリームを盗むとき目を閉じる。――「耳を覆うて鈴を盗む」

Send not a cat for lard.
ラードを取りに猫をやるな。

The cat would eat fish but she will not wet her feet.
猫は魚が食べたいくせに足を濡らそうとしない。

猫は mustard (からし) は嫌いだから,次のようなものがある。

He loves me as a cat does [loves] mustard.
猫がからしを愛するように彼は私を愛している。(全然愛してい

第2部　ことわざの比較文化論

ない）

また次のものは猫が日本人の生活，家族と関係が深かったことを示している。

「猫よりまし」「猫の子一匹いない」「猫の手も借りたい」
「猫ばか坊主」（主人の席と決まっている上席にすわるのは，猫か馬鹿か坊主だけ）

神性と魔性

先に挙げた POD の説明にもあるとおり，西洋においては猫には命が9つあると信じられ，魔性をもつものと考えられた。

A cat has nine lives.（猫に九生(きゅうしょう)あり）の句は，インドのバラモン（波羅門）のはだか行者（Brahmin gymnosophist）の書いた寓話 *The Greedy and Ambitious Cat* から出たというが[4]，また『アメリカの迷信さまざま』には次のごとくある[5]。

　　古代エジプト人が猫に神性を与えて崇拝したことはよく知られている。彼等は猫が何回落ちてもその度毎に安全を保つのを見て，この動物は何度も生き返られるものと考え，彼等の神聖なるシンボルたる母なる神，父なる神，息子なる神の三位一体に猫を結びつけたのである。そして三の三倍，すなわち九が猫に許される最高栄誉の数字だった。かくて今日でも「叩いても死なない」ことを A cat has nine lives. とよく言ったりする。

シェイクスピアの『ロミオとジュリエット』3幕1場の，次の引用もよく知られている。

　　Good king of cats, nothing but one of your *nine lives*; that I mean to make bold withal, and, as you shall use me hereafter, dry-beat the rest of the eight.
　　やい，猫の王様，おまえの9つの命のうちの1つを貰いたいだけだ。おれに対する，おまえの今後の振舞次第では，残る8つも打

5 猫の神性と魔性

ちのめしてやるぞ。　　　　　　　　　　　　　　　　（本多顕彰訳）

次のことわざどおり，9つ命を持つ猫でさえ「心配」のために死ぬくらいだから心配はとても体に悪い。「心配は身の毒」「心配は寿命の毒」に当たる。

> Care killed the cat.
> 心配は猫をも殺した。

このことわざについて，コリンズのことわざ集は次のように説明している。

> Possibly there was a fable, of which no trace is now to be found, of a cat that was killed by care. On the other hand a cat is often taken as an example of an animal that is exceptionally immune from injuries. It may be held, however, that there is no inconsistency between the fabled nine lives of a cat and its being killed by care, the point being that even so tough a creature as this can fall a victim to it. Probably the alliteration of three k sounds has contributed to the popularity of the proverb.
> 現在ではその由来はわからないが，恐らく心配によって死んだ猫の寓話があったのであろう。一方猫は，負傷することがまったくない動物の例としてしばしば挙げられる。しかしながら，猫が寓話にあるように9つの命を持っていることと，心配のために死ぬということは矛盾するものではなかろう。要するに，猫ほどの強健な生物でも心配のために命を落とすことがあるということである。恐らく，3つの〔k〕の音の頭韻が，ことわざの普及にも一役かっていよう。

このことわざもよく引用されるもので，同じくシェイクスピアの『空騒ぎ』5幕1場には次のようにある。

> What, courage, man! What though care killed a cat, thou hast mettle enough in thee to kill care.
> おい元気を出せ，心配事では猫でも死ぬそうだが，君ときては，その心配事のほうで死ぬ位の剛の者ではないか。　　（福田恆存訳）

また次のようなことわざもある。

> There are more ways to kill a cat than choking her with cream.
> 猫を殺すにはクリームで窒息死させる以外にもっと方法がある。

これは犬の場合，There are more ways to kill a dog than hanging. (p. 161参照) となるが，猫の魔性や猫を殺す慣習などについて，小学館『大日本百科事典』は次のように説明している。

> ネコを殺したり，大切にしなかったりすると，ネコがたたるとか，不幸になるという信仰は，日本ばかりでなくヨーロッパやアフリカにもある。ネコの家畜化がいちじるしく進んだ古代エジプトでも，すでにネコは神聖な動物であった。ネコを殺すと殺害されるほど尊崇され，家に幸福をもたらすと考えられたネコの死は家族を悲しませ，死体はミイラにして聖所の陰に葬られた。また後にエジプトの主神になったブバスティス女神バステトはネコの頭をした女の姿で表現され，ますますネコの信仰を高め，この女神に祈願する信者はネコの像を奉納した。ネコを霊獣視する観念は，ネコとともに広まったようで，ヨーロッパでは穀物霊がネコの姿をしているという伝承もある。ドイツでは穀物畑にはネコがいるといって立入りをいましめ，ボヘミアではネコが穀物畑に埋められる。フランスには脱穀のとき最後の穀物の束の下に生きているネコを置いて，から竿でたたき殺し，焼いて食べる地方もある。フランスにはネコを殺す習俗があり，四旬節の最初の日曜日や夏至の火祭りでネコを焼き殺し，悪魔を表わすネコはいくら苦しんでも十分ということはないと言われる。ヨーロッパではネコは，魔女が好んで姿を変えたがる動物の一つとされ，ネコの姿の魔女が手を切られ，翌朝魔女の手がないのでそれとわかるという昔話も広く分布している。この類話は日本やインドにもあり，日本でもネコは愛玩されるとともに魔性のものとして化けネコの怪異譚が語られ，ネコを祭る塚や社もある。(以下略)

日本にも「猫を殺せば七代祟る」「猫は三年すると踊り出す」「猫の逆恨み」「猫を一疋殺せば七堂伽藍を建立したるより功徳あり」と

5 猫の神性と魔性

いったことわざがあり,「化け猫」を扱った作品もよく見られる。

猫の目と女の心理

さて最後に「猫」と「女」との関係について考えてみたい。前述の『広辞苑』や『新英和大辞典』の説明にもあったように,猫は女を連想させ,しばしばある種の女を示す。

Dictionary of American Slang によると, cat の説明は次のようになっている[6]。

n. 1. A hobo, tramp, or migratory worker (浮浪者, 季節労働者) 2. A prostitute (売春婦) 3. A spiteful woman (意地悪女) 4. A man who dresses in the latest style and pursues woman (流行の先端を行く服装をし女を追いかけ回す男) 5. A jazz musician. (中略) 9. A man, a fellow, a guy: any human being v. 1. To court or seek women for sexual reasons (女の体を求めたり, そのために求婚する) 2. To gossip (人のことをしゃべり歩く) 3. To loaf or idle (のらくらして暮らす)

また俗語では cathouse は「売春宿」を表し, pussy (〔小児語〕猫) も現在では,女性の pudenda, vagina や sexual intercourse を表す。また pussywhipped (尻に敷かれた) のような語もある。

▼傾城には猫がなる

英語のことわざには,女を猫に関連して述べたものは少ない。前章で述べたように,女と引き合いに出されるのは西洋ではむしろ「犬」なのである。わずかに次のようなものがある程度である。

A cat has nine lives, and a woman has nine cats' lives.
猫は9つの命を持ち,女は9匹の猫分の命を持つ。

Two cats and a mouse, two wives in one house, two dogs and a bone, never agree in one.

第2部　ことわざの比較文化論

> 鼠1匹に猫2匹，ひとつ屋根の下に女房2人，1本の骨に犬2匹は仲良くなることはない。

しかし日本にはかなり多い。特に遊女が猫の生まれ変わりであるという俗説のため「傾城(けいせい)には猫がなる」(傾城=遊女)という類のことわざがある。

> 「猫は傾城の生れ変わり」「猫は遊女の生れ変わり」
> 「遊女は猫の生れ変わり」「女の心は猫の目」
> 「酒の席には狆猫婆(ちんねこばばあ)」「女の寒いと猫のひだるいは手の業」
> 「女の腰と猫の鼻はいつも冷たい」
> 「芸妓の心と猫の鼻はいつも冷たい」
> 「猫の鼻と女の尻は大暑三日の外(ほか)は冷たい」

この最後の3つに相当する英語のことわざでは，猫が犬に変わり，A dog's nose and a maid's knees are always cold. となる (pp. 164〜66 参照)。

猫が prostitute や芸妓を意味するという点では，東西共通である。やはり，猫はそういうものを連想させる習性や特徴をもっているのであろう。日本にある次のたとえも，それを示している。

> 「猫はおやま(遊女)の生れ変わりゆえしなだれ膝の上へ上(あが)りたがる」
> 「猫と子供は抱く程喜ぶ」

●注

1) 『世界大百科事典』(平凡社，1972)。
2) 藤江在史『中国の諺』(自治日報社出版局，1971)。
3) 大槻文彦『言海』(小林新兵衛，1904)。
4) 井上義昌『英米故事伝説辞典』(冨山房，1972)。
5) J. バチェラー，C. ドリス共著，横山一雄訳『アメリカの迷信さまざま』(北星堂書店，1962)。
6) Wentworth & Flexner, *Dictionary of American Slang* (Thomas Y. Crowell, 1960).

6
生と死のとらえ方

Death takes no bribe.
死神はわいろを受け取らない

人生はよく旅にたとえられる。
- Life is a voyage.
- 人生は航海である。
- Life is a perilous voyage.
- 人生は危険な航海である。

シェイクスピアの『アテネのタイモン』(*Timon of Athens*) 5幕1場には, Life's uncertain voyage. (人生は不定の航海だ) とある。

またイギリスの翻訳家フロリオ (John Florio, 1553?-1625) のことわざ集には, 次のようにある[1]。

- The life of man is nought els but a long iorney, that beginneth when he is borne, and endeth when he dyeth.
- 人間の一生は誕生とともに始まり死とともに終る長い旅にすぎない。

人生にはまた, pilgrimage (遍歴) という言葉をよく用いる。
- Life is a pilgrimage.
- 人生は遍歴である。

『旧約聖書』「創世記」47章9節には, 次のようにある。
- And Jacob said unto Pharaoh, The days of the years of my

pilgrimage are an hundred and thirty years: few and evil have the days of the years of my life been, and have not attained unto the days of the years of the life of my fathers in the days of their pilgrimage.

ヤコブはパロに言った，「私の旅路の年月は，130年です。私のよわいの日はわずかで，ふしあわせで，私の先祖たちのよわいの日と旅路の日には及びません」

またシェイクスピアの『お気に召すまま』3幕2場には，次のようにある。

Some, how brief the life of man
Runs his erring pilgrimage, ...

あるいは曰く，人の命の瞬時に尽きて長き旅路を走り去るがごとし。

日本でもよく，人生を旅にたとえ「人生の行旅」とか「世の旅路」という言葉を使う。そして特に日本人は，旅の哀愁と人生のはかなさとを結びつけ，人生を旅と考えることにより，この世の不幸や悲しみをあきらめようとしているように思われる。

死しての王か，生ける乞食か

さて，ことわざの世界においては，いったい人生を楽観的に見ているのであろうか，悲観的に見ているのであろうか。人生を楽しいものと述べているものは，西洋のことわざのほうに多い。

> Life is sweet.
> 人生は楽し。

人生がすばらしいものであるという意味の言葉は多い。

> Life is sweet to every one[2].
> 人生はだれにとっても楽しい。

> Life is still beautiful[3].

6 生と死のとらえ方

▌ 人生はやはり美しい。
▌ The golden tree of life is green[4].
▌ 人生の黄金の木は緑だ。
▌ Life's not such a bad game after all[5].
▌ 人生はやはり悪いものではない。

そのほか人生を楽観視したことわざに,次のようなものがある。

▌ The principal business of life is to enjoy it.
▌ 人生の主な仕事は楽しむことである。
▌ Life consists not in breathing but in enjoying life.
▌ 人生とはただ生きることでなく楽しむことである。

人生を楽しむためには,まず健康でなくてはならない。

▌ Life lies not in living but in liking.
▌ 人生とはただ生きることでなく健康でいることだ。

この場合の liking は「体の（健康な）状態」を指している。そして次のものは,人生に希望をもつべきことを教えてくれる。

▌ While there is life there is hope.
▌ 生命あるかぎり希望あり。

これに類することわざはヨーロッパの多くの国に見出されるが,イギリスの小説家リード (Charles Reade, 1814-84) は,次のようにこれを引用している[6]。

▌ They lost, for a few moments, all idea of escaping. But ... while there's life there's hope: and ... their elastic mind recoiled against despair.
▌ 彼らは少しの間,逃げようという考えをまったくなくしていた。しかし,生命あるところ希望ありである。……彼らの柔軟な心は絶望感をはね返した。

▼命あっての物種

日本には「命あっての物種」ということわざがある。日本には,人生自体が楽しいものであるという意味のことわざは非常に少ないが,

生命に対する本能的な執着を示すこの種のことわざは多い。

> 「命あっての物種, 畠あっての芋種」
> 「命あっての物種, 芋あっての屁の種」
> 「死んで花実が咲くものか」「身ありての奉公」
> 「死んでは一文にもならぬ」「死んで骨は光るまい」
> 「命あればくらげさえ骨にあう」
> 「死ねば死に損, 生くれば生き得」
> 「死に急ぎと果物の取急ぎはするな」

英語のことわざにも, 次のように生に対する執着を示すものがある。

> Lose a leg rather than a life.
> 命を失うよりは足を失え。

その他日本の「死しての長者より生きての貧人」や「死にたる人は生ける鼠にだにしかず」も, 生の尊さを述べたものだが, 英語のことわざにも同じ類のものは多い。

> Better a living beggar than a dead emperor.
> 死しての皇帝より生きての乞食。
>
> Better a live beggar than a dead king.
> 死しての王より生きての乞食。
>
> Better a live coward than a dead hero.
> 死しての英雄より生きての臆病者。
>
> A living dog is better than a dead lion.
> 死してのライオンより生きての犬。
>
> Better a live ass than a dead lion.
> 死してのライオンより生きてのロバ。

▼憂き世

しかしながら, 洋の東西を問わず, 人生はやはりつらくはかないものであることも否めない。日本には「つらい娑婆より気晴れの浄土」ということわざがあり, この世の苦しさを如実に物語っている。ま

6 生と死のとらえ方

た，苦しみの多い世の中を海にたとえた「苦海（くかい）」という言葉もある。これは仏教からきた言葉で，すでに『万葉集』にも見え，山上憶良（やまのうえのおくら）は「愛河波浪已先滅，苦海煩悩亦無結」（あいがのはろうはすでにきえ，くかいのぼんのうもまた　むすぼほるといふことなし）と詞書している。次のごとき歌の中にも詠みこまれている。

　ひとりのみ，苦しき海を渡るとや，底をさとらぬ人は見るらむ
（『千載集』）
阿弥陀仏と唱うる声を楫（かじ）にてや，苦しき海を漕ぎ離るらむ
（『金葉集』）

　そしてこの苦海という語が「苦界（くかい）」として使われるようにもなった。またこの語は，遊女のはかない境涯にたとえて使われるようにもなり，江戸時代には，遊女の年季は10年を限度としたことから「苦海（界）十年」という言葉が用いられた。また「浮き世」という言葉も，「苦界」と同義語である。これは，つらいこの世を「憂き世」といったのが，仏教思想の影響で，無常の世，定めない世という意味になって「浮き世」と書かれるようになった。さらにその後，これが「浮いた，うきうきした世の中」という意味にまで変わって用いられるようになったのである。

　西洋においても同様，この世は苦しみの多いところでもある。

> Life so called is nothing but toil.
> 人生というものは労苦のみである。

> Man's whole life is full of anguish.
> 人の一生は苦悩に満ちている。

> We are born crying, live complaining, and die disappointed.
> われわれは泣きながら生まれ，不平を言いつつ暮らし，失望落胆して死ぬ。

> Life is a struggle.
> 人生は闘いである。

> Life is not all beer and skittles.
> 人生はビールと九柱戯ばかりではない。

この skittle（九柱戯）というのはボーリングの原型となった遊びで，木製の円盤，ボールをそれぞれ投げたり，ころがしたりして9本のピンを倒すゲームのことで，beer and skittles は「（飲んだり遊んだりして過ごす）のんきな生活」(easy living) という意味のイディオムである。このことわざは要するに「人生はただ楽しく遊んでばかりでは暮らせない」という意味である。日本には「月夜半分闇夜半分」というのがある。

▼ *Life is but an empty dream.*
人生ははかない夢にすぎない

この世はまたはかないものである。

標題の言葉は多くの文学者が用いた句である。スコットランドの国民詩人バーンズ（Robert Burns, 1759-96）は，"Life and love are all a dream."（人生と恋はすべて夢）と歌い[7]，アメリカの詩人ロングフェロー（Henry W. Longfellow, 1807-82）は，次のように歌っている[8]。

Tell me not, in mournful numbers,
Life is but an empty dream!
悲しい言葉で語るのはやめよう。
人生ははかない夢にすぎない。

日本にも「浮世は夢」「人生夢のごとし」「一生は夢」といったことわざがある。また，

Life is a bubble.
人生は泡のようなもの。

Life is a shadow.
人生は影である。

Life is smoke.
人生は煙のごときもの。

ともいう。鴨長明の句にも「朝に死し夕に生きるならい，ただ水の泡にぞ似たりける」というのがあり，同じく水泡にたとえている。

6 生と死のとらえ方

「人生朝露のごとし」というのも同類である。また日本には「夢幻泡影」ということわざがある。これは字のとおり「人生は夢であり，泡であり，影である」という意味で，既出のことわざをすべて一緒にしたようなものである。

シェイクスピアの『マクベス』(*Macbeth*) 5幕5場には，次のようにある。

Life's but a walking shadow, a poor player
That struts and frets his hour upon the stage,
And then is heard no more.

人の生涯は動きまわる影にすぎぬ。あわれな役者だ，ほんの自分の出場のときだけ，舞台の上で，みえを切ったり，喚いたり，そしてとどのつまりは消えてなくなる。　　　　　　　（福田恆存訳）

日本には「生者必滅，会者定離」ということわざがあるが，英語にも次のようなものがある。

Life is subject to decay.
生けるものは必ず朽ちる。

Life is a shuttle.
人生は梭である。

この shuttle（梭）というのは，横糸を通す管のついた機織の道具であるが，このことわざは『旧約聖書』「ヨブ記」7章6節の次の句に由来する。

My days are swifter than a weaver's shuttle, and are spent without hope.
私の日は機の梭よりも速く，望みを持たずに消え去る。

シェイクスピアも『ウィンザーの陽気な女房』(*The Merry Wives of Windsor*) の中で，"I know also life is a shuttle." （人生は梭であることは私も知っている）と引用している。

▼人生わずか五十年

現代では人間の平均寿命は80歳にもなっているが，昔は「人生わず

第2部 ことわざの比較文化論

か五十年」とか「定命(常命)六十」などといわれた。もっともこれは当時の人の平均寿命から生まれたものではなく、仏教から出た言葉である。

英語のことわざに、人生の短さを述べた Life is a span. のようなものがある。span というのは、もともと親指と小指とを張った長さ(普通9インチ)の意である。

シェイクスピアは、この span をいろいろな作品の中で用いている。

And let me the canakin clink, clink:

And let me the canakin clink:

A soldier's a man;

A life's but a span;

Why, then, let a soldier drink.　　　　　　(『オセロ』2幕3場)

それ、鑵をカンカラカンのカンカン

それ、鑵をカンカラカンのカン

兵隊だって人間だ。

人間命は束の間だ。

それ、飲め、それ、飲め、兵隊さん。　　　　(福田恆存訳)

また次の文中では outstretch という動詞と一緒に用いて、「死」を巧みに表現している。

By all description this should be the place.

Who's here? speak, ho! No answer! What is this?

Timon is dead, *who hath outstretch'd his span*:

Some beast rear'd this; there does not live a man.

Dead, sure; and this his grave.　　　(『アテネのタイモン』5幕3場)

話の模様じゃ、ここに違いない。だれかいますか?

もしもし! 返事をしないな! こりゃ何だ?

タイモンは死んだのだ、短いてのひら(ほどの生涯)を広げ尽くして。

どこかの獣類めが建ておったのであろう。ここにゃ人間はおらんのだから。

6 生と死のとらえ方

きっと死んだんだ。そうしてこれが墓なんだ。　　　　（坪内逍遙訳）

しかし人生の無常を述べたことわざは，むしろ日本に多い。すでに挙げた以外にも，次のようなものがある。

「生死不定は浮世の常」「生は死の始め」
「生は死の基，逢うは離れるの基」「生は寄なり，死は帰なり」
「無常の風は時を選ばず」「冥途の道には王なし」
「朝に紅顔あって夕に白骨となる」「知れぬは人の命」

日本と西洋のことわざを比較した場合，やはり日本では，人生の無常を述べたものが大きな割合を占めるように思われる。身分や境遇に多少の差はあっても，人の一生は結局似たり寄ったりのものだという意味を，次のことわざは述べている。

「はもも一期えびも一期」「蛇も一生なめくじも一生」
「鯊は飛んでも一代，鰻は這っても一代」

これらは，自己の生活になんとなく満たされぬものを感じている人々のあきらめと慰めの言葉と考えられよう。

そして「笑って暮らすも一生，泣いて暮らすも一生」「どこで暮らすも一生」というようなものも，やはり一種のあきらめからくる，現実に対する考えを示すものといえよう。

以上挙げたことわざをみても，日本のことわざの中では，どうも人間の一生というものをそれほど大切なもの，尊いものと見なしていないように思われる。一生にあまり期待をかけていないようである。庶民の大多数が貧しかった日本において，人間の一生がそれほど尊い，大切にするだけの価値のあるものと考えられなかったためであろうか。もちろん，すでに述べたとおり，「命あっての物種」とか「死んで花実が咲くものか」「あの世千日この世一日」「命は宝の宝」のように，生命の価値を力説したものもある。しかしこれらは，死に直面した場合，人間が本能的に感ずる素朴な，かつ根源的な気持ちを述べたものであろう。

第2部　ことわざの比較文化論

生への執着と死の恐怖

　日本のことわざには、既述のとおり、人生とははかなく、それほど大切にする価値もないものとしていることわざが多い。これは仏教思想の影響であり、この世は仮の宿であり、後世に真の幸福があると考えるからである。

　結局、武士も町人も、現世を無常と考えて軽くみることが大切なのである。「あの世千日この世一日」「死しての千日生きての一日」というようなことわざもある。これは、どうせはかない命だから、その命が保たれている間だけはせめて大事にしようというのであろう。

　既述のとおり、「死ねば死に損、生くれば生き得」「命と綱は長いがよい」「死しての長者より生きての貧人」「死んで花実が咲くものか」という生への執着を示したものもある。仏教がどんなに来世の幸福を説いたとて、それを目の前に見せてもらえぬ限りは大衆は信じられないのである。ことわざは庶民のものであるから、こういうことわざが生まれるのも当然のことといえよう。

　しかしこのように抵抗を示したところで、所詮人間は死なねばならぬという事実は変えられない。だから、どうせ死ぬならこんなふうに死にたいという心構えもできているのである。

■　「死なば卒中」「死なば四八月（しはちがつ）」「死なば八月十五日」

　そして結局、「一度死ねば二度死なぬ」「一番楽は棺の中」「つらい娑婆（しゃば）より気晴れの浄土」というあきらめとなってしまうのである。

　日本人の思想に仏教思想が大きな影響を与えたごとく、西洋人の思想にキリスト教が大きな影響を及ぼした事実も見のがせない。日本のことわざの中に現れた死が、無常感と深い関連をもっているように、西洋のことわざに現れた死は、キリスト教の思想における、罪と死の観念から考えることができよう。『旧約聖書』「創世記」によれば、アダムがエデンの園の禁断の木の実を食べたために、人間はみな死なね

6 生と死のとらえ方

ばならなくなった。もっとも，これに類する説話は，世界の他の国にもよく見出される。日本にも，『古事記』と『日本書紀』に，ニニギノミコトがオホヤマツミノカミの2人の娘と結婚する際，ニニギノミコトは姉の醜いのをおそれて親もとに返し，妹だけをとどめて結婚した。そのために，子孫は岩のように常に堅く不動であることができないことになり，木の花のように，もろく短命に終わるように定められたという説話がある。これもやはり，人間は元来死なずにすむ可能性があったのだが，ひとつの過失により死なねばならぬ運命をしょいこんだということを意味している。しかしながら，この神話は，キリスト教のようにその後の日本人の思想に影響を与えていない。

つまり，キリスト教においては，律法は罪を活動せしめ，罪の活動の結果は人間を死の中に投ずる。『新約聖書』「ローマ人への手紙」6章23節には，

> For *the wages of sin is death*; but the gift of God is eternal life through Jesus Christ our Lord.
> 罪の支払う報酬は死である。しかし神の賜物は，私たちの主キリスト・イエスにおける永遠の命である。

とあるとおり，罪の支払う報酬は死なのである。それはもちろんアダムが，神の禁令を犯したことによるのであり，同書5章12節には，

> Wherefore, as by one man sin entered into the world, and death by sin; and so death passed upon all men, for that all have sinned:
> このようなわけで，ひとりの人によって，罪がこの世にはいり，また罪によって死がはいってきたように，こうして，すべての人が罪を犯したので，死が全人類にはいりこんだのである。

とある。ゆえにこの世のいかなるものも，死を避けることはできないのである。『旧約聖書』「創世記」3章19節の，次の句も有名である。

> In the sweat of thy face shalt thou eat bread, till thou return unto the ground; for out of it wast thou taken: for dust thou art, and *unto dust shalt thou return*.

第2部　ことわざの比較文化論

あなたは顔に汗してパンを食べ，ついに土に帰る，あなたは土から取られたのだから。あなたは，ちりだから，ちりに帰る。

▼冥途の道には王なし

このことわざは「現世の貴賤貧富の差は，死んでしまえばなくなってしまう」という意味にも「貴賤貧富に関係なく，誰も死は避けることはできない」の意味にも用いられる。後者の意味では「人生 古(いにしえ)より誰か死無からん」とか「万事は皆救うべし，死は救うべからず」ともいう。英語のことわざにも，「死は万人に共通のもの，避けられぬもの」という意味のものは多い。

Death is the grand leveller.
死は偉大な平等主義者である。

Death is common to all.
死は万人に共通である。

Death is no chooser.
死は人を選ばず。

Death spares neither Pope nor beggar.
死は法王も乞食も見逃さない。

Death takes no bribe.
死神はわいろを受け取らない。

Death will have his day.
死神には運が向くものだ。

Nothing so sure as death.
死ほど確実なものはない。

これらは「死ぬるばかりはまこと」に当たる。そして次のものは死が年齢に関係なく，いつやってくるかわからないといっている。日本の「老少不定(ろうしょうふじょう)」に当たる。

Death devours lambs as well as sheep.
死は親羊のみならず子羊もむさぼり食らう。

Death keeps no calendar.

6 生と死のとらえ方

■ 死神は暦を使わない。

次のものは, 人間死ねば貴賤貧富の差がなくなることをいっている。

■ Death makes equal the high and low.
■ 死は身分の貴賤をなくす。

■ Six feet of earth make all men equal. (p. 210参照)
■ 6フィートの土はすべての人を平等にする。

そして借金も帳消しになる。

■ Death pays all debts.
■ 死はすべての借金を支払う。

死の前には医者もしばしば無力である。日本の「医は死なざる病人を治す」や「治病の薬はあれど長生の薬なし」に当たる。

■ Death defies the doctor.
■ 死は医者に挑戦する。

■ There is no medicine against death.
■ 死につける薬はない。

■ There is remedy for all things but death.
■ 死以外のすべての物事には薬がある。

シェイクスピアは, 以上のことわざが述べている内容を『尺には尺を』(*Measure for Measure*) 3幕1場の中でわかりやすく語っている。

Thou hast nor youth nor age;
But, as it were, an after-dinner's sleep,
Dreaming on both; for all thy blessed youth
Becomes as aged, and doth beg the alms
Of palsied eld; and when thou art old and rich,
Thou hast neither heat, affection, limb, nor beauty,
To make thy riches pleasant. What's yet in this
That bears the name of life? Yet in this life
Lie hid moe thousand deaths: yet death we fear,
That makes these odds all even.

第 2 部　ことわざの比較文化論

人間には，若い時も老年もない，
いや，どっちつかずの午睡(ひるね)の夢ごこちで一生を過ごしてしまう。
若い間(うち)は目下に見られて，よぼよぼの老人(としより)に余り物をねだって過ごし，
年を取って物持ちになったころには，熱も愛も美もなくなり，手足もきかず，宝の持ち腐れ。
これでも，生きているということに，なにかありがたいことがあるかい？
まだまだ，今いった以外にも，死ぬほどの苦が幾千万あるかしれない。
それだのに，人間は死を恐れる。
死ねば，いっさいがなめらかに，平穏になってしまうのに。

(坪内逍遙訳)

▼ Fear of death is worse than death itself.
死の恐怖は死そのものよりも人を悩ます

　上記『尺には尺を』の中にも "yet death we fear" とあったが，死に対する恐怖心についてはどうであろうか。もちろん，世界中どこの国においても，可視の世界と不可視の世界との区別が明確でない古代人にとっては，死は目に見えない力であり，それに対する恐怖は実に大きかった。しかし，仏教思想を受け入れた日本では，死後人間は平安の境地に入れるものと信じ，死を恐れてはならないのであった。また，どうせいつかは死なねばならないのだというあきらめでもあった。しかるに，キリスト教では，死は神の怒りの結果人間に与えられた刑罰であり，恐るるに足るものだった。日本のことわざには，直接死に対する恐怖心について述べたものはほとんどない。しかし西洋のことわざにはある。まずそれは，聖書に源を発する。

　『新約聖書』「ヘブル人への手紙」2 章15節にも，人間は死の恐怖のために一生涯奴隷にならねばならぬことが記されている。

　　And deliver them who through fear of death were all their lifetime

6 生と死のとらえ方

subject to bondage.

死の恐怖のために，一生涯奴隷となっていた者たちを，解き放つためである。

そして『旧約聖書』「ヨブ記」18章14節では，死を "the king of terrors" と表現している。

His confidence shall be rooted out of his tabernacle, and it shall bring him to *the king of terrors*.

彼はその頼む所の天幕から引き離されて，恐れの王のもとに追いやられる。

かつまた，『新約聖書』「コリント人への第一の手紙」15章55, 56節では，"the sting of death" という言葉を用いて「死の苦痛」およびそれに対する恐怖を示している。

O death, where is thy sting? O grave, where is thy victory? *The sting of death* is sin; and the strengh of sin is the law.

死よ，おまえのとげは，どこにあるのか。

死よ，おまえの勝利は，どこにあるのか。

死のとげは罪である。罪の力は律法である。

死に対する恐怖については，次のようなことわざがある。

Men fear death as children (fear) to go in the dark.

子供が暗い所へ行くのを怖がるように大人は死を怖がる。

Fear of death is worse than death itself.

死の恐怖は死そのものよりも人を悩ます。

これは「無常の鬼が身を責むる」に当たる。また次のようなものもある。

He that fears death lives not.

死を恐れては生きられない。――「身を捨ててこそ浮かぶ瀬もあれ」

イギリスの作家バーナード・ショー（Bernard Shaw, 1856-1950）も次のように述べている[9]。

It is not death that matters, but the fear of death.

第2部　ことわざの比較文化論

問題なのは死でなくて死の恐怖だ。

しかし，アメリカの政治家・著述家・科学者フランクリン（Benjamin Franklin, 1706-90）は次のように忠告しているのである[10]。

Fear not death; for the sooner we die, the longer shall we be immortal.

死を恐れるなかれ。なぜなら死が早ければ早いほど，それだけ長く永遠の者でいられるからだ。

●注

1) John Florio, *Firste Fruites which yielde Familiar Speech, Merrie Proverbes, Wittie Sentences, and Golden Sayings* (1578).
2) George Pettie, *A Petite Pallace of Pettie his Pleasure* (1576).
3) Schiller, *Don Carlos* (1787).
4) Goethe, *Faust* (1806).
5) H.J. Smith, *Mrs. Bumpstead-Leigh* (1911).
6) Charles Reade, *Foul Play* (1868).
7) R. Burns, *The Lament* (1785).
8) Henry W. Longfellow, *A Psalm of Life* (1839).
9) Bernard Shaw, *Man and Superman* (1903).
10) Benjamin Franklin, *Poor Richard's Almanac* (1932-57).

7
数の意味と役割

Two heads are better than one.
三人寄れば文殊の知恵

　古代の哲学者は奇数を神秘的な数字と考えた。「2」で割り切れない数は古代民族に扱いにくいものであったためである。There is luck in odd numbers.（奇数は縁起がよい）ということわざもある。シェイクスピアも『ウィンザーの陽気な女房』5幕1場で，次のように引用している。

　　This is the third time; I hope good luck lies in odd numbers.
　　これで3度目です。奇数に幸運があればよいのですが。

　一般に奇数はすべて男性の数で，好ましい影響を及ぼすものであり，それに反し，偶数は女性の数で好ましくないものとも考えられた。奇数のうち，特に，3，7，9は霊験不可思議な数と考えられた。英語の慣用表現やことわざの中にも，three，seven，nineを用いたものが，やはり圧倒的に多いのもそのためであろう。

　以下，主な数字に関して，英語と日本語のことわざの中で，それがどのように用いられているかを考察してみたい。

第2部　ことわざの比較文化論

万物を支配する「3」

ピタゴラス (Pythagoras) は,「3」をもって初 (beginning), 中 (middle), 終 (end) の意を表す完全数 (perfect number) と呼び, これを神の象徴とした。父なる神, 子なるキリスト, 聖霊を一体としてみるキリスト教における三位一体も同様。古代人は Jupiter, Neptune, Pluto の three gods により世界は支配されるものと考えた。また運命の3女神 (the three Fates), 美の3女神 (the three Graces) などもそれぞれ3人であるし, 人間も body, soul, spirit の3つから, また世界は earth, sea, air の3つからなり, 人間の敵は the world, the flesh, the devil である。そしてキリスト教的美徳とは Faith, Hope, Charity の3つで, 自然界は mineral, vegetable, animal の3つに分かたれ, 色も red, yellow, blue の3つの原色に分かたれていた。

以上のように3という数字は, せまいながらも宇宙そのものであり, ひとつのまとまり, 安定感を連想させる基本的数字である。したがって three を用いた成句も多い。

Three R's (読み・書き・算術の基礎学科 reading, writing, and arithmetic), give three cheers (万歳を三唱する), three (golden) balls (質屋の看板), a man of three letters (3字の男＝泥棒〔ラテン語の *fur*＝thief から〕), play the part of a man of three letters (卑しいふるまいをする), the three vowels (借金の証文 IOU＝I owe you), three-bottle man (酒豪), three sheets in the wind (風に吹かれる3枚のシーツのように＝very drunk).

また trivet (三脚台) という語を用いた right as a trivet (とても元気で, 全く調子がよい) というような句もあり, 3という数字の安定感を示している。また thrice を用いて, thrice-blessed, thrice-happy などは「非常に恵まれた, 幸福な」の意に用いられる。

7　数の意味と役割

　日本語にも「三重苦」「三国一」「三日天下」「三々九度」「万歳三唱」「三顧」「三石日和」「三度目の正直」「三年三月」など常套語句は多い。『老子』にも「道は一を生じ，一は二（陰と陽）を生じ，二は三（陰陽と眼に見えない「沖気」というもの）を生じ，かくて三は万物を生ずる」（第42章）とあり，清の汪中は，「三は数の完成したもので，九は数の終わりである」（『述学』）といっているように，東洋においても3や9を尊ぶ風潮があったようである。

▼イギリスの三大驚異：教会，女性，羊毛

　英語のことわざの中に用いられた3には，3がひとつのまとまり，単位を示すもの，多数を示すもの，および少数を示すものとがある。
　まず3つのものを並べたことわざを挙げてみよう。いずれも興味深いものである。

Three things drive a man out of his house——smoke, rain, and a scolding wife.（p. 94参照）
3つのものが男を家から追い出す。煙と雨もりと，がみがみ女房。

Three things kill a man; a scorching sun, supper, and cares.
3つのものが男を殺す。焼けつく太陽（働き過ぎ）と夕食（食べ過ぎ）と苦労

Three things are ill handled: birds in boys' hands, young men in old men's hands, and wine in Germans' hands.（p. 153参照）
まずい扱いを受けるもの3つ——少年の手にかかる小鳥，老人に引き回される子供，ドイツ人に飲まれるブドウ酒。

Three things are insatiable, priests, monks [women], and the sea.
飽くことなき強欲者3つ——司祭，修道僧（女），海。

Three things are thrown away in a bowling-green——time, money, and oaths [curses].
芝生の木球遊び場で浪費されるもの3つ——時間，金，悪態罵倒。

第2部　ことわざの比較文化論

> Three things cost dear: the caresses of a dog, the love of a mistress, and the invasion of a host. (p. 166参照)
> 金のかかるもの3つ――犬を愛撫すること，情婦を愛すること，大勢の客に押しかけられること。

> Three things there be which never decay whiles the world lasts: to bake, to brew, and to powl or shear.
> この世の続く限りすたれぬこと3つ――パン焼き，酒造り，散髪。

> Three ills [evils] come from the North, a cold wind, a shrinking cloth, and a dissembling man.
> 北方からやってくる3悪――寒風，縮む服地，本心を隠す人間。

ここでいう a shrinking cloth とは，イングランド北東部のヨークシャの cloth のことで，like northern cloth, shrunk in the wetting（水に濡らすと縮んでしまう北部地方産の服地のように）という言葉もある。

> Three wonders of England: the churches, the women, the wool.
> イギリスの3大驚異――教会，女性，羊毛。

> Three classes of clergy Nimrods, ramrods, and fishing-rods.
> 聖職の種類3つ――ニムロッド族（hunting の好きな人），ラムロッド族（shooting の好きな人），フィシング・ロッド族（fishing の好きな人）。（Nimrod は Noah の子孫で狩りの名人，ramrod は弾薬を押し込むのに用いられた「込め矢」のこと）

その他，次のようなものがある。

> Three helping one another bear the burden of six.
> 3人が助け合えば6人分の荷物が運べる。――「破るる布も二重は久し」

> Three women and a goose make a market. (p. 104参照)
> 女3人と鵞鳥1羽で市ができる。――「女三人寄れば姦（かしま）しい」

7 数の意味と役割

▼三人知れば世界中

次に挙げるものは，3がむしろ多数を暗示している。

> Three know it, and all know it.
> 3人が知れば皆知る。

> What is known to three is known to everybody.
> 3人に知られることは皆に知られること。

これに対して日本には，「三人知れば世界中」とか「三人寄れば公界(くがい)」ということわざがあり，類似の思想を表現している。そして次の2つも，同じ心理を示すものである。

> Three may keep a secret, if two of them are dead.
> 2人が死ねば3人でも秘密は保てる。

> A secret between two is God's secret, a secret between three is everybody's.
> 2人の秘密は神の秘密，3人の秘密は万人の秘密。

また引っ越しは金がかかるから，次のようなことわざがある。

> Three removes are as bad as a fire.
> 引っ越し3回は火事1回にあたる災害。

日本では1度引っ越しをすると，何やかやで3両の費用がかかるという意味の「引越三両」ということわざがある。また「三度の火事より一度の後家」という，おもしろいものもある。これは「3度の火事にあうより1度でも夫に死なれて後家になるほうが不幸である」という意味である。さらに次のようなものがある。

> Fish and company stink in three days.
> 魚と来客は3日もたつと悪臭を発する。——「客と白鷺は立ったが見事」

> Two is [are] company, but three is [are] none.
> 2人はよい連れ，3人は仲間割れ。

日本の「三人寄れば文殊の知恵」に対して，英語にはTwo heads are better than one.（2つの頭は1つの頭にまさる）ということわざが

第2部　ことわざの比較文化論

ある。ただしこのあとに even if the one's a sheep's（たとえ1つが羊の頭であろうとも〔sheep's head は愚かな頭の意〕）と続くこともある。

　西洋では2人の議論を重視し、日本ではそれに加えてもう1人、岡目八目的な立場から批判する人を加えて3人の衆目を単位にしているのである。

　さて次のものは、3がむしろ少ないことを示している。

A new broom is good for three days.
新しいほうきは3日の間はよくはける。——「今参り二十日」

If you make not much of three pence, you'll never be worth a groat.
もし3ペンス銀貨を大事にしないならグロート銀貨の持主にはならない。——「小忍ばざるときは則ち大謀を乱る」

Groat は昔のイギリスの4ペンス銀貨で、not worth a groat（一文の価値もない）という慣用句の意味とかけて、たいした人物でない、といっているのである。

▼ *The dependent is timid.*
居候の三杯目

　次に日本のことわざでは3を用いているが、標題のように英語では別の表現を用いたものを挙げてみよう。

「早起は三文の徳」
The early bird catches the worm.

「盗人にも三分の理」
Every man has his own reason.

「石の上にも三年」
Every misfortune is to be subdued by patience./Patience wears out stone.

「破鍋も三年置けば用に立つ」
Keep a thing seven years and you will find a use for it.（p. 213参照）

7 数の意味と役割

> 「乞食を三日すれば忘れられぬ」
> Once a beggar, always a beggar.

> 「三日坊主」
> Soon hot soon cold.

> 「三日天下」
> Today a king, tomorrow nothing.

> 「馬鹿の三杯汁」
> The cattle know when to leave their pasture, but a foolish man knows not the measure of his own appetite.

> 「金は三欠くにたまる」(義理・人情・交際の3つをおろそかにするくらいでないと金はたまらぬ)
> To grow rich one has only to turn his back on God.

これらのことわざを比較して気づくことは、日本のことわざが3という数字を巧みに利用してその表現効果をあげているのに反し、英語では論理的ではあるがやや抽象的な表現が多いということであろう。これについてはまた後述する(pp. 221~22参照)。なお英語のことわざに類似のものはないが、日本で3を用いていることわざはまだいくらでもあるが、ここでは省略する。

▼四海兄弟

「4」に関するものは日英ともにあまり多くない。英語では既出のTwo heads are better than one.(「三人寄れば文珠の知恵」)と同じ意味のFour eyes see more than two.(4つの目のほうが2よりも物がよく見える)のほか次のように貨幣に関するものと、4つのものを並べていることわざがいくつか見られる。

> Four farthings and a thimble (will) make a tailor's pocket jingle.
> ファージング銅貨4枚と指貫き1個とが仕立屋のポケットをチャリンチャリンいわせる。

Farthingは4分の1ペニー。thimbleはキャップ状の金属製品で中指の頭にかぶせて仕立屋が使うもので、結局このことわざは仕立屋の

第2部　ことわざの比較文化論

貧しさ，半人前かげんをいっているのである。

> As like as fourpence to a groat.
> 4ペンス銀貨がグロート銀貨に似ているようによく似ている。

> Four things are not to be brought back: a word spoken, an arrow discharged, the divine decree and past time.
> 4つのものは戻らない——語られた言葉，放たれた矢，天命，過ぎ去った過去。

> Of four things, every man has more than he knows: of sins, of debts, of years, and of foes.
> 本人が気づいている以上にたくさん持っている4つのもの——罪悪，借金，年齢，敵。

> Four good mothers beget four bad daughters: great familiarity, contempt; truth, hatred; virtue, envy; riches, ignorance.
> 4人の善良な母親が4人の悪い娘を産む——大親密は軽蔑，真実は憎悪，徳行はねたみ，富は無知を。

この4つのものの最初のものについては，Familiarity breeds contempt.（なれ過ぎると軽蔑の念が生まれる）ということわざを考えてみればよい。

これに反し日本のことわざでは，次のような中国から入ったものや，仏教からきた言葉が多い。

> 「四海兄弟(しかいけいてい)」（天下の者はみな兄弟である）
> 「四海波静か」（天下平穏である）
> 「四恩」（仏書から出た語で，父母，国王，衆生，三宝〔天地〕）
> 「四苦八苦」（あらゆる苦しみ，非常な苦しみ）
> 「四百四病(しひゃくしびょう)より貧の苦しみ」
> 「四面楚歌」（敵の中に孤立する）
> 「四目(しもく)を明らかにし四聡を達す」（広く四方のことを見たり，聞いたりする）

7 数の意味と役割

▼五里霧中

「5」に関するものも少ない。5は十進法においては10についでひとつの区切りであるから，日英ともに，金銭，時間，距離，重さなどの数の単位として用いたものが主である。

> Five hours sleeps a traveller, seven a scholar, eight a merchant, and eleven every knave.
> 睡眠時間は旅人が5時間，学者が7時間，商人が8時間，悪人はすべて11時間。

> Nature requires five, custom takes seven, idleness takes nine, and wickedness eleven.
> 自然は5を必要とし，習性は7を使い，怠惰は9を，邪悪は11を使う。（やはり睡眠時間についていったもの）

これに当たる日本のことわざに「下種の楽は寝楽」がある。これは「下賤の者は寝るのが唯一の楽しみである」という意味である。

> A man at five may be a fool at fifteen.
> 5歳で大人並みの子は15歳では馬鹿になる。

これに対して日本では，「十で神童十五で才子二十過ぎてはただの人」がある。

> You will follow him long ere five shillings fall from him.
> 5シリングの金が彼から落ちるまでには君は長いこと彼の後をついて行かねばならないだろう。
> （あんな奴におべっか使っても，面倒などみてもらえそうもないからやめろ）

> He knows how many beans make five.
> 豆がどれだけあれば5つになるかを彼は知っている。
> （彼は利口者だ）

> 「五臓六腑に泌みわたる」

これはもちろん「腹の底までしみとおる」の意で，五臓とは心，肝，腎，肺，脾のことで，六腑とは胃，胆，大腸，小腸，三焦，膀胱

第2部　ことわざの比較文化論

を指す。

「五両で帯買うて三両でくける」は「本筋のことより付随することにかえって費用がかかる」という意で，「一升の餅に五升の取粉(とりこ)」も同じ。

「五風十雨(ごふうじゅうう)」（風は5日に一吹き，雨は10日に一降りぐらいが望ましい）

「堪忍五両」（堪忍すれば大きな利がある）

「五段の豆畑に垣はできても十六娘の垣はできぬ」（p. 97参照）

「蟻は五日の雨を知る」（蟻は雨を予知する）

▼ Six feet of earth make all men equal.
6フィートの土はすべての人を平等にする

「6」は，底辺が向かい合った2つの三角形が均衡と平和のシンボルであったので，均衡と平和を表すとされた。したがって均衡が破れることをいうのに at sixes and sevens（混乱して）という言葉を使い，バランスがとれていることを強調するのに six of one and half a dozen of the other.（似たり寄ったり）という表現を使うのだという[1]。ただし at sixes and sevens の表現については，ばくちに用いるさいころの数から出たとの説もあり，定説はない。six to one という表現が「はなはだしい差」を意味するのも，さいの目からくるのであろう。その他，次のごときものがある。

Six feet of earth make all men equal.
6フィートの土はすべての人を平等にする。

これは，人間は死ねばみな6フィートの墓穴に埋められ王様も乞食も何の差もなくなるの意で，日本では「冥途の道には王なし」という。

Six awls make a shoemaker.
突きぎり6本で靴屋ができる。

Six of one and half a dozen of the other.
（二者のうち）一方の6と他方の半ダース。

7 数の意味と役割

■ （二者の間に差がないたとえ）

■ Six hours' sleep for a man, seven for a woman, and eight for a fool.
■ 睡眠時間は男が6時間，女は7時間，馬鹿は8時間。

■ The account is correct, but not a sixpence appears.
■ 計算は正しいが6ペンス銀貨が姿を見せぬ。——「勘定合って銭足らず」

Sixpence は「わずかの額」の意に用いられるから，I don't care a sixpence（＝at all）．とか the same old sixpence（相も変わらぬでくの坊）のような慣用句もある。

一般に英語のことわざで6が用いられる理由としては，次の6つが考えられよう（①〜③は特に7と関連して使われる場合）。

① 聖書の中の言葉から——"He shall deliver thee in six troubles: yea, in seven there shall no evil touch thee."（彼はあなたを6つの悩みから救い，7つのうちでも，災いはあなたに触れることがない〔『旧約聖書』「ヨブ記」5章19節〕）。
② 1週間のうち6日が勤労日であること
③ 不吉な数の13が6＋7であること
④ 1ダースの半分であること
⑤ 3の倍であること
⑥ さいころの数より

日本のものには，次のように6つのものをまとめてひとつの言葉にしたものが多い。

「朋友は六親にかなう」（六親＝父・母・兄・弟・妻・子）
「六具をしめてかかる」（六具＝六種の武具）
「六道は目の前」（六道＝地獄・餓鬼・畜生・修羅・人間・天上）
「六位宿世」（前世の因縁がつたなくて，六位ぐらいの身分の低い男と連れ添って一生を終わる女の不幸な運命）
「六字七字の教え」（六字は「あるべきよう〔自分のすべきこと〕」，七字は「みのほどをしれ」，または「あるにまかせよ〔あせらず，さからうな〕」という処世訓）

第2部　ことわざの比較文化論

　仏教では，色・声・香・味・触・法の6つを「六塵」(心を汚す六識の世界) といい，眼・耳・鼻・舌・身・意の6つを「六根」といった。また中国の古代人にとっては，「六芸」といって，礼・楽・射・御・書・数，つまり礼儀・音楽・弓術・馬術・書道・算術が必要なわざとされていた。また易経・礼・楽経・詩経・書経・春秋の経書を「六芸」(六経) ということもある。

　したがって日本のことわざで6の数字が用いられるのは，特定のものに限られ，「六日」「六時間」「六銭」などという言葉は用いられない。「六日の菖蒲」というのがあるが，これは「五月五日の一日遅れ」のことである。

完全を示す7と9

　「7」なる数字は，3についで人気のある数字である。7を用いたことわざもかなり多い。聖書にもよく用いられ，神の世界創造の後の安息日ということで深い意味をもっている。7が神聖な数 (holy number) とか完全数 (the number of perfection) と呼ばれたのもこのことに基づく。そして the Seven Champions of Christendom (七守護聖人)[2], the Seven Wise Men of Greece (ギリシャの七賢人)[3], seven deadly sins (七つの大罪)[4], the Seven Wonders of the World (世界の七不思議)[5], seven liberal arts (教養七学科)[6], seven principal virtues (七主徳)[7], seven senses (七感)[8] など7を単位とした言葉は多い。7はまた「幸運」を示す (lucky seven)。そして完全あるいは多数を示し，seventy times seven (7を70倍するまで，いくたびとなく) とか seven years (長年月／廃語) というような慣用句がある。

　英語のことわざには seven years を用いたものがかなり多い。

> A man finds himself seven years older than the day after his marriage.
> 男は結婚したとたん7歳年を取る。

7 数の意味と役割

He that lives not well one year sorrows for it seven.
1年の不行跡に7年悲しむことになる。――「一時の懈怠(けたい)は一生の懈怠」

Keep a thing seven years and you will find a use for it.
物も7年とっておけば使い道が出てくる。

これに対して日本では「破鍋(われ)も三年置けば用に立つ」とか,「炮烙(ほうろく)のわれも三年置けば役に立つ」という。

One hour's cold will spoil seven years' warming.
1時間の寒冷で7年間の暖房がフイになる。――「百日の説法屁一つ」

A fool may ask more questions in an hour than a wise man can answer in seven years.
愚人は賢人が7年かかっても答えられないほどの質問を1時間のうちに発する。(馬鹿げた質問をする人に対して使う)

Seven hours' sleep will make a clown forget his design.
7時間眠ると田舎者は自分の目的を忘れてしまう。

One lie needs seven to wait upon it.
1つの虚言はそれをかくすために7つの虚言を必要とする。

なお One lie calls for [makes] many. ともいう。

Seven may be company but nine are confusion.
7人は仲間だが9人では混乱。

Seven at a feast, nine at a fray.
宴会には7人, けんかには9人。

これについては, イギリスの古いことわざを集めたティリーのことわざ辞典[9]に挙げてある次の用例が, その意味を補足している。

The feast always ought to begin at the graces, and end at the muses: that is, that the number of the guests be not under three, nor above nine.
宴会は常に3女神に始まり, 9女神に終わらねばならぬ。つまり客の数は3人より少なくても9人より多くてもいけない。

この中の the Graces とは, 輝き (Brilliance), 喜び (Joy), 開花 (Bloom) を象徴するギリシャ神話の3女神のことで, the Muses はやはりギリシャ神話で, ゼウス (Zeus) の娘で詩歌・音楽・舞踊・歴史などの芸術・学問をつかさどる9女神のことである。

▼色の白いは七難かくす

次に7を用いた日本のことわざと, それに類似した英語のことわざを挙げる。

「世は七下り七上り」
A joyful evening may follow a sorrowful morning.

「七人の子はなすとも女に心を許すな」
Believe no woman though she is dead.

「無くて七癖」
Every man has his weak points.

「男心と秋の空は一夜に七度変わる」
Men were deceivers ever.

「男は閾(しきい)をまたげば七人の敵あり」
No man is without enemies.

「色の白いは七難かくす」
Fair skin covers the multitude of sins.

「朝起七つの徳あり」
The early bird catches the worm.

その他日本には,「親の光は七光」「後の祭七日賑やか」「負うた子を七日尋ねる」「七日の説法無になす」「七転び八起き」「悋気(りんき)は女の七つ道具」「秋茄子(なすび)嫁に食わせて七里追う」「朝茶は七里帰っても飲め」「尼をだませば七代祟(たた)る」「七度探して人を疑え」など, 数多くある。

日英のことわざを比較してひとつ気がつくことは, 英語では seven years について述べたものが相当多いのに反し, 日本のものには「七年」という単位を用いたことわざがほとんど見当たらないということ

である。「七日」についてのものがいくつかあるにすぎない。「七日」というのは仏教で7日を単位に仏事を行ったから用いられている場合もある。「七日の説法……」などはその例であろう。

日本では「七年」の代わりにむしろ「三年」がひとつの単位として用いられる。日本人にとっては7年は長すぎるのであろう。「負うた子を三年探す」「負うた子を七日尋ねる」というのはあるが、「負うた子を七年探す」というのはないのである。「石の上にも三年」というのも「石の上にも七年」では長すぎて現実にそぐわないのであろう。「三年」というのが、どうにか辛抱できる限界の期間で、7年では最初からあきらめてしまう期間かもしれない。「破鍋も三年置けば用に立つ」と Keep a thing *seven years* and you will find a use for it. との対照も同様である。

先に長い年月のたとえに英語では seven years というのがあることを述べたが、日本には「三年三月」という言葉が同じ意味に用いられる。日本人は西洋人よりも気が短いのであろうか。

▼腹八分に医者いらず

「8」という数字は、西洋では4と4に割れるから正義公平の数であり、豊富の象徴でもあったという。しかし、英語のことわざには8を用いたものはほとんど見当たらないのである。むしろ日本のことわざの中で多数を示すものとして使われている。8は漢数字で書くと「八」になり末広がりで縁起が良いとされる。英語ではやはり7と9で表現し、8をほとんど用いないのである。「十中八九」という言葉も、英語では in nine cases out of ten である。また前述のように英語では7という数字が非常に神秘的なものとされたが、日本ではむしろこの8のほうが神聖視され、「大八洲国」、「八岐大蛇」、「八十神」、「八百万の神」のように用いられたのである。次の日英の対比にみられるように、日本語の多数、豊富を示す8は、英語では、all, every, long, by measure などで表現されている。

■ 「四方八方」

第2部　ことわざの比較文化論

■ in *all* directions
■ 「八方美人頼むに足らず」
■ *Every*body's friend nobody's friend.
■ 「口八丁手八丁」
■ He has *long* arms and a *long* tongue as well.
■ 「腹八分に医者いらず」
■ Feed *by measure* and defy the physician.

その他日本には,「身過ぎは八百八品」「朝寝八石の損」「囁き八丁」「首きり八町」「当たるも八卦当たらぬも八卦」などかなりある。

▼ *Nine tailors make a man.*
仕立屋9人で一人前

「9」は英語では, 3, 7についでよく用いられる数字である。9は3と3をかけあわせたものであるからやはり好ましい数と考えられ, 3つの三角形によって表され, それによって3つの世界の均衡を象徴するものと考えられた。そして9は日本語の8に代わって「多数」と「完全」を表した。up to the nines (完全に), nine times (in nine cases) out of ten (十中八九), Possession is nine points of the law. (預かり主は九分の主) などの表現がある。

The Nines はミューズの9女神を示し, 中世キリスト者の考えていた地獄 (hell) には, 第1地獄から9地獄まであった。そして, その門は九重 (thrice threefold) であり,『失楽園』(*Paradise Lost*) によれば, 堕落天使 (the fallen angels) は天国から9日間落ち続けたという[10]。

A cat has nine lives. (猫に九生あり) は猫がなかなか死なないことをいったものだが, 日本では「猫を殺せば七代祟る」という。

A wonder lasts but nine days. (不思議なことも9日しか続かない) を日本では「人の噂も七十五日」という。9と75ではだいぶ開きがあるが, 日本人の噂好きを示していようか。ところで75という数字には特に意味はないようである。「初物七十五日」「七十五日は金の手洗

7 数の意味と役割

い」「子を持てば七十五度(たび)泣く」などとほかにも使われており、ただ手頃な日数であり、語呂がよいところから用いられているにすぎないらしい[11]。

A stitch in time saves nine.（時を得た一針は九針の手間を省く）も、日本では「今日の一針(ひとはり)、明日の十針(とはり)」と訳し、9という数字を使うのを避けている（p. 68参照）。

> Nine tailors make a man.
> 仕立屋9人で一人前。

このことわざの解釈にはいくつかの説がある。仕立屋は職業柄体力が弱く、9人で一人前の男に相当するとか、紳士は1人の仕立屋でなく、いくつもの店で選んで服装を整えるべきだ、といったような解釈である。

> Your tongue runs nineteen to the dozen.
> 君の舌は12対19の割合でしゃべる。（君は早口だ）

> Nineteen nay-says of a maiden are a half a grant.
> 娘の19回の拒否は半ばの許諾。

これは恋人にふられた男を励ますのに用いられる言葉で「厭(いや)じゃ厭(いや)じゃは女の癖」に当たる。

ところで、日本でもやはり9はかなり用いられる。既述のように東洋にも3と9を尊ぶ傾向があったようである。9は数の並びの終わりであり、それ以上はそれまでの繰り返しにすぎないからである。

「九牛の一毛」「九死一生」「九層の台は塁土(るいど)より起る」「九仞(きゅうじん)の功を一簣(き)にかく」「薬九層倍」など、9は数が多いことを示すのに用いられるが、最後の2つなどはカ行の頭韻をふませた理由もあろう。

誇張する表現

「10」は、西洋では絶対のもの、神の象徴、法の象徴として尊ばれたという。しかしことわざの世界では10が用いられているのは、その

第2部　ことわざの比較文化論

ほとんどが1と10との対比を示すものに限られているようである。日本のことわざの中に用いられた10は,「十分」という言葉にもあるとおり, 英語の9のごとく「完全」を示す。「十分」に対する英語はenoughやfull, sufficientなどであり, tenというような数字は出てこない。また「十年一昔」や「十年一日」のことわざのように, 10をひとつの区切りとしてみたものが日本にはある。

▼ *So many men, so many minds.*
十人十色

Better a bird in the hand than ten in the air.
「明日の百より今日の五十」

One coward makes ten.
「一匹狂えば千匹の馬も狂う」

One eye-witness is better than ten hearsays.
「百聞は一見に如かず」

これらを比較してみると, 英語の1と10の対比が日本語では100と50, 1と1,000, 1と100になっているのに気づく。誇張表現は日本の場合のほうが徹底している。その他, 次のようなものがある。

One eye of the master sees more than ten of the servants.
主人の1つの目のほうが召使いの10の目より多くを見る。

One hair of a maiden's head pulls harder than ten yoke of oxen.
「女の髪の毛には大象もつながる」（pp. 106〜107参照）

One keep-clean is better than ten make-cleans.
「今日の一針, 明日の十針」

One penny is better on land than ten on the sea.
陸上の1ペニーは海上の10ペンスに優る。

It must be true that all men say.
「十目の視る所, 十手の指す所」

その他, 日本のことわざに, 次のようなものがある。

「十分はこぼるる」（ほどほどにしないと失敗する）

7 数の意味と役割

> 「十年一剣を磨く」「十人寄れば十国の者(とくに)」
> 「十文の油をとぼして五文の夜なべせよ」
> 「十人暮しは暮せるが夫婦暮しは暮せない」
> 「手出し十層倍」（最初に手を出した者の罪は10倍の意）
> 「冬至十日たてば阿呆でも知る」（冬至から10日過ぎると，めっきり日が長くなるので，馬鹿でも気づく）

▼ *When angry, count a hundred.*
腹の立つときには100数えよ

100や1000について最後に少し述べておきたい。英語では100や1000についてのものはあまり多くないが，やはり10の場合と同じく1との対比を述べたものが主である。

> One man is worth a hundred and a hundred are not worth one.
> 1人の人間が100の人間に値し，100人の人間が1人の人間に値しない。

> He that makes one basket may make a hundred.
> 籠を1つ作る者は100作ることができる。

> When angry, count a hundred [recite the alphabet].
> 腹の立つときは100数えよ（アルファベットを朗唱せよ）。──「腹の立つことは明日言え」

> If you kill one flea in March, you kill a hundred.
> 3月に蚤を1匹殺すのは100匹殺したのと同じ。

これは「わざわいは大きくならないうちに除かないと後では手に負えなくなる」の意で，日本の「二葉(ふたば)にして絶たざれば斧を用うるに至る」に当たる。

> One enemy is too many, and a hundred friends too few.
> 敵は1人でも多すぎ，友ならば100人でも少なすぎる。

> A hundred years cannot repair a moment's loss of honour.
> 一度名を失えば100年にして償えず。

> A man among a thousand.

第2部　ことわざの比較文化論

- 1000人中ただ1人の人間。(「白眉」の意)
- Good counsel will sometimes do more than a thousand men.
  よい助言は時折り1000人以上の力を発揮する。
- Who labours is tempted by one devil, but who stands idle by a thousand.
  働いている者は1人の悪魔に誘惑されるだけだが、ぶらぶらしている者は1000人の悪魔に誘惑される。
- A thousand pounds and a bottle of hay is all one thing at doomsday. (bottle=bundle)
  世の終わりの日には1000ポンド持っているのも1束の干し草しか持っていないのも同じことである。——「冥途の道には王なし」
- That happens in a moment which may not happen in a thousand years.
  1000年の間にも起こらざるものが瞬時に起こることあり。

▼ *Love laughs at distance.*
惚れて通えば千里も一里

日本では100や1000の数字を使ったことわざは驚くほど多いのである。特に百両、千両、百年、千年、百歳、百戦、百日、千日、千里などを用いたものが多い。具体的な表現と誇張表現を好む日本人の気質を示していよう。

主なものを列挙しておこう。

- 「百の説法より一の実行」「一桃(いっとう)腐りて百桃損ず」
- 「一文惜しみの百知らず」「可愛さ余って憎さが百倍」
- 「悪妻は百年の不作」「酒は百薬の長」
- 「雀百まで踊り忘れぬ」「百川(ひゃくせん)海に朝(ちょう)す」
- 「百も承知二百も合点」「百雷の一時に落つるが如し」
- 「百日の垂れっ子」「百発百中」「百戦百勝」
- 「百丈の木に登って一丈の枝より落つ」

7 数の意味と役割

- 「百日の日照には飽かぬが三日の雨に飽く」
- 「千丈の提も蟻の穴より崩る」
- Many drops of water will sink a ship.
- 「千里の道も一歩より」
- Step after step the ladder is ascended.
- 「一刻千金」
- Time is money.
- 「惚れて通えば千里も一里」
- A willing mind makes a light foot./Love laughs at distance.
- 「悪事千里」
- Bad [Ill] news travels fast./Ill news comes too soon.
- 「千日の萱(かや)を一日」
- A man may lose more in an hour than he can get in seven.
- 「千人の指さす所病なくして死す」
- He that has an ill name is half hanged.
- 「聞いて千金見て一文」「朝起千両夜起百両」
- 「千畳敷に寝ても一畳」「千載一遇」
- 「海に千年山(河)に千年」
- 「あの世千日この世一日」「千里眼」
- 「千慮の一失（得）」「千里同風」「千三つ」
- 「姉姑(あねじゅうと)は鬼千匹にむかい，小姑(こじゅうと)は鬼十六匹にむかう」

▼ *Seeing is believing.*
百聞は一見に如かず

　以上数を利用した日英ことわざを比較して気づくことは，3，7，9を除けば数字を用いたことわざは日本のほうがはるかに多いことである。ことわざにおいて，数は多くの場合誇張表現のために，またことわざに具体性をもたせ，より強く訴える力とおもしろみを与えるために用いられている。ことわざに誇張はもちろんつきものだが，日本のことわざのほうにそれはより多い。

第2部　ことわざの比較文化論

　第1部の「ことわざの表現形式」の項で述べたように（p. 28参照），英語のことわざは日本人にとっては，しばしば論理的，直截すぎておもしろみがない。Seeing is believing.（見ることは信ずることなり）より数字の1と100を対照させて「百聞は一見に如かず」としたほうが日本人にはピンとくる。

　最後に，「早起き」をすすめる日英のことわざを整理してみよう。英語ではまったく数字を用いていないが，日本語の場合は，ほとんど数字を用いてその効果を高めようとしている。日本人のほうが，やはり数字を使うのは好きのようである。

> The early bird catches the worm.
> God helps the early bird.
> Go to bed with the lamb and rise with the lark.
> The first sweat finds the money lost at night.
> He that will thrive, must rise at five.
> Early to bed and early to rise, makes a man healthy, wealthy, and wise.

> 「朝起は富貴のもと」「朝起七つの徳あり」
> 「朝起の家に福来る」「早起三両倹約五両」
> 「朝起三両始末五両」「朝起五両」「朝起三文の徳」
> 「朝起千両夜起百両」「朝寝八石の損」
> 「長起は三百の損」「朝の一時は晩の二時に当る」
> 「朝起と早作りとは損した者がない」

●注
1) W. J. ライヒマン著，永田・船根共訳『数の魅惑』（法政大学出版局，1968）
2) イングランドの St. George，スコットランドの St. Andrew，アイルランドの St. Patrick，ウェールズの St. David，スペインの St. James the Greater，フランスの St. Denis，イタリアの St. Anthony を指す。
3) the Seven Sages of Greece ともいい，それぞれその金言がある。1.

7 数の意味と役割

Solon of Athens (Know thyself.), 2. Chilo of Sparta (Consider the end. 「終わりを考慮せよ」), 3. Thales of Miletus (Who hateth suretyship is sure. 「保証を嫌う人は確実なり」), 4. Bias of Priene (Most men are bad.), 5. Cleobulus of Lindos (The golden mean!「中庸」), 6. Pittacus of Mitylene (Seize time by the forelock. 「機会を逃すな」), 7. Periander of Corinth (Nothing is impossible to industry.) —— *Brewer's Dictionary of Phrase and Fable.*

4) Pride, covetousness, lust, anger, gluttony, envy, and sloth とも anger, pride, unchastity, vainglory, gluttony, envy, and avarice とも, または pride, envy, sloth, intemperance, avarice, ire, and lust の 7 つとも考えられる。

5) 古代のもの——1. the Pyramids of Egypt, 2. the Hanging Gardens of Babylon, 3. the Tomb of Mausolus, 4. the Temple of Diana at Ephesus, 5. the Colossus of Rhodes, 6. The Statue of Jupiter by Phidias, 7. the Pharos of Alexandria

　　中世のもの——1. the Coliseum of Rome, 2. the Catacombs of Alexandria, 3. the Great Wall of China, 4. Stonehenge, 5. the Leaning Tower of Pisa, 6. the Porcelain Tower of Nanking, 7. the Mosque of San Sophia at Constantinople——*Brewer's Dictionary of Phrase and Fable.*

6) 中世期教育の重要な学科で, 文法・論理・修辞学の 3 科と算術・幾何・音楽・天文の 4 科の総称。

7) Faith, hope, charity, prudence, justice, fortitude, temperance.

8) 触覚・味覚・視覚・聴覚・嗅覚に知覚 (understanding) と言語感覚 (speech) を加えたもの。

9) M. P. Tilley, *A Dictionary of the Proverbs in England in the Sixteenth and Seventeenth Centuries* (The Univ. of Michigan Press, 1966).

10) John Milton, *Paradise Lost*, "Nine days they fell" (1667).

11) 金子武雄『日本のことわざ』第 2 巻 (大修館書店, 1961)。

第3部
英語のことわざ220
現代英米人の常識

第3部 英語のことわざ220

　第3部では，現代英米人の常識となっているような，最もよく知られたことわざ220に簡単な解説をつけて載せることにした。この程度のことわざは知らないと英文を読む際にも，会話の際にも，十分に理解できないこともある。またこれらのことわざを暗記して，英米人との会話の際などに使ってみれば，教養の深さをのぞかせることになろう。

1. 選択の基準

　次に挙げる6点の参考書，辞典を参考にして220句を選定した。1971年発行のものから1998年発行のものまであるが，それぞれがその時代において最もよく知られ，使われたことわざを集めたものである。①②⑥はイギリスで発行されたもの，③④⑤はアメリカで発行されたものである。これまで日本ではイギリスのことわざを中心に紹介されてきたが，現在アメリカでも新しいことわざが生まれ，アメリカでよく使われることわざも多くなっている。したがって，Don't bite off more than you can chew. や If you can't stand the heat, get out of the kitchen. などのような，日本人が学校や参考書であまり学ぶことがないアメリカ生まれのことわざで，現代アメリカ人には大変ポピュラーなものも載せてある。

　また一方では，Laugh and grow fat. や Health is better than wealth. などのように昔は非常によく使われたことわざだが，現代ではあまり使われなくなったようなものは削除した。この2つのことわざは下記の6点の辞典類の中で①と②には収録されているが，③以下の書のいずれにも載せられていない。1971年に出版された①の中では，2つとも特によく知られていることわざとして星印2つ（**）がついているものである。Laugh and grow fat. などは「太ること」に対する考え方が変わった現代では使われなくなったことも十分うなずける。

① *Common English Proverbs*（Longman, 1971）
② *English Proverbs Explained*（Pan Books, 1972）
③ *101 American English Proverbs*（Passport Books, 1992）
④ *Random House Dictionary of Popular Proverbs and Sayings* （Random House, 1996）
⑤ *NTC's Dictionary of Proverbs and Clichés*（National Textbook Company, 1997）
⑥ *The Concise Oxford Dictionary of Proverbs*（Oxford University Press, 1998）

2. 分類の基準

220のことわざを次のようにA，B，Cの3種類に分類した。ただし，なかにはA，B，Cのどこへ入れるべきか判断しかねるものもあり，この分類はあまり厳密なものでなく，便宜的なものである。

A. 日本にもほとんど同じ意味で，かつ表現形式，あるいはたとえに挙げたものに共通性のあることわざがあるもの
B. 日本にも類似のことわざがあるもの（意味の上ではだいたい同じでも，たとえに挙げたものや表現形式がまったく異なったり，部分的に意味が同じであるようなもの）
C. 日本には類似のことわざがないもの

3. 表現形式

ことわざ本来の形に関係なく，現代英米人が最もよく使う形で載せてある。例えば「美は皮一重」の意味のことわざは，以前はBeauty is but skin deep. が普通であったが，現代では英米ともBeauty is only skin-deep.の形で使われる。「1. 選択の基準」に挙げた辞典のうち比較的新しいもの（1996年以後発行）である④⑤⑥を参考にして表現形式を決めたが，異なる表現がともに使われている場合には原則として2種類の表現を示してある。

辞典によって表現が異なる例をいくつか挙げてみよう。④⑤が示す

形は主にアメリカで，⑥の形は主にイギリスで使われる表現と考えられる。

1. Man does not live by bread alone. ④⑤
   Man cannot live by bread alone. ⑥
2. Might makes right. ④⑤
   Might is right. ⑥
3. A drowning man will catch at a straw. ④
   A drowning man will clutch at a straw. ⑤⑥
4. A little knowledge [learning] is a dangerous thing. ④⑤
   A little knowledge is a dangerous thing. ⑥
5. He who laughs last, laughs best. ④⑤
   He who laughs last, laughs longest. ⑤
   He laughs best who laughs last. ④⑥
6. The rotten apple spoils the barrel. ④⑤
   The rotten apple injures its neighbour. ⑥

なお，there is を there's のように，省略形を比較的多く使うのが現代の傾向である。

1. While there is life, there is hope. ②
   While there's life, there's hope. ④⑤⑥
2. What is sauce for the goose is sauce for the gander. ①②
   What's sauce for the goose is sauce for the gander. ④⑤⑥

第3部　英語のことわざ220

A. 日本にもほぼ同じことわざがあるもの

1. A bad workman always blames his tools. (→ p. 21)
   下手な職人は道具に難癖をつける。
   「下手の道具調べ」「名筆は筆を選ばず」「弘法筆を選ばず」
   　［参考］　A bad workman quarrels with his tools. ともいう。

2. A drowning man will clutch [catch] at a straw. (→ p. 68)
   溺れる者は藁をもつかもうとする。
   　［参考］　英語のことわざの日本語訳「溺れる者は藁をもつかむ」も日本のことわざとして定着している。

3. Absence makes the heart grow fonder. (→ p. 18)
   離れていることが情を一層深める。
   「遠ざかるほど思いが募る」

4. Art is long and life is short. (→ pp. 55-56)
   技芸は長く，人生は短い。
   「少年老い易く学成り難し」
   　［出典］　古代ギリシャの医聖ヒポクラテスの言葉。

5. Bad news travels fast. (→ p.221)
   悪いニュースはすぐ広まる。
   「悪事千里」

6. Barking dogs seldom bite.
   吠える犬はめったに噛まぬ。
   「吠える犬は嚙みつかぬ」

7. Beauty is only [but] skin-deep. (→ pp. 47-48, 111)
   美は皮一重にすぎない。
   「美しいも皮一重」「皮一枚はげば美人もどくろ」

8. Blood is thicker than water. (→ p. 69)
   血は水よりも濃い。

第3部 英語のことわざ220

「血は血だけ」
　　［参考］　英語のことわざを和訳した「血は水よりも濃し」も日本の
　　　ことわざの中に入っている。

9. Don't bite the hand that feeds you.
飼い主の手を噛むな。
「飼い犬に手を噛まれる」「恩を仇で返す」

10. Even a worm will turn.
虫でさえも立ち向かってくるものだ。
「一寸の虫にも五分の魂」「小糠(こぬか)にも根性」
「なめくじにも角がある」

11. Hunger is the best sauce. (→ pp. 22, 26)
空腹は最上のソースなり。
「ひもじい時にまずい物なし」

12. It is never too late to mend.
行いを改むるに遅すぎることはない。
「過ちては改むるに憚(はばか)ることなかれ」

13. It is no use crying over spilt milk. (→ pp. 21, 46)
こぼれたミルクを嘆いてもむだだ。
「覆水盆に返らず」「落花枝に返らず，破鏡再び照らさず」

14. Jack of all trades, and master of none. (→ p. 23)
あらゆる商売ができる者はどの商売にも熟練できない。
「多芸は無芸」「何でも来いに名人なし」
　　［参考］　A jack of all trades is a master of none. ともいう。

15. Kill two birds with one stone. (→ pp. 67, 161)
1つの石で2羽の鳥を殺す。
「一つを放って二つを得」「一挙両得」
　　［参考］　英語のことわざを和訳した「一石二鳥」も日本のことわざ
　　　の中に入っている。

16. Like father, like son. (→ p. 146)

父も父なら，せがれもせがれ。
「この親にしてこの子あり」「蛙の子は蛙」

17. Live and let live. (→ pp. 61-62)
    自分も生き，他人も生かせ。
    「人は人我は我」「世は相持(あいもち)」「人は相持」

18. Love is blind. (→ p. 69)
    恋は盲目。
    「恋の闇」「恋路の闇」「恋は思案の外(ほか)」

19. Many hands make light work. (→ p. 19)
    人手が多ければ仕事はらくになる。
    「仕事は多勢(たぜい)」

20. More haste, less speed.
    急ぐほどかえって事はうまくいかない。
    「急(せ)いては事を仕損ずる」「急がば回れ」
    (注) speed＝success

21. No news is good news. (→ p. 32)
    便りのないのは良い便り。
    「無事に便りなし」

22. Other times, other manners.
    時代が変われば風習も変わる。
    「移れば変わる世の習い」「移り変わるは浮世の習い」
    ［参考］「所(ところ)変われば品変わる」

23. Out of sight, out of mind. (→ pp. 18, 52)
    目に見えないものは忘れられる。
    「去る者は日々に疎(うと)し」「遠くなれば薄くなる」

24. Practice makes perfect.
    実践が完成を生む。
    「習うより慣れよ」

第3部　英語のことわざ220

25. Speech is silver, (but) silence is golden. (→ pp. 58-59)
    雄弁は銀, 沈黙は金。
    「言わぬは言うにまさる」「言わぬが花」

26. Still waters run deep.
    音を立てぬ川は深い。
    「浅瀬に仇波」「やせ犬は吠える」「空樽は音が高い」

27. The early bird catches the worm. (→ pp. 206, 214)
    早起鳥は虫を捕える。
    「早起は三文の徳」「早起鳥は餌に困らぬ」「早いが勝ち」

28. The rotten apple spoils the barrel [injures its neighbour].
    くさったりんご1個は樽全部〔周囲〕を損う。
    「一桃腐りて百桃損ず」

29. There is honour among thieves.
    泥棒仲間にも仁義がある。
    「盗人にも仁義」

30. There's many a true word spoken in jest.
    冗談に言ったことが本当になることが多い。
    「冗談から本真」「嘘からでた実」

31. There's no place like home. (→ p. 21)
    わが家にまさる所はない。
    「家ほどよい所はない」

32. There's no smoke without fire. (→ pp. 21, 31)
    火のない所に煙は立たない。
    「火のない所に煙は立たぬ」「煙あれば火あり」

33. Time and tide wait for no man. (→ p. 21)
    時は人を待たない。(tide=time)
    「歳月人を待たず」「光陰人を待たず」

34. Time flies. (→ p. 71)

時は飛ぶ。
「光陰矢のごとし」「歳月流るるごとし」

35. Time is money. (→ pp. 68, 221)
    時は金である。
    「一刻千金」
    　［参考］　英語のことわざを和訳した「時は金なり」も日本のことわざの中に入っている。

36. Walls have ears. (→ pp. 21, 32)
    壁は耳を持つ。
    「壁に耳」「壁に耳あり，障子に目あり」

37. Where ignorance is bliss, 'tis folly to be wise. (→ pp. 35, 41)
    知らないほうが幸せな場合には，知ることは愚かである。
    「知らぬが仏」「知らぬは仏 見ぬが極楽（神）」「知ったが病」
    　［出典］　Thomas Gray の詩 "Ode on a Distant Prospect of Eton College."
    　［参考］　省略して Ignorance is bliss. の形でも使われる。

B. 日本にも類似のことわざがあるもの

1. A bird in the hand is worth two in the bush.
   手の中の1羽の鳥は藪の中の2羽の価値がある。
   「明日の百より今日の五十」「聞いた百文より見た一文」

2. A burnt child dreads the fire. (→ p. 28)
   やけどした子供は火を怖がる。
   「羹に懲りて膾を吹く」「蛇に噛まれて汚ち縄に怖じる」

3. A little knowledge [learning] is a dangerous thing. (→ pp. 9, 19)
   わずかばかりの知識は危険なもの。
   「生兵法は大怪我の基」

4. A man is known by the company he keeps.

第3部　英語のことわざ220

　　人は付き合う仲間によってわかる。
　　「善悪は友を見よ」

 5. A miss is as good as a mile. (→ p. 74)
　　わずかの失敗も大きな失敗も失敗は失敗だ。
　　「五十歩百歩」
　　　［参考］「目糞鼻糞を笑う」

 6. A rolling stone gathers no moss. (→ pp. 56-58)
　　転がる石に苔むさず。
　　「石の上にも三年」「こもの上にも三年」「火の中にも三年」
　　　［参考］ ただしアメリカではむしろこれと反対の意味。

 7. A stitch in time saves nine. (→ pp. 68, 217)
　　手遅れにならないうちに1針縫っておけば，あとで9針縫う手間
　　がはぶける。
　　「今日の手遅れは明日へついて回る」
　　　［参考］ 英語のことわざを和訳した「今日の一針，明日の十針」も
　　　　　日本のことわざの中に入っている。なお同類のものに Who
　　　　　repairs not his gutters repairs his whole house. (雨樋を直さな
　　　　　いと家全体を直すことになる) がある。
　　　［参考］「聞くは一時の恥，聞かぬは末代の恥」

 8. All's fair in love and war.
　　恋と戦争ではどんな戦略も正当になる。
　　「恋はし勝ち」「勝てば官軍負ければ賊軍」

 9. All's well that ends well. (→ p. 14)
　　終わりよければすべてよし。
　　「仕上げが肝心」

10. All that glitters is not gold. (→ p. 47)
　　光るものがみな金とはかぎらない。
　　「人は見かけによらぬもの」「見かけばかりの空大名」
　　　［参考］ All is not gold that glitters. ともいう。

第3部　英語のことわざ220

11. An apple a day keeps the doctor away.（→ p. 32）
    1日1個のりんごは医者を遠ざける。
    「みかんが黄色くなると医者が青くなる」「柿が赤くなれば医者が青くなる」

12. As you sow, so shall you reap.（→ p. 77）
    種をまいたように自分で刈らねばならない。
    「自業自得」「因果応報」「身から出た錆(さび)」

13. Beauty is in the eye of the beholder.（→ p. 115）
    美は見る人の目の中にあり。
    「面面の楊貴妃」

14. Better be safe than sorry.
    泣く目をみるより安全な道を選んだほうがよい。
    「君子危うきに近寄らず」

15. Between two stools you fall to the ground.
    2つの腰掛けの間で尻もちをつく。
    「虻蜂(あぶはち)取らず」「二兎(と)を追う者は一兎(と)をも得ず」
    「花も折らず実も取らず」

16. Birds of a feather flock together.（→ pp. 48-49）
    同じ羽色の鳥は一カ所に集まる。
    「類は友を呼ぶ」「類をもって集まる」

17. Brevity is the soul of wit.（→ pp. 8, 14）
    簡潔は機知の精髄。
    「下手の長談義」

18. Call a spade a spade.
    鋤(すき)は鋤と呼べ。(ありのままに言え)
    「歯に衣(きぬ)着せぬ」

19. Clothes make the man.
    衣服が人をつくる。
    「馬子にも衣装」

第3部 英語のことわざ220

　　［参考］　Clothes do not make the man. ともいう。

20. Coming events cast their shadows before.
    やがて起こる事件はその前に影を投ずる。
    「山雨来らんと欲して風楼に満つ」
    　　［参考］「あらしの前の静けさ」

21. Cut your coat according to your cloth.
    衣服は布地に合わせて裁断せよ。
    「身の程を知れ」「蟹は甲に似せて穴を掘る」

22. Don't count your chickens before they are hatched.（→ p. 22）
    ヒナがかえらないうちにヒヨコの数を数えるな。
    「捕らぬ狸の皮算用」「飛ぶ鳥の献立」「穴の狢を値段する」
    「儲けぬ前の胸算用」

23. Don't judge a book by its cover.
    表紙で本を判断するな。
    「人は見かけによらぬもの」
    　　［参考］　You can't tell a book by its cover. ともいう。

24. Don't put the cart before the horse.
    馬の前に荷車をつけるな。
    「牛追い牛に追わる」「本末転倒」「主客転倒」

25. Don't teach your grandmother to suck eggs.
    祖母に卵の吸い方を教えるな。
    「釈迦に説法」「猿に木登り」「釈迦に経」「孔子に論語」
    「河童に水練」

26. Do not throw［cast］pearls before swine.（→ pp. 14, 69）
    豚の前に真珠を投げ与えるな。
    「猫に小判」

27. Early to bed and early to rise, makes a man healthy, wealthy, and wise.
    早寝早起は人を健康に，富裕に，利口にする。

「早寝早起病知らず」「早起は三文の徳」

28. Easy come, easy go. (→ p. 35)
    苦労せずに手に入れたものはすぐになくなる。
    「あぶく銭は身につかぬ」「悪銭身につかず」

29. Every cloud has a silver lining. (→ p. 63)
    どんな雲にも銀の裏地がついている。
    「苦は楽の種」

30. Every little helps. (→ p. 28)
    どんなに少しのものでもみな役に立つ。
    「塵も積れば山となる」「塵積りて山となる」
    [参考] 同じ意味のことわざに，Many a little makes a mickle. (少しのものがたくさん集まれば大きいものになる) がある。

31. Every man has his price.
    人にはみな値段がある。(買収のきかない人はいない)
    「銭あれば木仏も面をかえす」

32. Everything comes to him who waits.
    待つ者には何でもやって来る。
    「待てば海路（甘露）の日和あり」

33. Example is better than precept.
    実例は教訓にまさる。
    「論より証拠」

34. Familiarity breeds contempt. (→ pp. 41, 208)
    慣れすぎはあなどりのもと。
    「親しき中に礼儀あり」「親しき中に垣をせよ」

35. Fine feathers make fine birds.
    美しい羽毛は美しい鳥を作る。
    「馬子にも衣装」「人形（猿）にも衣装」

36. First come, first served. (→ pp. 46-47)

第3部　英語のことわざ220

最初に来た者が最初に食物を供せられる。
「早いが勝ち」「早い者勝ち」「先んずれば人を制す」

37. Forewarned is forearmed.
    警戒は武装に等しい。
    「転ばぬ先の杖」

38. Give him an inch and he'll take a yard [an ell].
    1インチを与えると1ヤード（1エル）を取ろうとする。
    「おぶえば抱かりょう」「負うてやろといえば抱いてくれという」
    　［参考］　ell はイギリスでかつて用いた布などの長さの単位で45インチに当たる。なお Give knaves an inch and they will take a yard. ともいう。

39. Handsome is as [that] handsome does.
    振舞いの立派な人は眉目もうるわしい。
    「みめより心」
    　［参考］　Handsome is he who does handsomely. の意。

40. Haste makes waste.
    急ぎは無駄を作る。
    「急(せ)いては事を仕損ずる」

41. He laughs best who laughs last.
    最後に笑う者が一番よく笑う。
    「始めの勝ちは糞(くそ)勝(がち)」「先勝ちは糞勝」

42. Honesty is the best policy.
    正直は最善の方策。
    「正直の頭(こうべ)に神宿る」「神は正直の頭に宿る」「正直は一生の宝」

43. If at first you don't succeed, try, try, try again.　(→ p. 8)
    最初はうまくいかなくても，何度でもやってみよ。
    「七転び八起き」

44. If you can't beat them, join them.
    勝てないなら仲間に入れ。

第3部　英語のことわざ220

「長いものには巻かれろ」

45. It is a long lane that has no turning. (→ p. 30)
    曲がり角のないのは長い道である。
    (実際にはそんな道はない)
    「待てば海路（甘露）の日和あり」

46. It is an ill wind that blows nobody good. (→ p. 30)
    誰にも利益を吹き与えないような風は悪い風である。
    (実際にはそんな風はない)
    「泣く子もあれば笑う子もある」

47. It is never too old to learn.
    年を取り過ぎて学べないということはない。
    「八十の手習い」
    　［参考］　Never too old ［late］ to learn. ともいう。

48. It never rains but it pours.
    降れば必ずどしゃ降り。
    「一度あることは二度ある」「二度あることは三度ある」
    「泣き面に蜂」「弱り目に祟り目」「痛む上に塩を塗る」

49. It takes all sorts to make a world. (→ pp. 35, 49-50)
    世界をつくるにはあらゆる種類の人間が必要だ。
    「鈍智貧福下戸上戸」「世はさまざま」

50. It takes two to tango. (→ p. 79)
    タンゴを踊るには2人いる。
    「片手で錐はもめぬ」

51. Let bygones be bygones.
    過ぎたことは過ぎたことにしよう。
    「既往は咎めず」

52. Let sleeping dogs lie. (→ p. 163)
    眠っている犬を起こすな。
    「藪をつついて蛇を出す」

第3部　英語のことわざ220

53. Look before you leap.（→ p. 19）
    跳ぶ前に見よ。
    「念には念を入れよ」

54. Love makes the world go round.
    愛が世界を動かす。
    「世は相持(あいもち)」「世は相身互い」

55. Love me, love my dog.（→ pp. 23, 34）
    私を愛するなら私の犬も愛せ。
    「愛屋烏(あいおくう)に及ぶ」
    ［参考］「坊主憎けりゃ袈裟(けさ)まで憎い」の逆。

56. Make hay while the sun shines.（→ p. 16）
    太陽が照っている間に乾草をつくれ。
    「好機逸すべからず」

57. Marry in haste, and repent at leisure.（→ pp. 29, 129）
    あわてて結婚してゆっくり後悔せよ。
    「縁と月日の末を待て」

58. Might is [makes] right.（→ p. 33）
    力は正義なり。
    「無理が通れば道理引っ込む」「勝てば官軍負ければ賊軍」

59. Misery loves company.
    不幸は仲間を愛する。
    「同病相憐れむ」

60. Murder will out.
    殺人は露見するもの。
    「天網恢恢(てんもうかいかい)疎(そ)にして漏らさず」

61. Necessity is the mother of invention.（→ p. 69）
    必要は発明の母なり。
    「窮すれば通ず」
    ［参考］ 英語のことわざを和訳した「必要は発明の母」も日本のこ

とわざの中に入っている。

62. Necessity knows [has] no law. (→ p. 69)
    必要の前に法律なし。
    「出物腫物所嫌わず」

63. Never look a gift horse in the mouth.
    もらい物の馬の口の中をのぞくな。
    (馬は歯を見れば年齢がわかる)
    「貰い物に苦情」

64. Never put off till tomorrow what you can do today.
    今日できることを明日まで延ばすな。
    「思い立つ日が吉日」「思い立ったが吉日」

65. No pain, no gain.
    苦労なければ成果なし。
    「苦は楽の種」

66. Nothing venture, nothing gain [have]. (→ p. 35)
    何の冒険もしないなら，何も得られない。
    「虎穴に入らずんば虎子を得ず」
    ［参考］ 主にアメリカでは Nothing ventured, nothing gained. という。

67. Old habits die hard.
    古い習慣は容易には消えない。
    「持った癖は隠せぬ」「病は治るが癖は治らぬ」

68. Once bitten, twice shy. (pp. 35, 75)
    一度噛まれると二度目は用心する。
    「羹に懲りて膾を吹く」「蛇に噛まれて朽ち縄に怖じる」

69. One good turn deserves another.
    1つの善行は他の善行に値する。
    (善行を施せば他人からも善行を施される)
    「情けは人の為ならず」

第3部　英語のことわざ 220

70. One man's meat is another man's poison. (→ p. 75)
    ある人には食物であるものも他の人には毒である。
    「蓼食う虫も好き好き」
       (注) meat＝food

71. Possession is nine points of the law. (→ p. 216)
    所有は法律の九分。
    「預り物半分の主」
       [参考] Possession is nine-tenths of the law. ともいう。

72. Prevention is better than cure.
    予防は治療にまさる。
    「転ばぬ先の杖」「濡れぬさきの傘」「用心は前にあり」

73. Seeing is believing. (→ pp. 28, 221)
    見ることは信じることなり。
    「百聞は一見に如かず」

74. Self-praise is no recommendation.
    自賛は推薦にならぬ。
    「独り自慢のほめ手なし」

75. Set a thief to catch a thief.
    泥棒を捕えるには泥棒を使え。
    「蛇の道は蛇」「毒をもって毒を制す」

76. Spare the rod and spoil the child. (→ pp. 29, 33, 152)
    むちを惜しんで子供を悪くせよ。
    「可愛い子には旅をさせよ」「可愛ゆき子をば打て」
    「可愛い子は他所をさせ」「ししの子落とし」

77. Strike while the iron is hot. (→ p. 17)
    鉄は熱いうちに打て。
    「好機逸すべからず」
       [参考] 英語のことわざを和訳した「鉄は熱いうちに打て」も日本
           のことわざの中に入っている。

78. Talk [Speak] of the devil and he is sure to appear. (→ p. 35)
悪魔の話をすると必ず現れる。
「噂をすれば影がさす」

79. The apple never falls far from the tree.
りんごは木から遠くには落ちない。
「瓜の蔓に茄子はならぬ」「蛙の子は蛙」

80. The best things come in small packages.
最良のものは小さい包に入ってくる。
「山椒は小粒でもぴりりと辛い」

81. The child is father of the man. (→ pp. 28, 43-45)
子供は大人の父なり。
「三つ子の魂百まで」
　［参考］　イギリスの詩人ワーズワースの詩の一節に由来する。

82. The end justifies the means.
目的は手段を正当化する。
「嘘も方便」

83. The first step is always the hardest.
最初の一歩はいつも一番難しい。
「始め半分」

84. The grass is always greener on the other side of the fence.
垣根の向こう側の草はいつも青い。
「隣の花は赤い」「隣の飯はうまい」

85. The leopard cannot change his spots.
ヒョウはその斑点を変えることはできない。
「三つ子の魂百まで」「三つ子の知恵百まで」
　［参考］　英語のことわざは「人の悪い性格は変わらない」の意に普通用いる。
　［出典］　『旧約聖書』「エレミヤ書」13章23節。

86. The more you have, the more you want.

第3部　英語のことわざ220

多く持てば持つほど欲しくなる。
「隴を得て蜀を望む」「欲に頂なし」

87. The proof of the pudding is in the eating.
    プディングの良し悪しは食べてみることにある。
    「論より証拠」

88. There is no accounting for tastes.
    好みは説明できない。
    「蓼食う虫も好き好き」

89. There is no time like the present.
    現在ほどよい時はない。
    「思い立つ日が吉日」

90. (Those) whom the gods love die young. (→ p. 112)
    神々に愛される人々は若くして死ぬ。
    「佳人薄命」「美人薄命」

91. Tomorrow is another day.
    明日という日もある。
    「明日は明日の風が吹く」

92. Too many cooks spoil the broth. (→ p. 7, 19)
    料理人が多すぎるとスープがだめになる。
    「船頭多くして船山へ上る」

93. Two heads are better than one. (→ p. 205)
    2つの頭は1つの頭にまさる。
    「三人寄れば文珠の知恵」

94. Two is company, but three is none [a crowd]. (→ p. 205)
    2人ならばよい連れ, 3人なら仲間割れ。
    「三人寄れば取除講」「三人旅の一人乞食」

95. Virtue is its own reward.
    徳はそれ自身の報酬である。

「善を為す最も楽し」

96. When in Rome, do as the Romans do.
ローマではローマ人のするようにせよ。
「郷に入っては郷に従え」

97. When the cat's away, the mice will play. (→ p. 176)
猫がいないと鼠が遊びまわる。
「鬼のいぬ間に洗濯」

98. Where there's a will, there's a way. (→ p. 23)
意志のある所には道がある。
「精神一到何事か成らざらん」

99. You cannot eat your cake and have it.
お菓子を食べてなおそのお菓子を持っているということはできない。
「二つよいことはない」
　　[参考]　You cannot have your cake and eat it. ともいう。

100. You cannot make a silk purse out of a sow's ear.
豚の耳で絹の財布は作れない。
（悪い材料でよい物は作れぬ；人の本性は変えられぬ）
「鉛は刀となすべからず」
　　[参考]　豚の耳はやや財布に似ている。

101. You cannot teach an old dog new tricks. (→ p. 168)
老犬に新しい芸は仕込めない。
「老い木は曲がらぬ」「矯めるなら若木のうち」

102. You scratch my back, I'll scratch yours.
私の背中を掻いてくれたら、君の背中を掻いてあげる。
「魚心あれば水心」

第3部　英語のことわざ220

C. 日本には類似のことわざがないもの

1. A bad penny always comes back. (→ p. 32)
   にせ銅貨は必ず戻ってくる。
   (にせ金を人に渡すといずれは自分の所へ戻ってくる，それと同じように，家出した放蕩息子はきっと帰ってくる)

2. A cat has nine lives. (→ pp. 68, 180, 216)
   猫に九生(きゅうしょう)あり。
   (図太くて，叩いたぐらいではなかなか死なない)

3. A cat may look at a king.
   猫でも王様を見ることができる。
   (身分の卑しい者でも貴人の前でそれ相当の権利を有する)

4. A fool and his money are soon parted.
   馬鹿と金はすぐ別れる。
   (馬鹿は金をすぐ使ってしまう)

5. A friend in need is a friend indeed.
   まさかの時の友こそ真の友。

6. A man is as old as he feels, and a woman as old as she looks.
   男の年齢は気持で決まり，女の年齢は容貌で決まる。

7. A thing of beauty is a joy for ever.
   美しきものは永遠の喜びなり。
   (美しいものは，たとえ滅びても，記憶に残る限りその喜びは永久に続く)
   　［出典］イギリスの詩人 John Keats の物語詩 "Endymion" (1818) の第1行。

8. Accidents will happen (in the best-regulated families).
   (きちんとした家庭でも) 事故は起きるもの。

9. Actions speak louder than words. (→ p. 75)

行動は言葉よりも声高く語る。
(不言実行)

10. All work and no play makes Jack a dull boy.
 勉強ばかりして遊ばないとジャックは馬鹿になる。
 (よく学びよく遊べ)

11. An Englishman's house is his castle. (→ p. 40)
 イギリス人にとって家庭は城である。
 (家庭のプライバシーに他人が立入ることは許されない)

12. An eye for an eye, and a tooth for a tooth. (→ p. 70)
 目には目を、歯には歯を。
 (復讐の原則を示す言葉であるが、キリストはこれを否定している)
 　［出典］『旧約聖書』「出エジプト記」21章23-25節,『新約聖書』「マタイ伝」5章38-39節

13. Beggars can't be choosers.
 乞食は選択者にはなれない。
 (物を貰う身は選り好みすることはできない)

14. Better late than never. (→ p. 35)
 遅くともしないよりはまし。
 (遅刻して来た人の言い訳などに使われる)

15. Boys will be boys.
 男の子はやっぱり男の子。
 (男の子のいたずらは仕方がない)

16. Charity begins at home. (→ pp. 60-61)
 慈愛はわが家から始まる(が、わが家だけで終わってはならない)。
 (現代では寄付を断る時などに引用したりする)

17. Children should be seen and not heard.
 子供は人に見られるだけで、おしゃべりを聞かれるべきでない。

第3部　英語のことわざ220

(子供は年長者の前では話しかけられるまで口をきくべきでない)

18. Cleanliness is next to godliness.（→ p. 23）
    清潔は敬神に近い。
    (身体や衣服を清潔に保つことは神を敬う心に通ずる)

19. Cowards die many times before their deaths.（→ p. 8）
    臆病者は死ぬまでに何度も死ぬ。
    (臆病者は，何かというと死にはしないかと怖がる)

20. Curiosity killed the cat.
    好奇心は猫をも殺す。
    (せんさく好きは身を滅ぼす)

21. Discretion is the better part of valour.
    用心深さは勇気の大部分である。
    (臆病より勇敢なほうがよいが，無謀であるより用心深いほうがよい)

22. Do as I say, not as I do.
    私のするとおりでなく，言うとおりにせよ。
    (私のやることと矛盾しているとしても，私の言うとおりにしたほうがよい)

23. Do as you would be done by.（→ pp. 38-40, 61）
    人にしてもらいたいように人にもなせ。
    　　［参考］　Do unto others as you would they should do unto you. ともいう。『新約聖書』「マタイ伝」7章12節（山上の垂訓）および「ルカ伝」6章31節（平地の説教）に由来する。

24. Don't bite off more than you can chew.
    嚙めないほど頬張るな。
    (手に余るほど仕事を引き受けるな)

25. Don't cut off your nose to spite your face.
    自分の顔に仕返しをするために鼻をちょん切るな。
    (腹立ちまぎれに損になることをするな)

26. Don't put all your eggs in one basket. (→ p. 17)
    卵をすべて1つのかごに入れるな。
    (全財産をひとつの事業に投資するな)

27. Don't tell tales out of school.
    学校の話を外でするな。
    (学校で今日は誰が叱られたとかという話を友達や両親にしゃべるな。内輪の話を他の場所で話すな)

28. Enough is as good as a feast.
    十分はご馳走も同然。
    (何事も過度はいけない)

29. Every dog has his day. (→ p. 31)
    どの犬にも盛りがある。
    (誰にでも運の向く時がある)

30. Exchange is no robbery. (→ p. 23)
    交換は強奪にあらず。
    (不当な交換をして利益を得た者が使う口実)

31. Faint heart never won fair lady.
    気の弱い男が美女を得たためしなし。
    (「男は度胸」に通ずる)

32. Finders keepers (losers weepers).
    拾った人が持ち主（落とした人は泣く人）。
    　［参考］ Finding's keeping. ともいう。

33. Forbidden fruit is sweetest.
    禁断の木の実は一番うまい。
    (するなと言われるとかえってしたくなり，あげないと言われるとかえって欲しくなるもので，日本の「こわい物見たさ」に通ずる)
    　［出典］ 『旧約聖書』「創世紀」3章1-7節にある，アダムとイブが神から禁じられた木の実を食べてしまった話から出たもの。

第3部　英語のことわざ220

34. Give the devil his due.
   悪魔にも当然与えるべきものは与えよ。
   (どんな人でも——たとえ悪人でも——公平に評価せよ)

35. God [Heaven] helps those who help themselves. (→ pp. 70-71)
   天は自ら助くる者を助く。
   (自ら進んで努力する者に運は向いてくるもの)

36. God made the country, and man made the town. (→ p.23)
   神は田園を作り，人間は都市を作った。
   (自然は人工より美しい)

37. Half a loaf is better than no bread.
   半分のパンでも全然ないよりまし。
   (手に入れることのできるもので満足せよ)

38. He who hesitates is lost. (→ p. 19)
   ためらう者は失敗する。
   (Look before you leap.「念には念を入れよ」の反対の意味をもつ)

39. Hope springs eternal in the human breast. (→ p. 35)
   希望は人の胸に永遠に湧き上がる。
   (失敗や失望にめげず希望を持ち続けるのが人間の本性である)
   　[出典]　Alexander Pope, *An Essay on Man* (1733).

40. If the shoe fits, wear it.
   靴が合うなら，その靴をはきなさい。
   (他人の批判が自分に当てはまると思ったら，素直に受けよ)

41. If you can't stand the heat, get out of the kitchen. (→ p. 79)
   熱気をがまんできないなら，台所から出ろ。
   (自分がおかれた状況にがまんできないなら，逃げ出せばよい)

42. Imitation is the sincerest form of flattery.
   模倣は最も誠実なへつらいである。
   (人をまねようとするのは相手に対する純粋な賞賛である)

43. Kill not the goose that lays the golden eggs.
    金の卵を生む鵞鳥を殺すな。
    (目先の利益に目がくらんで将来の永続的な利益を犠牲にするな)
    ［出典］ 毎日ひとつずつ金の卵を産む鵞鳥を持っていた男が，一度にすべての卵が欲しくなり，鵞鳥を殺して腹をさいてみたら何もなく，元も子もなくしてしまったというイソップ寓話。

44. Knowledge is power. (→ p. 24)
    知識は力なり。
    (知識が豊かな人ほど他人に及ぼす影響も大きい)

45. Lightening never strikes the same place twice.
    雷は二度同じ場所には落ちない。
    (同じ人が同じ不幸に二度見舞われることはない)

46. Little things please little minds.
    ささいなことが小人物を喜ばす。
    (つまらぬ人間はつまらぬ物で喜ぶ)

47. Live and learn. (→ pp. 33, 50-51)
    長生きして学べ。
    (生きていれば，いろいろ思いがけない経験をする。新しい発見や経験をした時にユーモラスに使うことが多い)

48. Man does not [cannot] live by bread alone. (→ p. 72)
    人はパンのみにて生くるにあらず。
    (人間が生きていくためには，物質的なものだけでなく，精神的糧（信仰）が必要だ)

49. Man proposes, God disposes. (→ p. 33)
    人間が計画し，神が処理する。
    (人間はしょせん神の命令，すなわち運命には勝てない)

50. Manners make the man. (→ p. 33)
    礼儀作法は人を作る。
    (人は人格よりも行儀作法によって判断されやすい)

第3部　英語のことわざ220

51. Money does not grow on trees.
    金は木にならない。
    (金を稼ぐのは容易なことではない)

52. Money is the root of all evil.
    金は諸悪の根源。
    [参考]　これは『新約聖書』「テモテへの第一の手紙」6章10節の中の言葉 The love of money is the root of all evil.「金銭欲は諸悪の根源」の The love of が落ちてしまったもの。日本の「金が敵(かたき)」に通ずる。

53. Never say die. (→ p. 78)
    死ぬなどと言うな。
    (途中でくじけず最後まで希望を捨てずにがんばれ)

54. Nothing succeeds like success.
    成功ほど続いて起こるものはない。
    (ひとつのことがうまくいくと, とんとん拍子にことが進むもの,
    　(注) succeed は「続く」の意

55. One swallow does not make a summer.
    ツバメ一羽では夏にはならない。
    (ひとつの兆候や証拠で全体を決めてはいけない)

56. Rome was not built in a day. (→ pp. 31, 53)
    ローマは一日にして成らず。
    (大事業は一朝一夕にはできない。仕事が遅いのをとがめられた時などにもこれを引用する)

57. Silence gives consent.
    沈黙は承諾のしるし。
    (黙っている人は同意したとみなされる)

58. The best things in life are free. (→ p. 78)
    人生で最高のものはお金がかからない。
    (人生にはお金がなくても得られるすばらしいものがたくさんあ

る)

59. The bigger they are, the harder they fall.
    大きいほど激しく倒れる。
    (重要な人物ほど失敗した時の衝撃は大きい)

60. The pen is mightier than the sword.
    ペンは剣よりも強し。
    (文は武よりも強い)

61. The road to hell is paved with good intentions.
    地獄への道は善意で敷かれている。
    (善意を持ちながら意志が弱いために地獄へ落ちる人が多い)

62. The squeaking wheel gets the oil.
    きしむ車輪は油をさされる。
    (声高に不満を言う人ほど聞き入れられる)

63. The way to a man's heart is through his stomach.
    男性の心の達する道は胃袋経由である。
    (男性の心を捉えたかったら、おいしいごちそうを作ってあげるのが早道だ)

64. There is nothing new under the sun. (→ p. 8)
    日の下に新しきものなし。
    (どんなに目新しいものでも、実際にはかつてあったものの生まれ変わりにすぎない)
    　[参考] 『旧約聖書』「伝道の書」1章9節の There is no new thing under the sun. に由来する。

65. There is safety in numbers.
    人数が多ければ安全だ。
    (物事をするにも大勢いたほうが安全である。このことわざを、大勢の女性を相手にして結婚を避けている男性に対するジョークとして使うこともある)

66. There's more than one way to skin a cat.

第3部　英語のことわざ220

猫の皮をはぐ方法はひとつではない。
(目標を達するにはいろいろな方法がある)

67. There's no fool like an old fool. (→ p. 34)
年寄りの馬鹿ほどひどい馬鹿はない。
(いい年をして馬鹿なことをするのは救いようがない)

68. Those who live in glass houses should not throw stones.
ガラスの家に住む者は石を投げてはいけない。
(自らも欠点を持つ者は他人を責めてはいけない)

69. To err is human (, to forgive divine). (→ p. 23)
(過ちは人の常，許すは神の業)

70. Tomorrow never comes.
明日は決して来ない。
(明日が実際に来た時は「今日」であるから，「明日」という日は来ることがない。今日なすべきことは明日に延ばすな)

71. Too many chiefs and not enough Indians. (→ p. 79)
酋長が多すぎてインディアンが足りない。
(指導者ばかりで実際に働く者がいなければ，仕事は進まない)

72. Truth [Fact] is stranger than fiction. (→ p. 70)
真実〔事実〕は小説よりも奇怪である。
(小説家などにも考えられなかったような不思議なことが人生には起こるものである)
　　(注)「事実は小説よりも奇なり」という言葉は日本のことわざにほぼ同化している。

73. Two blacks do not make a white.
黒に黒をたしても白にはならない。
(他の人も同じことをしているからといって，その人の悪い行為が許されることにはならない
　　[参考]　Two wrongs do not make a right. も同意

74. Variety is the spice of life.

変化は生活の香辛料。
(変化は生活に楽しみや潤いを与えるもの)

75. What is worth doing (at all) is worth doing well. (→ p. 19)
いやしくも為す価値のあることは立派に為す価値がある。
　　[参考]　The best is often the enemy of the good.「最善は善の敵になること多し」はこの逆。

76. What's sauce for the goose is sauce for the gander.
雌の鵞鳥のソースになるものは雄の鵞鳥のソースにもなる。
(ある人にあてはまることは他の人にもあてはまる)

77. While there's life there's hope. (→ p. 187)
命あるかぎり希望あり。
(たとえ見通しは暗くても,生きているかぎり希望はもてるもの)

78. You can take a horse to the water, but you can't make him drink.
馬を水辺に連れて行くことはできても,水を飲ませることはできない。
(人に何かを提案することはできても,無理に実行させることはできない)

79. You cannot get blood out of a stone.
石から血を取り出すことはできない。
(冷酷な人に同情を求めてもむだだ。または「無い袖は振られぬ」の意味にも解される)

80. You cannot make an omelet without breaking eggs.
卵を割らずにオムレツは作れない。
(目的を達するには何か犠牲を払わねばならない)

81. You never know what you can do till you try.
やってみるまで自分の力はわからない。
　　[参考]　You never know till you have tried. ともいう。

主要参考文献

1. 日本語文献

〈英語のことわざ〉

1) 池田彌三郎，ドナルド・キーン監修『日英故事ことわざ辞典』（朝日イブニングニュース社・1982）。
2) 大塚高信・高瀬省三『英語諺辞典』（三省堂，1976）。
3) 大橋克洋『英和対照英語格言』（誠文堂新光社，1989）。
4) 奥津文夫『ことわざ・英語と日本語――その特質と背景』（サイマル出版会，1978）。
5) 奥津文夫『英語ことわざ散歩――イギリス人の知恵をさぐる』（創元社，1983）。
6) 奥津文夫『ことわざの英語』（講談社，1989）。
7) 奥津文夫・村田年監修『日⇔米ことわざ・慣用句辞典』（三修社，電子ブック版，1991）。
8) 奥津文夫『英語のことわざ――これだけ知っていれば面白い』（日本実業出版社，1994）。
9) 北村孝一・武田勝昭『英語常用ことわざ辞典』（東京堂出版，1997）。
10) A・ジョンソン著／小野茂訳『ロングマン よく使われる英語の慣用句とことわざ事典』（秀文インターナショナル，1981）。
11) 曾根田憲三・ケネス・アンダーソン『英語ことわざ用法辞典』（大学書林，1987）。
12) 曾根田憲三『映画で学ぶ 英語ことわざ慣用表現辞典』（スクリーンプレイ出版，1994）。
13) 武田勝昭『ことわざのレトリック』（海鳴社，1992）。
14) 外山滋比古他編『英語名句事典』（大修館書店，1984）。
15) 船戸英夫『イギリス格言集』（実業之日本社，1981）。
16) 松野道男『ことわざの文化人類学』（研究社出版，1985）。
17) ピーター・ミルワード著／安西徹雄訳『イギリス人のことばと知恵』（朝日イブニングニュース社，1978）。

18) 山本忠尚監修『日英比較ことわざ事典』(創元社, 1981)。
19) 矢野文雄『知っておきたい英語の諺』(三友社出版, 1980)。
20) 矢野文雄『知っておきたい英語の諺 Part 2』(三友社出版, 1982)。
21) ライドウト, ウィティング共著／中西秀男訳『常識としての英語の諺800』(北星堂書店, 1973)。

〈日本のことわざ〉
1) 穴田義孝『ことわざ社会心理学』(人間の科学社, 1982)。
2) 宇津木保『ことわざの心理学』(ブレーン出版, 1984)。
3) 尾上兼英監修『成語林』(旺文社, 1992)。
4) 金子武雄『日本のことわざ』第1～5巻 (大修館書店, 1961)。
5) 北村孝一・時田昌瑞監修, ことわざ研究会編『ことわざ研究資料集成』全22巻・別巻1 (大空社, 1994)。
6) 北村孝一・時田昌瑞監修, ことわざ研究会編『続ことわざ研究資料集成』全19巻・別巻1 (大空社, 1996)。
7) 柴原恭治『ことわざの心理学』(黎明書房, 1974)。
8) 尚学図書編『故事俗信ことわざ大辞典』(小学館, 1982)。
9) 鈴木棠三『故事ことわざ辞典』(東京堂, 1963)。
10) 鈴木棠三『続故事ことわざ辞典』(東京堂出版, 1976)。
11) 鈴木棠三『新編故事ことわざ辞典』(創拓社, 1992)。
12) 創元社編集部編『ことわざ・名言辞典』(創元社, 1978)。
13) 多田道太郎『ことわざの風景』(講談社, 1980)。
14) 外山滋比古『ことわざの論理』(東京書籍, 1979)。
15) 西岡弘他監修『成語大辞苑』(主婦と生活社, 1995)。
16) 針原孝之『ことわざの基礎知識』(雄山閣, 1978)。
17) 檜谷昭彦『ことわざの世界』(日本書籍, 1979)。
18) 藤井乙男『諺の研究』(更正閣書店, 1929)。
19) 守随憲治『故事ことわざ辞典』(新文学書房, 1971)。
20) 村瀬学『ことわざの力』(洋泉社, 1997)。

〈世界のことわざ〉
1) 小野忍他『世界のことわざ辞典』(永岡書店, 1975)。
2) 北村孝一『世界ことわざ辞典』(東京堂出版, 1987)。
3) 北村孝一『比べてみると日本と世界のことわざ』(池田書店, 1989)。
4) ことわざ研究会編『ことわざ学入門』(遊戯社, 1997)。

5) 柴田武他『世界ことわざ大事典』(大修館書店, 1995)。
6) 高嶋泰二『ことわざの泉』(北星堂書店, 1981)。

2. 英語文献

1) Bertram, A., *NTC's Dictionary of Proverbs and Clichés* (National Textbook Company, 1997).
2) Champion, S. G., *Racial Proverbs* (Routledge & Kegan Paul, 1938).
3) Collins, V. H., *A Book of English Proverbs* (Longmans, 1963).
4) Collis, H., *101 American English Proverbs* (Passport Books, 1992).
5) Johnson, A., *Common English Proverbs* (Longman, 1971).
6) Mieder, W., *A Dictionary of American Proverbs* (Oxford University Press, 1992).
7) Mieder, W., *Proverbs Are Never Out of Season* (Oxford University Press, 1993).
8) Ridout, R. & Whitting, C., *English Proverbs Explained* (Pan Books, 1972).
9) Simpson, J., *The Concise Oxford Dictionary of Proverbs* (Oxford University Press, 1998).
10) Smith, W. G., *The Oxford Dictionary of English Proverbs*: 3rd ed. (Oxford, 1970).
11) Stevenson, B., *The Macmillan Book of Proverbs, Maxims, and Famous Phrases* (The Macmillan Company, 1965).
12) Tilley, M. P., *A Dictionary of the Proverbs in England in the Sixteenth and Seventeenth Centuries* (University of Michigan Press, 1950).
13) Titelman, G., *Random House Dictionary of Popular Proverbs and Sayings* (Random House, 1996).
14) Whiting, B. J., *Modern Proverbs and Proverbial Sayings* (Harvard University Press, 1989).
15) Whiting, B. J., *Proverbs, Sentences, and Proverbial Phrases* (The Belknap Press, 1968).

英語のことわざ索引

A

A bad penny always comes back.　32, 247
A bad wife is the shipwreck of her husband.　123
A bad workman always blames his tools.　21, 230
A bird in the hand is worth two in the bush.　234
A black man is a pearl in a fair woman's eye.　88
A blate cat makes a proud mouse.　176
A burnt child dreads the fire.　28, 234
A cat has nine lives.　68, 180, 216, 247
A cat has nine lives, and a woman has nine cats' lives.　183
A cat in gloves catches no mice.　176
A cat may look at a king.　247
A child is better unborn than untaught.　155
A clean-fingered wife is not always the best housewife.　132
A dog which barks much is never good at hunting.　166
A dog will not howl [cry] if you beat [strike] him with a bone.　160
A dog's nose and a maid's knees are always cold.　164, 184
A drowning man will clutch [catch] at a straw.　68, 230
A fair complexion covers seven defects.　108
A fair face and a foul heart.　113
A fair face is half a portion [fortune].　108
A fair face may hide a foul heart.　113
A fair wife and a frontier castle breed quarrels.　138
A father's blessing cannot be drowned in water or consumed by fire.　144
A fool and his money are soon parted.　247
A fool may ask more questions in an hour than a wise man can answer in seven years.　213
A friend in need is a friend indeed.　247
A good face needs no paint.　108
A good housewife is a jewel.　122
A good wife and health is a man's best wealth.　122
A good wife's a goodly prize, says Solomon the wise.　122
A good wife is a perfect lady in the living room, a good cook in the kitchen,

英語のことわざ索引

   and a harlot in the bedroom.　122
A good wife is best furniture.　122
A good wife makes a good husband.　122
A great dowry is a bed full of brabbles.　133
A handsome wife, a vineyard and fig-tree are hard to be kept.　97,138
A hedge between keeps friendship green.　40-41
A hundred years cannot repair a moment's loss of honour.　219
A joyful evening may follow a sorrowful morning.　214
A light-heeled mother makes a heavy-heeled daughter.　153
A little learning [knowledge] is a dangerous thing.　9,19,234
A living dog is better than a dead lion.　169,188
A man among a thousand.　219
A man at five may be a fool at fifteen.　209
A man finds himself seven years older than the day after his marriage.　126, 212
A man is as old as he feels, and a woman as old as she looks.　247
A man is known by the company he keeps.　234
A man may cause his own dog to bite him.　164
A man may lose more in an hour than he can get in seven.　221
A man of straw is worth a woman of gold.　88
A man without a wife, a house without a roof.　121
A man's best fortune or his worst is a wife.　122
A man's [An Englishman's] house is his castle.　40,73,248
A married man turns his staff into a stake.　120
A miss is as good as a mile.　74,235
A mother's love changes never.　144
A new broom is good for three days.　206
A pig is more impudent than a goat, but a woman surpasses all.　91
A rich wife is a source of quarrel.　133
A rolling stone gathers no moss.　56-58,62,235
A scolding wife and a smoky house marreth a man's eyes.　123
A secret between two is God's secret, a secret between three is everybody's. 205
A smoking house and a chiding wife make a man run out of doors.　123
A sound mind in a sound body.　51
A stitch in time saves nine.　7,68,217,235
A thing of beauty is a joy for ever.　247
A thousand pounds and a bottle of hay is all one thing at doomsday.　220
A trouble shared is a trouble halved.　79
A wife brings but two good days, her wedding day and death day.　128

英語のことわざ索引

A willing mind makes a light foot. 221
A woman, a spaniel, and a walnut tree, the more they are beaten, the better they be. 92, 161
A woman and a glass are ever in danger. 96
A woman can never keep a serect. 105
A woman is a weathercock. 100
A woman is an angel at ten, a saint at fifteen, a devil at forty, and a witch at fourscore. 90
A woman is the weaker vessel. 95
A woman's hair is long; her tongue is longer. 104
A woman's mind and winter mind change oft. 100
A woman's nay is no denial. 99
A woman's oaths are wafers, break with making. 103
A woman's place is in the home. 73, 75
A woman's strength is her tongue. 104
A woman's tears and a dog's limping are not real. 97
A woman's tongue is the last thing about her that dies. 104
A wonder lasts but nine days. 216
Absence makes the heart grow fonder. 18, 230
Accidents will happen (in the best-regulated families). 247
Actions speak louder than words. 75, 247
Advise none to marry or go to war. 125
After a dream of a wedding comes a corpse. 141
Age and wedlock brings a man to his nightcap. 120
Age and wedlock tame both man and beast. 120
Age and wedlock we all desire and repent of. 128
All are good lasses, but whence come the bad wives? 127
All chiefs [Too many chiefs] and not enough Indians. 79
All men are created equal. 72
All that glitters is not gold. 47, 235
All work and no play makes Jack a dull boy. 248
All's fair in love and war. 235
All's well that ends well. 14, 235
An apple a day keeps the doctor away. 32, 236
An ass in a lion's skin. 16
An Englishman's [A man's] house is his castle. 40, 73, 248
An expensive wife makes a pensive husband. 33
An eye for an eye, and a tooth for a tooth. 70, 248
An idiot is all dearer to his parents. 151
An ill marriage is a spring of ill fortune. 123

英語のことわざ索引

An ill year and a bad wife is never wanting. 127
An ill year and a wife do never fail. 127
An old cat laps as much milk as a young. 179
An old dog barks not in vain. 167
An old dog bites sore. 168
An old dog will learn no tricks. 168
An old dog will not be led in a string [chain]. 168
Appearances are deceptive. 47
Art is long and life is short. 55-56, 230
As like as fourpence to a groat. 208
As the old cock crows, so crows the young. 146
As you make your bed, so you must lie on it. 77
As you sow, so shall you reap. 77, 236
Ask, and it shall be given you. 9
At last a wolf's cur becomes a wolf. 146

B

Bad money drives out good. 70
Bad [Ill] news travels fast. 221, 230
Barking dogs seldom bite. 230
Beauty and chastity seldom meet. 113
Beauty and folly are often matched together. 113
Beauty and folly are old companions. 112
Beauty and honesty seldom agree. 113
Beauty and luck seldom go hand in hand. 112
Beauty doth varnish age. 108
Beauty draws more than oxen. 107
Beauty is a blaze. 111
Beauty is but a blossom. 111
Beauty is in the eye of the beholder. 115, 236
Beauty is only [but] skin-deep. 47-48, 111, 230
Beauty may have fair leaves, yet bitter fruit. 113
Beauty's tears are lovelier than her smiles. 98
Before you marry be sure of a house wherein to tarry. 134
Beggars can't be choosers. 248
Behind every great man there is a great woman. 75
Believe no woman though she is dead. 214
Better a bird in the hand than ten in the air. 218
Better a live ass than a dead lion. 188
Better a live beggar than a dead king. 188

英語のことわざ索引

Better a live coward than a dead hero. 188
Better a living beggar than a dead emperor. 188
Better a portion in a wife than with a wife. 134
Better be half hanged than ill wed. 123
Better be safe than sorry. 236
Better be still single than ill married. 123
Better be the head of a dog than the tail of a lion. 26, 169
Better be the head of a fox [mouse, lizard] than the tail of a lion. 26
Better late than never. 35, 248
Better unfed than untaught. 155
Better untaught than ill taught. 155
Between a woman's Yes and No, there is no room for a pin to go. 99
Between two stools you fall to the ground. 236
Birds of a feather flock together. 48-49, 236
Black cows give white milk. 147
Black hens lay white eggs. 147
Blessed are the poor in spirit. 9
Blood is thicker than water. 69, 230
Boys will be boys. 248
Brevity is the soul of wit. 8, 14, 236
Building and marrying of children are great wasters. 154
By scratching and biting cats and dogs come together. 177

C

Call a spade a spade. 236
Care killed the cat. 33, 181
Case not [Do not cast] pearls before swine. 69
Cat after kind, (a) good mouse hunt. 176
Charity begins at home. 60-61, 248
Children have the qualities of the parents. 146
Children should be seen and not heard. 248
Children suck the mother when they are young, and the father when they are old. 154
Children when (they are) little make parents fools, when (they are) great, (they make them) mad. 149
Choose a good mother's daughter, though her father were the devil. 137
Choose a wife on a Saturday rather than a Sunday. 130
Choose a wife rather by your ear than your eye. 130
Choose neither a woman nor linen by candle light. 130
Cleanliness is next to godliness. 23, 249

英語のことわざ索引

Clothes do not make the man.　19, 237
Clothes make the man.　236
Coming events cast their shadows before.　237
Cowards die many times before their deaths.　8, 249
Curiosity killed the cat.　249
Custom is another nature.　69
Cut your coat according to your cloth.　237

D

Dead men tell no tales.　21, 33
Death defies the doctor.　197
Death devours lambs as well as sheep.　196
Death is common to all.　196
Death is no chooser.　196
Death is the grand leveller.　196
Death keeps no calendar.　196
Death makes equal the high and low.　197
Death pays all debts.　197
Death spares neither Pope nor beggar.　196
Death takes no bribe.　196
Death will have his day.　196
Different strokes for different folks.　74, 77
Discreet women have neither eyes nor ears.　137
Discretion is the better part of valour.　249
Do as I say, not as I do.　249
Do (to others) as you would be done by.　38-40, 61, 249
Don't bite off more than you can chew.　227, 249
Don't bite the hand that feeds you.　231
Do not cast [Cast not] pearls before swine.　69
Don't count your chickens before they are hatched.　17, 22, 237
Don't cut off your nose to spite your face.　249
Do not halloo [whistle] till you are out of the wood.　10
Don't judge a book by its cover.　237
Don't put all your eggs in one basket.　17, 250
Don't put the cart before the horse.　237
Don't teach your grandmother to suck eggs.　237
Don't tell tales out of school.　250
Do not throw [cast] pearls before [to] swine.　14, 237
Dog does not eat dog.　20
Dog eat dog.　20

英語のことわざ索引

Dogs which fight each other unite against the wolf. 170
Doing nothing is doing ill. 37-38
Dream of a funeral and you hear of a marriage. 140

E

Early to bed and early to rise, makes a man healthy, wealthy, and wise. 222, 237
Early wed, early dead. 135
East, west, home is best. 33
Easy come, easy go. 35,238
Empty vessels make the most sound. 75
Enough is as good as a feast. 250
Even a worm will turn. 231
Every cloud has a silver lining. 63,238
Every dog has his day. 31,250
Every dog is a lion at home. 169
Every family has a skeleton in the cupboard. 10
Every Jack has his Gill. 130
Every little helps. 28,238
Every man has his own reason. 206
Every man has his price. 238
Every man has his weak points. 214
Every man thinks his own geese swans. 150
Every misfortune is to be subdued by patience. 28,206
Every mother's son is handsome. 150
Everybody's friend nobody's friend. 216
Everything comes to him who waits. 238
Example is better than precept. 238
Exchange is no robbery. 23,250

F

Fact [Truth] is stranger than fiction. 70,255
Faint heart never won fair lady. 250
Fair maidens wear no purse. 108
Fair skin covers the multitude of sins. 214
Familiarity breeds contempt. 41,208,238
Fear of death is worse than death itself. 198,199
Feed by measure and defy the physician. 216
Finders keepers (losers keepers). 250
Fine feathers make fine birds. 238

英語のことわざ索引

First come, first served.　34, 46-47, 238
First thrive and then wive.　133
Fish and company stink in three days.　205
Five hours sleeps a traveller, seven a scholar, eight a merchant, and eleven every knave.　209
Forbidden fruit is sweetest.　250
Forewarned is forearmed.　239
Four eyes see more than two.　207
Four farthings and a thimble (will) make a tailor's pocket jingle.　207
Four good mothers beget four bad daughters: great familiarity, contempt; truth, hatred; virtue, envy; riches, ignorance.　208
Four things are not to be brought back: a word spoken, an arrow discharged, the divine decree and past time.　208
Foxes are all tail and women all tongue.　104
Frailty, thy name is woman.　9, 95-96

G

Garbage in, garbage out.　77
Genius is one per cent inspiration and ninety-nine per cent perspiration.　9, 14
Give a dog a bad [an ill] name and hang him.　162
Give a woman thy whole heart, and she will break it.　103
Give him an inch and he'll take a yard [an ell].　239
Give knaves an inch and they will take a yard.　239
Give the devil his due.　251
Glasses and lasses are brittle ware.　96
Go down the ladder when you marry a wife, go up when you choose a friend.　131
Go to bed with the lamb and rise with the lark.　222
God helps the early bird.　222
God [Heaven] helps those who help themselves.　70, 251
God made the country, and man made the town.　23, 251
Good counsel will sometimes do more than a thousand men.　220
Good fences make good neighbours.　40
Good wine needs no bush.　42-43
Grasp all, lose all.　29

H

Habit is a second nature.　69
Half a loaf is better than no bread.　251

英語のことわざ索引

Handsome is as [that] handsome does.　239
Happy is the bride on whom the sun shines.　140
Haste makes waste.　239
He fells two dogs with one stone.　161
He has kindred enough that has a good wife.　122
He has long arms and a long tongues as well.　216
He hasn't a word [stone] to cast [throw] at [to] a dog.　161
He is a fool that cannot conceal his wisdom.　13
He is fool that marries his wife at Yule, for when the corn's to shear the bairn's to bear.　135
He knows how many beans make five.　209
He knows not a pig from a dog.　170
He laughs best who laughs last.　239
He loves me as a cat does [loves] mustard.　179
He ploughs in sand and sows against the wind, that hopes for constant love from womankind.　103
He that chooses takes the worst.　130
He that fears death lives not.　199
He that fetches a wife from Shrewsbury must carry her into Staffordshire or else shall live in Cumberland.　124
He that has a white horse and a fair wife never wants trouble.　137
He that has a wife and children wants not business.　126
He that has a wife has a master.　126
He that has a wife has strife.　126
He that has an ill name is half hanged.　221
He that has no children knows not what love is.　149
He that has no wife beats her often.　126
He that hath wife and children hath given hostages to fortune.　126
He that hunts two hares loses both.　69
He that keeps another man's dog shall have nothing left him but the line.　164
He that lies down with dogs must rise with fleas.　168
He that lives not well one year sorrows for it seven.　213
He that loses his wife and a farthing has a great loss of his farthing.　94
He that makes one basket may make a hundred.　219
He that marries for wealth sells his liberty.　133
He that marries late marries ill.　135
He that will thrive, must rise at five.　222
He that would an old wife wed must eat an apple before he goes to bed.　141
He that would hang his dog gives out first that he's mad.　162
He that would the daughter win, must with the mother first begin.　136

英語のことわざ索引

He who does no good does evil enough.　37
He who hesitates is lost.　19,251
He who loves his wife should watch her.　138
Heaven [God] helps those who help themselves.　70,251
Honest men marry soon, wise men not at all.　125
Honesty is the best policy.　12,239
Honour the gods, reverence parents.　148
Hope springs eternal in the human breast.　35,251
Hunger is the best sauce.　22,26,231
Hunger makes hard bones sweet beans.　26
Husbands are in heaven whose wives chide [scold] not.　127

I

If at first you don't succeed, try, try, try again.　8,239
If the old dog barks, he gives counsel.　168
If the shoe fits, wear it.　251
If you can't beat them, join them.　239
If you can't stand [don't like] the heat, get out of the kichen.　79,227,251
If you carry a nutmeg in your pocket, you'll be married to an old man.　140
If you kill one flea in March, you kill a hundred.　219
If you make not much of three pence, you'll never be worth a groat.　206
If you marry a beautiful blonde, you marry trouble.　138
If you want a pretence to whip a dog, it is enough to say he eat up the frying-pan.　161
If you want a thing done well, do it yourself.　78
If you want something done, ask a busy person.　78
If you want work done, go to the man who is already fully occupied.　78
Ignorance is bliss.　35,41-42
Ill news comes too soon.　221
Ill [Bad] news travels fast.　221,230
Imitation is the sincerest form of flattery.　251
It is a bad cloth that will take no colour.　30
It is a bold mouse that breeds in the cat's ear.　176
It is a good horse that never stumbles: and a good wife that never grumbles.　30
It is a long lane that has no turning.　30,240
It is a poor heart that never rejoices.　31
It is a silly fish that is caught twice with the same bait.　31
It is a wise father that knows his own child.　31,59-60,150
It is an easy thing to find a staff to beat a dog (with).　161

英語のことわざ索引

It is an ill bird that fouls its own nest.　30
It is an ill wind that blows nobody good.　30, 240
It is better to know something than nothing.　19
It is good to marry late.　135
It is good to marry never.　125
It is in vain for a man to be born in fortunate, if he be unfortunate in marriage.　122
It is never too late to mend.　231
It is never too old to learn.　240
It is no more pity to see a woman weep than to see a goose go barefoot.　97
It is no use crying over spilt milk.　21, 46, 231
It must be true that all men say.　218
It never rains but it pours.　240
It takes all sorts [kinds] to make a world.　35, 49-50, 240
It takes one to know one.　78
It takes two to make a quarrel.　79
It takes two to tango.　79, 240

J

Jack of all trades, and master of none.　23, 231
Judge not, that ye be not judged.　14

K

Keep a dog for your friend, and in your other hand a stick.　161
Keep a thing seven years and you will find a use for it.　206, 213, 215
Keep no more cats than will catch mice.　176
Keep your eyes wide open before marriage, and half shut afterwards.　130
Kill not the goose that lays the golden eggs.　252
Kill two birds with one stone.　67, 161, 231
Knit my dog a pair of breeches and my cat a codpiece.　177
Knowledge is power.　24, 252

L

Lend your money and lose your friend.　29
Let alone makes many a lown (lurdan).　153
Let beggars match with beggars.　131
Let bygones be bygones.　240
Let sleeping dogs lie.　23, 163, 240
Let the cat wink and let the mouse run.　176
Life consists not in breathing but in enjoying life.　187

英語のことわざ索引

Life is a bubble.　190
Life is a dream.　21
Life is a perilous voyage.　185
Life is a pilgrimage.　185
Life is a shadow.　190
Life is a shuttle.　191
Life is a span.　192
Life is a struggle.　189
Life is a voyage.　185
Life is but an empty dream.　190
Life is not all beer and skittles.　189
Life's not such a bad game after all.　187
Life is smoke.　190
Life is still beautiful.　186
Life is subject to decay.　191
Life is sweet.　186
Life is sweet to every one.　186
Life lies not in living but in liking.　187
Life so called is nothing but toil.　189
Lightening never strikes the same place twice.　252
Like a cat round hot milk.　179
Like blood, like good, and like age make the happiest marriage.　131
Like father, like son.　146, 231
Like mother, like daughter.　146
Little things please little minds.　252
Live and learn.　33, 50-51, 252
Live and let live.　61-62, 232
Long hair, little wit.　105
Look before you leap.　19, 241, 251
Looks breed love.　108
Lose a leg rather than a life.　188
Love is blind.　32, 69, 232
Love laughs at distance.　220, 221
Love makes the world go round.　241
Love me, love my dog.　23, 34, 241
Love your neighbour, yet pull not down your fence.　40

M

Maidens should be meek till they be married.　137
Maidens should be mim till they're married, and then they may burn kirks.

127
Maids say 'Nay' and take it. 98
Maids say no, and mean yes. 98
Make haste slowly. 32
Make haste when you are purchasing a field but when you are to marry a wife be slow. 129
Make hay while the sun shines. 16, 241
Man dose not [cannot] live by bread alone. 72, 252
Man proposes, God disposes. 33, 252
Man with the head, woman with the heart. 105
Man, woman, and devil, are the three degrees of comparison. 23, 89
Manners make the man. 33, 252
Man's whole life is full of anguish. 189
Many a little makes a mickle. 238
Many a man sings, when he home brings his young wife; wist he what he brought, weep he might. 127
Many children and little bread is a painful pleasure. 155
Many drops of water will sink a ship. 221
Many hands make light work. 19, 232
Marriage [Wedding] and hanging go by destiny. 139
Marriage and magistrate be destinies of heaven. 138
Marriage are made in heaven. 138
Marriage halves our griefs, doubles our joys, and quadruples our expenses. 120
Marriage is a lottery. 138
Marriage is destiny. 138
Marriage is honourable. 119
Marriage is honourable but housekeeping is a shrew [but housekeeping chargeable]. 119
Marriage makes or mars a man. 121
Marriages rides upon the saddle and repentance on the crupper. 128
Marry a beggar, and get a louse for your tocher-good. 133
Marry above your match, and you get a master. 131
Marry first and love will follow. 135
Marry in haste, and repent at leisure. 29, 129, 241
Marry in Lent, and you'll live to repent. 140
Marry in May, repent alway. 140
Marry today and repent tomorrow. 125
Marry your daughter and eat fresh fish betimes. 137
Marry your daughters betimes lest they marry themselves. 136

英語のことわざ索引

Marry your equal. 130
Marry your match. 130
Marry your son when you will, (but) your daughter when you can. 137
Men fear death as children (fear) to go in the dark. 199
Men have faults, women only two. There's nothing good they say, and nothing good they do. 90
Men were deceivers ever. 101, 214
Men's professions are not to be trusted. 101
Might is [makes] right. 33, 241
Mills and wives are ever wanting. 127
Misery loves company. 241
Money does not grow on tree. 253
Money is the root of all evil. 253
Money talks. 21
More haste, less speed. 232
Mothers' darlings make but milksop heroes. 153
Mother's truth keeps constant youth. 144
Much cry, little wool. 34
Murder will out. 241
My son, keep thy father's commandment and forsake not the law of thy mother. 148

N

Nature requires five, custom takes seven, idleness takes nine, and wickedness eleven. 209
Necessity is the mother of invention. 69, 241
Necessity knows [has] no law. 69, 242
Needles and pins, needles and pins: when a man marries his trouble begins. 125
Ne'er take a wife till thou hast a house to put her in. 134
Never look a gift horse in the mouth. 242
Never put off till tomorrow what you can do today. 242
Never say die. 78, 253
Never say never. 77
Never too old [late] to learn. 240
Never was cat or dog drowned, that could but see the shore. 177
Next to no wife, a good wife is best. 125
Nine tailors make a man. 68, 216-17
Nineteen nay-says of a maiden are a half a grant. 217
No advice to the father's [like a father's]. 144

英語のことわざ索引

No fathers or mothers think their children ugly.　150
No lack to a wife.　121
No man is without enemies.　214
No mischief but a woman or a priest is at the bottom of it.　106
No money, no Swiss.　34
No news is good news.　32,232
No one marries but repents.　125
No pain, no gain.　242
No vengeance like a woman's.　106
No woman is ugly if she is well dressed.　114
None but the brave deserves the fair.　9
Nothing dries sooner than a woman's tears.　97
Nothing is better than a single life.　125
Nothing so sure as death.　196
Nothing succeeds like success.　253
Nothing venture, nothing gain [have].　35,242

O

Observe the mother and take the daughter.　137
Of four things, every man has more than he knows: of sins, of debts, of years, and of foes.　208
Of the marriage in May, the bairns die of a decay.　140
Old habits die hard.　242
Once a beggar, always a beggar.　75,207
Once bitten, twice shy.　35,75,242
One coward makes ten.　218
One enemy is too many, and a hundred friends too few.　219
One eye of the master sees more than ten of the servants.　218
One eye-witness is better than ten hearsays.　218
One father is more than a hundered school-masters.　144
One good mother is worth a hundred school-masters.　144
One good turn deserves another.　242
One hair of a maiden's [woman's] head pulls harder than ten yoke of oxen.　33,106,218
One hair of a woman draws more than a team of six horses.　106
One hour's cold will spoil seven years' warming.　213
One keep-clean is better than ten make-cleans.　218
One lie calls for [makes] many.　213
One lie needs seven to wait upon it.　213
One man is worth a hundred and a hundred are not worth one.　219

英語のことわざ索引

One man's meat is another man's poison. 75, 243
One penny is better on land than ten on the sea. 218
One swallow dose not make a summer. 253
One tongue is enough for two women. 103
Other times, other manners. 232
Out of a white egg often comes a black chick. 147
Out of sight, out of mind. 18, 52, 232
Out of the frying pan into the fire. 74

P

Patience wears out stone. 206
Penny wise, pound foolish. 34
Play, women, and wine undo men laughing. 106
Please the eye, but vex the heart. 30
Possession is nine points of the law. 216, 243
Poverty breeds strife. 134
Practice makes perfect. 232
Practise what you preach. 8
Prevention is better than cure. 243
Pride goes before destruction. 8
Proverbs are the daughters of daily experience. 17
Proverbs are the wisdom of the streets. 7, 17
Proverbs are the wit of one, and the wisdom of many. 17

R

Rome was not built in a day. 31, 53, 253

S

Seeing is believing. 28, 221-22, 243
Self-praise is no recommendation. 243
Send not a cat for lard. 179
Set a thief to catch a thief. 243
Seven at a feast, nine at a fray. 213
Seven hours' sleep will make a clown foeget his design. 213
Seven may be company but nine are confusion. 213
She that is born a beauty is half married. 108
Silence gives consent. 253
Silence is the best ornament of women. 104
Six awls make a shoemaker. 210
Six feet of earth make all men equal. 197, 210

英語のことわざ索引

Six hours' sleep for a man, seven for a woman, and eight for a fool.　211
Six of one and half a dozen of the other.　210
Slow and steady wins the race.　32
Smoke, a dropping gutter, and a scold, cast the good man out of his hold.　123
Smoke, rain, and a very curst wife make a man weary of house and life.　123
So many men, so many minds.　218
Soon hot soon cold.　207
Spare the rod and spoil the child.　29,33,152,243
Speak [Talk] of the devil and he is sure to appear.　35,244
Speech is silver, (but) silence is golden.　23,58-59,233
Step after step the ladder is ascended.　221
Still waters run deep.　233
Strike while the iron is hot.　17,243

T

Take a vine of a good soil, and the daughter of a good mother.　137
Talk much and err much.　30
Talk [Speak] of the devil and he is sure to appear.　35,244
That cat is out of kind that sweet milk will not lap.　179
That comes of a cat will catch mice.　176
That happens in a moment which may not happen in a thousand years.　220
The account is correct, but not a sixpence appears.　211
The apple never falls far from the tree.　244
The best horse needs breaking and the aptest child needs teaching.　155
The best is often the enemy of the good.　19,256
The best things come in small packages.　243
The best things in life are free.　78,253
The bigger they are, the harder they fall.　254
The cat and dog may kiss, yet are none the better friends.　169,177
The cat shuts its eyes while it steals cream.　179
The cat would eat fish but she will not wet her feet.　179
The cattle know when to leave their pasture, but a foolish man knows not the measure of his own appetite.　207
The child followeth the womb.　145
The child is father of the man.　28,43-45,244
The course of true love never did run smooth.　6
The crow thinks her own bird fairest.　150
The day you marry it's either kill or cure.　122
The dearer the child, the sharper must be the rod.　152

英語のことわざ索引

The death of wives and the life of sheep make men rich. 134
The dependent is timid. 28, 206
The devil is in the details. 78
The dog that is idle barks at his fleas, but he that is hunting feels them not. 167
The dog that kills the wolf is at length killed by the wolf. 170
The dogs strive for a bone, and a third runs away with it. 167
The dugs draw more than cable ropes. 107
The early bird catches the worm. 206, 214, 222, 233
The end justifies the means. 244
The exception proves the rule. 23
The fathers have eaten sour grapes, and their children's teeth are set on edge. 146
The first step is always the hardest. 244
The first sweat finds the money lost at night. 222
The future destiny of the child is always the work of the mother. 144
The golden tree of life is green, 187
The grass is always greener on the other side of the fence. 244
The greater the dunce, the dearer he is to his parents. 151
The hindmost dog [hound] may catch the hare. 166
The leopard cannot change his spots. 244
The life of man is nought els but a long iorney, that beginneth when he is borne, and endeth when he dyeth. 185
The mad dog bites his own master. 164
The marriage ceremony takes only an hour, its troubles last a lifetime. 126
The more you have, the more you want. 244
The mother's breath is aye sweet. 144
The mountains have brought forth a mouse. 68
The only way to get rid of temptation is to yield to it. 13
The owl thinks all her young ones beauties. 150
The parent is the best judge of the child. 145
The pen is mightier than the sword. 254
The pot calls the kettle black. 25
The principal business of life is to enjoy it. 187
The proof of the pudding is in the eating. 245
The road to hell is paved with good intentions. 254
The rotten apple spoils the barrel [injures its neighbour]. 233
The she-bear thinks her cubs pretty. 150
The squeaking wheel gets the oil. 254
The tailor makes the man. 18

英語のことわざ索引

The way to a man's heart is through his stomach. 254
There are more ways to kill a cat than choking her with cream. 182
There are more ways to kill a dog than hanging. 161,182
There are three without rules: a mule, a pig, and a woman. 91
There is honour among thieves. 233
There's many a true word spoken in jest. 233
There's more than one way to skin a cat. 254
There is no accounting for tastes. 245
There's no fool like an old fool. 34,255
There is no medicine against death. 197
There's no place like home. 21,233
There is no pot so ugly that a cover cannot be found for it. 131
There is no proverb which is not true. 18
There is no royal road to learning. 13
There is no smoke without fire. 21,31,233
There's no such thing as a free lunch. 79
There is no time like the present. 245
There is nothing new under the sun. 8,254
There's only two good women in the world; one is dead, the other not found. 90
There is remedy for all things but death. 197
There is safety in numbers. 254
They that marry in green, their sorrow is soon seen. 141
They who marry where they do not love will love where they do not marry. 136
This is goodly marriage [match] were the woman [wife] away. 129
Those who are doing nothing are doing ill. 37
Those who live in glass houses should not throw stones. 255
(Those) whom the gods love die young. 112,245
Three classes of clergy: Nimrods, ramrods, and fishing-rods. 204
Three helping one another bear the burden of six. 204
Three ills [evils] come from the North, a cold wind, a shrinking cloth, and a dissembling man. 204
Three know it, and all know it. 205
Three may keep a secret, if two of them are dead. 205
Three removes are as bad as a fire. 205
Three things are ill handled: birds in boys' hands, young men in old men's hands, and wine in Germans' hands. 153,203
Three things are insatiable, priests, monks [women], and the sea. 203
Three things are thrown away in a bowling-green — time, money, and oaths

[curses]. 203
Three things cost dear: the caresses of a dog, the love of a mistress [whore], and the invasion of a host. 166, 204
Three things drive a man out of his house — smoke, rain, and a scolding wife. 94, 123, 203
Three things kill a man; a scorching sun, supper, and cares. 203
Three things there be which never decay whiles the world lasts: to bake, to brew, and to powl or shear. 204
Three women and a goose make a market. 23, 25, 104, 204
Three wonders of England: the churches, the women, the wool. 204
Time and tide wait for no man. 21, 233
Time flees away without delay. 72
Time flies. 71, 233
Time flies like an arrow. 71, 72
Time has wings. 72
Time is money. 68, 221, 234
To be, or not to be: that is the question. 5, 9
To cast pearls before swine. 69
To err is human, to forgive divine. 23, 255
To grow rich one has only to turn his back on God. 207
To marry young is too early, to marry old in too late. 135
Today a king, tomorrow nothing. 207
Tomorrow is another day. 245
Tomorrow never comes. 255
Too many chiefs [All chiefs] and not enough Indians. 79, 255
Too many cooks spoil the broth. 7, 19, 245
Trust not a woman even when dead. 103
Truth [Fact] is stranger than fiction. 70, 255
Two blacks do not make a white. 255
Two cats and a mouse, two wives in one house, two dogs and a bone, never agree in one. 183
Two daughters and a back door are three arrant [stark] thieves. 153-154
Two heads are better than one. 205, 207, 245
Two is [are] company, but three is [are] none [a crowd]. 205, 245
Two things do prolong your life, a quiet heart and a loving wife. 122
Two wrongs do not make a right. 255

U

Unequal marriages are seldom happy. 130

英語のことわざ索引

V

Variety is the spice of life. 255
Varnishing hides a crack. 114
Virtue is its own reward. 245

W

Walls have ears. 21,32,234
Waste not, want not. 8
We are born crying, live complaining, and die disappointed. 189
Wedding [Marriage] and hanging go by destiny. 139
Wedlock is a padlock. 126
What is born of a cat will catch mice. 146
What is home without a mother? 144
What is known to three is known to everybody. 205
What is learned in the cradle is carried to the tomb. 45-46
What's sauce for the goose is sauce for the gander. 256
What is worth doing (at all) is worth doing well. 19,256
When a couple are newly married the first month is honeymoon or smick smack, the second is hither and thither, the third is thwick thwack, the fourth, the devil take them that brought you and I together. 128
When a dog is drowning everyone offers him drink [water]. 162
When a man dies, the last thing that moves is his heart, in a woman her tongue. 104
When a man is full of lust his womb is full of leasing. 101
When an ass climbs a ladder, we may find wisdom in women. 32,105
When angry, count a hundred [recite the alphabet]. 219
When in Rome, do as the Romans do. 246
When poverty comes in at the doors, love leaps out at the windows. 134
When the cat is away, the mice will play. 176,246
When the dog comes, a stone cannot be found; when the stone is found, the dog does not come. 161
Where ignorance is bliss, 'tis folly to be wise. 35,41,234
Where the dam leaps over, the kid follows. 146
Where there are women and geese there wants no noise. 104
Where there's a will, there's a way. 23,246
While a dog gnaws a bone he hates his fellow. 167
While there is life, there is hope. 187,256
While you trust to the dog, the wolf slips into the sheepfold. 170
Who has a bad wife, his hell begins on earth. 123

英語のことわざ索引

Who has a fair wife needs more than two eyes.　138
Who labours is tempted by one devil, but who stands idle by a thousand.　220
Who marries does well, who marries not does better.　125
Who marries ere he be wise shall die ere he thrive.　136
Who marries for a dower resigns his own power.　133
Who marries for love without money has good nights and sorry days.　133
Who repairs not his gutters repairs his whole house.　235
Who takes a wife takes care.　126
Who will bell tha cat?　15, 176
Whom the gods love die young.　112, 245
Wife and children are bills of charges.　128, 154
Winter weather and women's thoughts change oft.　100
Wise men make proverbs and fools repeat them.　17
Without wife, without strife.　126
Wives and wind are necessary evils.　129, 141
Woe to the house where there is no chiding.　152
Woman complains, woman mourns, woman is ill when she chooses.　98
Woman has long hair and short wit.　105
Woman's at best a contradiction still.　99
Woman is changeable.　100
Woman is made of glass.　96
Woman is made to weep.　97
Woman is the woe [confusion] of man.　90, 106
Women and dogs set men together by the ears.　163
Women and weather are not to be trusted.　100
Women and wine, game and deceit, make the wealth small, and the wants great.　106
Women are as fickle as April weather.　100
Women are born in Wiltshire, brought up in Cumberland, lead their lives in Bedfordshire, bring their husbands to Buckingham, and die in Shrewsbury.　91
Women are created for the comfort of men.　95
Women are necessary evils.　94
Women are saints at church, angels in the street, devils in the kichen, and apes in bed.　90
Women are young men's mistresses, middle-aged men's companions, and old men's nurses.　91
Women laugh when they can, and weep when they will.　98
Women, money, and wine have their good and their pine [evil].　92

英語のことわざ索引

Women must have their wills while they live because they make none when they die.   91
Women, wind, and fortune are ever changing.   100
Women's tongue is her sword, which she never lets rust.   104

Y

You can take a horse to the water, but you can't make him drink.   256
You cannot eat [have] your cake and have [eat] it.   246
You cannot get blood out of a stone.   256
You cannot make a silk purse out of a sow's ear.   246
You cannot make an omelet without breaking eggs.   256
You cannot serve God and Mammon.   14
You cannot teach an old dog new tricks.   168, 246
You may ding the Deil into a wife, but you'll never ding him out of her.   128
You never know till you have tried.   256
You never know what you can do till you try.   256
You scratch my back, I'll scratch yours.   246
You will follow him long ere five shillings fall from him.   209
Young saint, old devil.   34
Your tongue runs nineteen to the dozen.   217

日本語のことわざ索引

あ

愛屋烏に及ぶ　23, 34, 241
あいだてないは祖母育ち　153
秋柴嫁に焚かせろ　94
空樽は音が高い　75, 233
秋茄子嫁に食わすな　24
秋茄子嫁に食わせて七里追う　214
秋の雨が降れば猫の顔が三尺になる　179
秋の日和と女の心は日に七度変わる　102
悪妻は百年の不作　124, 220
悪事千里　221, 230
悪女の深情　114
悪女は鏡を疎む　114
悪銭身につかず　35, 238
悪婦家を破る　124
浅い川も深く渡れ　32
朝起五両　222
朝起三文の徳　222
朝起三両始末五両　222
朝起千両夜起百両　221, 222
朝起と早作りとは損した者がない　222
朝起七つの徳あり　214, 222
朝起の家に福来る　222
朝起は富貴のもと　222
浅瀬に仇波　233
朝茶は七里帰っても飲め　214
朝寝八石の損　216, 222
朝の一時は晩の二時に当る　222

朝に紅顔あって夕に白骨となる　193
明日は明日の風が吹く　245
預り物半分の主　243
明日の百より今日の五十　218, 234
頭禿げても浮気はやまぬ　45
当たるも八卦当たらぬも八卦　216
悪貨は良貨を駆逐す　70
あってもなくても猫の尻尾　179
羹に懲りて膾を吹く　27, 28, 35, 75, 234, 242
後の雁がさきになる　167
後の祭七日賑やか　214
穴の狢を値段する　237
姉姑は鬼千匹にむかい, 小姑は鬼十六匹にむかう　221
あの世千日この世一日　193, 194, 221
あばたもえくぼ　136
あぶく銭は身につかぬ　238
虻蜂取らず　69, 236
阿呆な子ほど可愛い　151
甘やかし子を捨てる　152
尼をだませば七代祟る　214
過ちては改むるに憚ることなかれ　231
洗髪には伯父坊主が惚れる　110
あらしの前の静けさ　237
蟻は五日の雨を知る　210
逢わねばいや増す恋心　18

い

言うは易く行なうは難し　176

日本語のことわざ索引

家に無くてはならぬものは上がり框と女房　121
石の上にも三年　28,57,206,215,235
居候の三杯目　28,206
急がば回れ　32,232
痛む上に塩を塗る　240
一瓜顔に二丸顔　109
一瓜実二丸顔三平顔に四長面五ぐしゃ六目つり七頬焼け八がんち九禿十いぐち　109
一押二金三男　99
一髪二化粧三衣裳　110
一時の懈怠は一生の懈怠　213
一度あることは二度ある　240
一度死ねば二度死なぬ　194
一に瓜実二に丸顔三に角面四に長面五盤台六目かんち七みっちゃに八でぽちん九あごなしに十しかみ　109
一に瓜実二丸顔三平顔に四長顔五まへさがった馬面顔　110
一番楽は棺の中　194
一姫二太郎　62-63
一文惜しみの百知らず　34,220
一挙両得　68,231
一刻千金　27,68,221,234
一生添うとは男の習　102
一生の患は性悪の妻　124
一生の得は良い女房を持った人　121
一升の餅に五升の取粉　210
一生は夢　190
一寸の虫にも五分の魂　231
一石二鳥　67,68,161,231
一桃腐りて百桃損ず　220,233
一匹狂えば千匹の馬も狂う　218
いつも月夜に米の飯　148
いつも柳の下にどじょうは居らぬ　35

いとしき子には旅をさせよ　152
犬一代に狸一匹　170
犬打つ童まで　162
犬児がごうなら猫子もごう　170,177
犬猿も主人に従う　164
犬と糞　169
犬にも食わせす棚にも置かず　162
犬猫にも馴染めば思う　164,177
犬の糞説教　169
犬の糞で敵をとる　168,169
犬の糞と愛宕様は高い所にある　169
犬の糞に手裏剣　169
犬の糞にも所びいき　169
犬の糞の高上り　169
犬の糞もたきで来い　169
犬の糞も一盛り　169
犬の小便道道　169
犬の蚤の嚙みあて　169
犬の目には糞が貴い　169
犬はその主を知る　164
犬は人につき,猫は家につく　170,177
犬は三日飼えば三年恩を忘れぬ　164
犬骨折って鷹の餌食　170
犬も歩けば棒に当たる　62,157
犬も頼めば糞食わず　169
犬も朋輩,鷹も朋輩　170
犬も三日飼えばその主を忘れぬ　164
命あっての物種　187,193
命あっての物種,芋あっての屁の種　188
命あっての物種,畠あっての芋種　188
命あればくらげさえ骨にあう　188
命と綱は長いがよい　194
命は宝の宝　193
医は死なざる病人を治す　197

日本語のことわざ索引

今参り二十日 206
厭じゃ厭じゃは女の癖 81,99,217
いやと頭を縦に振る 99
厭な女房でも去れば三百文損した心地 95,129
炒豆と小娘はそばにあると手が出る 95
色の白いは七難かくす 108,214
言わぬが花 59,233
言わぬは言うにまさる 23,59,233
因果応報 236

う

飢えたる犬は棒を怖れず 160
魚心あれば水心 246
浮世は夢 190
兎を見て犬を放つ 167
牛追い牛に追わる 237
牛は牛連れ,馬は馬連れ 131
嘘からでた実 233
嘘も方便 244
打たれても親の杖 152
うちの前の痩犬 169
家ほどよい所はない 21,33,233
内孫より外孫 153
美しいバラにはトゲがある 30
美しいも皮一重 47-48,111,230
打つもなでるも親の恩 148
移り変わるは浮世の習い 232
移れば変わる世の習い 232
うどんそばよりかかあのそば 121
海に千年山(河)に千年 34,221
瓜の蔓に茄子はならぬ 147,244
噂をすれば影がさす 35,244

え

海老で鯛を釣る 36
縁と浮世は末を待て 129,139

縁と月日の末を待て 30,129,139,241
縁と月日は待つがよし 139
縁と月日はめぐり会う 130,139
縁の下の小豆に木 65
縁の下の筍 65
縁の下の力持ち 64-65
縁の下の舞 65
縁の目には霧が降る 136
縁は異なもの(味なもの) 139
縁は知れぬもの 139

お

老い木は曲がらぬ 168,246
合うた釜に似寄った蓋 131
負うた子を三年探す 215
負うた子を七日尋ねる 214,215
負うてやろといえば抱いてくれという 239
大犬は子せめる,小犬は糞せめる 169
夫(男)の心と川の瀬は一夜に変わる 102
男心と秋の空 101
男心と秋の空は一夜に七度変わる 102,214
男と牛の子は急ぐものでない 88
男と烏は黒いが上 88
男と箸はかたきがよし 88
男に似た女はないが女に似た男は多い 89
男の我には居糞を垂るる 89
男の心と大仏の柱(大黒柱)は太い上にも太かれ 89
男の子三人金の綱 153
男の謝罪は打首も同然 89
男の目には糸を張れ 88
男の目には糸を張れ,女の目には鈴

日本語のことわざ索引

を張れ　110
男は当ってくだけろ　89
男は生まれた時と親の死んだ時のほか泣かぬ　89
男は気で食え　89
男は三年に一度笑う　89
男は閾をまたげば七人の敵あり　214
男は外回り，女は内回り　73
男は妻から　121, 122
男は度胸　89, 250
男は松，女は藤　94, 100
男前より気前　89
男やもめに蛆がわき女やもめに花が咲く　24, 34
同い年夫婦は火吹く力もない　139
鬼瓦にも化粧　114
鬼のいぬ間に洗濯　176, 246
鬼のそら涙　11
鬼の目にも涙　11
己の欲せざる所は人に施す勿れ　38-40
おぶえば抱かりょう　239
溺れる者は藁をもつかむ　68, 230
思い立ったが吉日　242
思い立つ日が吉日　242, 245
思う子に旅をさせよ　152
思うようなら子三人　154
思うようなら子と三人　154
親が嘘吐きゃ子が嘘ならう　147
親が親なら子も子でござる　147
親が鈍すりゃ子供が鈍する　147
親孝行はわがため子孫のため　149
親子は一世，夫婦は二世，主従は三世　155
親子は三界の首枷　156
親父と南蕃は辛いほどよい　152
親と子は銭金で買われぬ　156
親と月夜はいつもよい　148

親にかけがえはない　155
親に似た蛙の子　147
親に似た亀の子　147
親に似た鮫の子　147
親に似ない子は芋の子　147
親に似ぬ子は鬼子　147
親には一日に三度笑うて見せよ　149
親に目なし　150
親の甘茶が毒になる　152
親の意見と茄子の花は千に一つも仇はない　144
親の意見と冷酒は後できく　144
親の因果が子に報う　156
親の打つこぶしより他人のさするが痛い　148
親の奥歯で噛む子は他人が前歯で噛む　152
親の思うほど子は思わぬ　149
親の掛替はない　149
親の黒きは子が白し　147
親の心子知らず　11, 60, 149
親の嘆きは子の嘆き　156
親の難儀は子の難儀　156
親の恥は子の恥，子の恥は親の恥　156
親の光は七光　148, 214
親の目はひいき目　150
親の物は子の物，子の物は親の物　156
親の欲目　11, 150
親は打たるる杖もゆかしい　149
親は思えど子は糞たれる　149
親馬鹿　11, 31, 59, 150
親は千里に行くとも子を忘れず　148
親ほど親思え　149
親煩悩に子畜生　149
親も親なり子も子なり　147

日本語のことわざ索引

親物に狂わば子ははやすべし 149
親をたずねる子はまれな 149
親を叩くと手が曲る 149
親を習う子 147
親をにらむと鮃になる 149
泳ぎ上手は川で死ぬ 170
負わず借らずに子三人 154
女心と秋の空 101
女心と秋の空変わりますぞよ日に三度 102
女賢しくて牛売り損なう 105
女三人寄れば囲炉裏の灰飛ぶ 105
女三人寄れば姦しい 23,25,105,204
女と米の飯は白いほどよい 109
女と俎板は無ければ叶わぬ 94,121,141
女の一念岩をも通す 106
女の美しさとまだら雲は長く続かず 111
女のえくぼには城を傾く 107
女の賢いのと東の空明りはあてにならぬ 105
女の髪の毛一本千人の男つなぐ 107
女の髪の毛には大象もつながる 33,106-107,218
女の心は猫の目 102,174,179,184
女の腰と猫の鼻はいつも冷たい 165,185
女のこわがると猫の寒がるはうそ 97
女の根性は蛇の下地 106
女の寒いと猫のひだるいは手の業 184
女の猿知恵 105
女の仕返しは三層倍 106
女の情に蛇が住む 106
女の知恵は後へ回る 105

女の知恵は鼻の先 32,105
女の利口より男の馬鹿がよい 105
女は衣裳髪かたち 110
女は売物 95
女は男の慰みもの 95
女は髪が命 110
女は国の平らげ 90
女は三界に家なし 24,94,95,116,141
女は地獄の使 106
女二十は婆始め 111
女は化物 89,130
女は魔物 89,130
女は乱の基 90
恩を仇で返す 231

か

飼い犬に手を噛まれる 161,164,231
飼い飼う犬も主を知る 164
蛙の子は蛙 147,232,244
かがみ女に反り男 94
柿が赤くなれば医者が青くなる 236
学問に王道なし 13
陰弁慶 170
佳人薄命 112,245
数を言えば屑を言う 30
稼ぐ男に繰り女 73
稼ぐに追いつく貧乏なし 19
稼ぐに追い抜く貧乏神 19
片手で錐はもめぬ 240
河童に水練 237
勝てば官軍負ければ賊軍 33,235,241
叶わぬ恋に心を尽すより犬猫を飼え 177
蟹は甲に似せて穴を掘る 237
金が敵 29,253

日本語のことわざ索引

金が物言う 21
金と塵は積るほどきたない 63
金の切れ目が縁の切れ目 34, 134
金は三欠くにたまる 207
金は天下の回り物 63
壁に耳 21, 32, 234
壁に耳あり,障子に目あり 234
かまどより先に女房 134
髪の長いは七難かくす 110
神は正直の頭に宿る 239
亀の甲より年の劫 34
烏の白糞 147
可愛い子に夏の火を焚かせよ 152
可愛い子には薄着をさせろ 152
可愛い子には灸をすえ,憎い子には砂糖をやれ 151
可愛い子には旅をさせよ 29, 33, 63-64, 151, 243
可愛い子は打って育てよ 152
可愛い子は他所をさせ 243
可愛さ余って憎さが百倍 220
皮一枚はげば美人もどくろ 111, 230
可愛ゆき子をば打て 243
川だちは川で果てる 170
川中に立っても親の脇の下は香し 148
勘定あって銭足らず 211
堪忍五両 210

き

聞いた百文より見た一文 234
聞いて極楽見て地獄 34
聞いて千金見て一文 221
聞いてびっくり見てびっくり 34
既往は咎めず 240
聞くは一時の恥,聞かぬは末代(一生)の恥 235

木登りは木で果てる 170
客と白鷺は立ったが見事 205
九牛の一毛 217
九死一生 217
九仞の功を一簣にかく 27, 217
窮すれば通ず 69, 241
九層の台は累土より起る 217
窮鼠猫をかむ 177
今日の一針,明日の十針 68, 217, 218, 235
今日の手遅れは明日へついて回る 7, 235
漁夫の利 27, 167
義理と人目 24
義理張るより頬張れ 24
器量は当座の花 111
麒麟も老いては駑馬に劣る 169

く

九月婿入り三月嫁入り 139
薬九層倍 33, 217
口八丁手八丁 216
苦は楽の種 63, 238, 242
首切り八町 216
君子危うきに近寄らず 236

け

芸妓の心と猫の鼻はいつも冷たい 165, 184
鶏口となるも牛後となるなかれ 26, 27, 35, 169
傾城には猫がなる 183, 184
下種の楽は寝楽 209
結婚は人生の墓場 125
煙あれば火あり 233
煙る中にも三年 94
外面似菩薩内心如夜叉 113

日本語のことわざ索引

犬猿の仲 177
健全なる精神は健全なる身体に宿る 51

こ

恋路の闇 69,232
恋の闇 69,232
恋は思案の外 232
恋はし勝ち 235
恋は盲目 32,69,136
光陰人を待たず 233
光陰矢のごとし 72,234
好機逸すべからず 16,241,243
孝行のしたい時分に親はなし 149
孔子に論語 237
郷に入っては郷に従え 246
甲の損は乙の得 30
弘法筆を選ばず 230
弘法も筆の誤り 31
呉越同舟 27
子がなくて泣くは芋掘ばかり 154
虎穴に入らずんば虎子を得ず 27,35,242
乞食を三日すれば忘れられぬ 75,207
五十歩百歩 25,74,235
小僧と障子は張るほどよい 93
五臓六腑に沁みわたる 209
五段の豆畑に垣はできても十六娘の垣はできぬ 97,210
子供は教え殺せ,馬は飼い殺せ 155
子に甘いは親の常 150
子に過ぎたる宝なし 155
来ぬか来ぬか三度言われても婿と養子には行くな 133
小糠三合あったら入聟するな 133
粉糠三合あったら婿に行くな 33,133

小糠にも根性 231
子の命は親の命 156
この親にしてこの子あり 146,232
この父あってここにこの子あり 146
子はあるも嘆き無きも嘆き 151
子は三界の首枷 24,156
五風十雨 210
小袋と小娘は油断がならぬ 96
小娘と茶袋 22,96
米食った犬が叩かれずに糠食った犬が叩かれる 162
こもの上にも三年 235
五里霧中 27
五両で帯貰うて三両でくける 210
転ばぬ先の杖 239,243
こわい物見たさ 250
子を知ること父にしくはなし 145
子を持って知る親の恩 145,149
子を持てば七十五度泣く 154,217
子を養いてまさに父の慈を知る 145

さ

塞翁が馬 27,63
歳月流るるごとし 234
歳月人を待たず 21,233
妻子は世帯のおもり 120
最善は善の敵になること多し 256
先勝ちは糞勝ち 239
先んずれば人を制す 27,239
酒の席には狆猫婆 184
酒は百毒の長 18
酒は百薬の長 18,220
囁き八丁 216
猿に木登り 237
猿も木から落ちる 31
去る者は日々に疎し 18,52,232
山雨来らんと欲して風楼に満つ 237
三月の桜さめ 139

日本語のことわざ索引

三月は去られ月　139
三月は花の縁　139
山椒は小粒でもぴりりと辛い　244
三度の火事より一度の後家　205
三人子持ちは笑うて暮らす　154
三人知れば世界中　205
三人旅の一人乞食　245
三人寄れば公界　205
三人寄れば取除講　245
三人寄れば文殊の知恵　205, 207, 245
三年になる鼠を今年生れの猫子が取る　177
三年三月　215

し

仕上げが肝心　235
しいら者の先走り　167
四恩　208
四海兄弟　208
四海波静か　208
四苦八苦　208
自業自得　77, 236
仕事は多勢　19, 232
事実は小説よりも奇なり　70, 255
死しての長者より生きての貧人　188, 194
ししの子落とし　243
地震雷火事親父　24
親しき仲に垣をせよ　238
親しき中に礼儀あり　40-41, 238
七去三従　94, 117
七十五日は金の手洗い　216
七人の子はなすとも女に心を許すな　103, 214
知ったが病　234
死なぬ子三人皆孝行　154
死なぬものなら子一人　154

死なば四八月　194
死なば卒中　194
死なば八月十五日　194
死に急ぎと果物の取急ぎはするな　188
死にたる人は生ける鼠にだにしかず　169, 188
死人に口なし　21, 33
死ぬるばかりはまこと　196
死ねば死に損,生くれば生き得　188, 194
四百四病より貧の苦しみ　208
四方八方　215
四面楚歌　208
四目を明らかにし四聡を達す　208
釈迦に経　237
釈迦に説法　237
蛇の道は蛇　243
習慣は第二の天性なり　69
十人暮しは暮せるが夫婦暮しは暮せない　219
十人十色　218
十人寄れば十国の者　219
十年一日　218
十年一剣を磨く　219
十年一昔　218
十分はこぼるる　218
十目の視る所,十手の指す所　218
十文の油をとぼして五文の夜なべせよ　219
主客転倒　237
萩麦を弁ぜず　170
正直の頭に神宿る　19, 239
正直は一生の宝　239
正直も馬鹿のうち　19
小忍ばざるときは則ち大謀を乱る　206
生者必滅,会者定離　191

日本語のことわざ索引

冗談から本真 233
小難を逃れて大難に陥る 74
小人閑居して不善を為す 37-38
少年老い易く学成り難し 56, 230
生は死の基, 逢うは離れるの基 193
定命六十 192
将を射んと欲すればまず馬を射よ 136
知らぬが仏 35, 41-42, 234
知らぬは亭主ばかりなり 42, 60, 150
知らぬは仏, 見ぬが極楽(神) 234
知れぬは人の命 193
人生朝露のごとし 191
人生古より誰か死無からん 196
人生夢のごとし 21, 190
人生わずか五十年 191
死んでは一文にもならぬ 188
死んで花実が咲くものか 188, 193, 194
死んで骨は光るまい 188
心配は寿命の毒 181
心配は身の毒 33, 181
人面獣心 113

す

好き連れは泣き連れ 136
雀百まで踊り忘れぬ 45-46, 220

せ

生死不定は浮世の常 193
精神一到何事か成らざらん 23, 246
急いては事を仕損じる 53, 232, 239
生は寄なり, 死は帰なり 193
生は死の始め 193
銭あれば木仏も面をかえす 238
背に腹はかえられぬ 69
善悪は友を見よ 235

千載一遇 221
千畳敷に寝ても一畳 221
千丈の堤も蟻の穴より崩る 27, 221
船頭多くして船山へ上る 7, 19, 245
千日の萱を一日 221
千人の指さす所病なくして死す 221
千三つ 221
千里眼 221
千里同風 221
千里の道も一歩より 221
千慮の一失(得) 221
善を為す最も楽し 246

そ

損して得とれ 32

た

大山鳴動鼠一匹 34, 68
大蛇をみるとも女をみるな 106
大欲は無欲に似たり 29
たくらだ猫の隣歩き 178
多芸は無芸 23, 32, 231
竹の子親まさり 147
ただより高いものはない 20
ただより安いものはない 20
蓼食う虫も好き好き 75, 243, 245
棚からぼた餅 11, 35
旅に女と犬は連れぬもの 166
旅は憂いもの辛いもの 64
旅は道づれ世はなさけ 64
矯めるなら若木のうち 168, 246
足らず余らず子三人 154

ち

父教えざれば子愚なり 145
父慈なれば子孝なり 145
父父たり子子たり 145
父の恩は山よりも高く, 母の恩は海

よりも深し　146
父命じて呼べば唯して諾せず　145
血は血だけ　69,231
血は水よりも濃し　69,231
治病の薬はあれど長生の薬なし　197
茶と百姓は絞るほど出る　22
茶腹も一時　22
塵積りて山となる　238
塵も積れば山となる　28,238

つ

月夜半分闇夜半分　190
妻の言うに向山も動く　33
爪で拾って箕でこぼす　34
つらい娑婆より気晴れの浄土　188,194
釣り合わぬは不縁の基　131
吊り目に色目なし　110

て

手出し十層倍　219
鉄は熱いうちに打て　17,243
出物腫物所嫌わず　242
出る杭は打たれる　24,38
天は自ら助くる者を助く　70
天網恢恢疎にして漏らさず　27,241

と

冬至十日たてば阿呆でも知る　219
十で神童十五で才子二十過ぎてはただの人　209
桃李もの言わず下自から蹊を成す　42-43
遠くなれば薄くなる　232
遠ざかるほど思いが募る　18,230
時は金なり　68,234
毒をもって毒を制す　243
どこで暮らすも一生　193

所変れば品変る　232
年寄りの言うことと牛のしりがいは外れない　167
年寄りの言うことは聞くもの　168
年寄りの育てる子は三百文安い　153
隣の花は赤い　31,244
隣の飯はうまい　244
飛ぶ鳥の献立　237
捕らぬ狸の皮算用　17,23,237
虎の威を借る狐　16
泥棒を捕えて縄をなう　36
鈍智貧福下戸上戸　49-50,240
鈍な子は可愛い　151
鳶が鷹を生む　147

な

無い袖は振られぬ　256
泣いて馬謖を斬る　27
長生きはするもの　50-51
長いものには巻かれろ　24,240
長起は三百の損　222
泣き面に蜂　240
泣く子もあれば笑う子もある　30,240
無くて七癖　33,214
鳴く猫は鼠をとらず　177
仲人口は当てにならぬ　132
仲人口は半分に聞け　132
仲人せざれば死して後になめくじになる　132
仲人七嘘　33,132,141
仲人の嘘八百　132
仲人の空言　132
仲人は痘痕の数まで数えてくる　132
仲人は腹切り仕事　132
仲人は草鞋千足　132
情けは人の為ならず　65,242
茄子と男は黒いがよい　24,88,109

日本語のことわざ索引

夏の火は嫁に焚かせろ,冬の火は娘に焚かせろ 152
七転び八起き 214,239
七度探して人を疑え 214
七日の説法無になす 214
鍋釜売っても良いかあ貰え 121
膽は酢でもて男は気でもて 89
生兵法は大怪我の基 9,19,234
鉛は刀となすべからず 246
なめくじにも角がある 231
習性となる 69
習うより慣れよ 232
何でも来いに名人なし 231

に

憎まれる所にはいられても煙い所にはいられぬ 94
似た者夫婦 131
二度あることは三度ある 240
二兎を追う者は一兎をも得ず 20,69,236
二番子と猫の尻尾 179
女房打つなら豆がらでも打て 128
女房と畳は新しい方がよい 19
女房と昼の日は目に見えぬ所に光あり 121
女房と味噌は古いほどよい 19
女房の持ちたてとわらじのはきたては足が軽い 127
女房の悪いは六十年の不作 124
女房は家の大黒柱 121
女房は男の鎮 120
女房は下から 131
女房は台所から貰え 131
女房は流し下から 131
女房は半身上 121
人形(猿)にも衣装 238

ぬ

盗人にも三分の理 206
盗人にも仁義 233
濡れぬさきの傘 243

ね

猫が肥えれば鰹節がやせる 179
猫が手水を使うよう 178
猫がはやると雪が降らぬ 178
猫さえおらなきゃ鼠の世盛り 177
猫舌の長風呂入り 179
猫でない証拠に竹を書いておき 178
猫と子供は抱く程喜ぶ 184
猫と庄屋に取らぬはない 176,178
猫に鰹節 179
猫に傘見せたよう 178
猫に紙袋 178
猫に小判 14,15,69,237
猫にまたたび 179
猫にまり 178
猫にもなれば虎にもなる 178
猫の暑いのは土用の三日だけ 178
猫のいるのは屋根の上,烏のいるのは木の上 178
猫の魚辞退 179
猫の食い残し 178
猫の寒恋 178
猫の子一匹いない 180
猫の逆恨み 182
猫の尻尾 179
猫の手も借りたい 180
猫の啼き食い 178
猫の鼠をうかがうよう 177
猫の鼻と女の尻は大暑三日の外は冷たい 165,184
猫の鼻と傾城の心は冷たい 179
猫の鼻に魚 179

猫の額にある物を鼠のうかがう 177
猫の額ほど 179
猫の前の鼠 177
猫の目のよう 179
猫は家にばかりいるようでも七軒歩く 178
猫はおやまの生れ変わりゆえしなだれ膝の上へ上りたがる 184
猫ばか坊主 180
猫は傾城の生れ変わり 184
猫は三年飼っても三日で恩を忘れる 178
猫は三年すると踊り出す 182
猫は小そうても鼠捕る 176
猫は長者の生れ替り 178
猫は土用に三日鼻熱し 179
猫は虎の心を知らず 178
猫糞 178
猫は化ける 172
猫は魔の者眼中瞳に時を分つ。六ツ円ク五八卵ニ四ツ七ツ柿ノタネ也九ツハ針 179
猫は遊女の生れ変わり 184
猫よりまし 180
猫を一疋殺せば七堂伽藍を建立したるより功徳あり 182
猫を殺せば七代祟る 172,182,216
ねじれ釜にねじれ蓋 131
鼠窮して猫を噛み人貧しうして盗す 177
鼠とらぬ猫 176
鼠捕る猫は爪かくす 176
鼠なきをもって捕らざるの猫を養うべからず 176
念には念を入れよ 19,241,251

は

馬鹿な親でも親は親 149

馬鹿な子を持ちゃ火事よりつらい 151
馬鹿の三杯汁 207
箸に目鼻つけても男は男 88
始めの勝ちは糞勝 239
始め半分 244
はずれっ子ほど可愛い 151
鷲は飛んでも一代,鰻は這っても一代 193
八十の手習い 240
八方美人頼むに足らず 216
初物七十五日 216
話し上手の聞き下手 19
話し上手は聞き上手 19
花も折らず実も取らず 236
歯に衣着せぬ 236
ばば育ちは三百安い 153
祖母育ちは銭がやすい 153
母の尼して祈禱はすべし 145
母の折檻より隣の人の扱いが痛い 145
はもも一期えびも一期 193
早いが勝ち 34,46-47,239
早い者勝ち 239
早起三両倹約五両 222
早起鳥は餌に困らぬ 233
早起は三文の徳 206,233,238
早く咲けば早く散る 135
早く産を求めて遅く妻をめとれ 133,134
早寝早起病知らず 238
腹の立つことは明日言え 219
腹八分に医者いらず 216
万事は皆救うべし,死は救うべからず 196

ひ

引くに引かれぬ男の意地 89

日本語のことわざ索引

美女は悪女の仇　112
美女は醜婦の仇　112
美女は生を断つ斧　107
美人というも皮一重　47, 111
美人薄命　112, 245
引越三両　205
必要は発明の母　69, 241
一つを放って二つを得　231
人の噂も七十五日　216
人は相持　232
人は人我は我　232
人は見かけによらぬもの　235, 237
一人子持は伯父も惚れる　110
独り自慢のほめ手なし　243
人を見たら泥棒と思え　19, 33
丙午の女は男を食う　139
丙午は亭主八人食い殺す　139
火のない所に煙は立たぬ　21, 31, 233
火の中にも三年　235
美は皮一重　47, 228
暇あれば瘡掻く　167
ひもじい時にまずい物なし　22, 26, 231
百丈の木に登って一丈の枝より落つ　220
百川海に朝す　220
百戦百勝　220
百日の説法屁一つ　213
百日の垂れっ子　220
百日の日照には飽かぬが三日の雨に飽く　221
百の説法より一の実行　220
百聞は一見に如かず　27, 28, 218, 221, 222, 243
百も承知二百も合点　220
百雷の一時に落つるが如し　220
百発百中　220

貧乏人の子沢山　154

ふ

夫婦げんかも無いから起こる　134
夫婦げんかも貧がもと　134
夫婦同年は忌み嫌う　139
覆水盆に返らず　16, 21, 46, 231
無事に便りなし　32, 232
二つよいことはない　246
豚に真珠　69
二葉にして絶たざれば斧を用うるに至る　219
父母の恩は山よりも高く海よりも深し　148

へ

へそが茶をわかす　22
下手の道具調べ　21, 230
下手の長談義　236
蛇が出そうで蚊も出ぬ　68
蛇に噛まれて汚ち縄に怖じる　234, 242
蛇も一生なめくじも一生　193

ほ

坊主憎けりゃ袈裟まで憎い　241
朋友は六親にかなう　211
炮烙のわれも三年置けば役に立つ　213
吠える犬は噛みつかぬ　230
惚れて通えば千里も一里　220, 221
本末転倒　237

ま

負けるが勝　32
馬子にも衣装　19, 236, 238
孫の可愛いと向うずねの痛いのはこらえられぬ　153

日本語のことわざ索引

孫は子より可愛い 153
孫二十日 153
孫は目の中へ入れても痛くない 33
待てば海路(甘露)の日和あり 238, 240
蝮の子は蝮 147

み

身ありての奉公 188
見かけばかりの空大名 235
身から出た錆 77,236
みかんが黄色くなると医者が青くなる 236
水入りて垢落ちず 22
水清ければ魚住まず 22
身過ぎは八百八品 216
水心あれば魚心あり 22
水積りて川を成す 22
水に懲りて湯を辞す 22
三日天下 207
三日坊主 207
三つ子の魂百まで 28,43-45,244
三つ子の知恵百まで 244
巳年男に未女は貰うな 139
身の程を知れ 237
耳を覆うて鈴を盗む 179
みめは果報の基 108
みめは幸の花 108
みめより心 114,239
身を捨ててこそ浮かぶ瀬もあれ 199

む

六日の菖蒲 212
夢幻泡影 191
婿は座敷から貰え,嫁は庭から貰え 131
婿は大名から貰え 131
無情の鬼が身を責むる 199

無常の風は時を選ばず 193
娘三人持てば身代潰す 154
娘十八番茶も出花 22
無理が通れば道理引っ込む 241

め

冥途の道には王なし 193,196,210,220
名筆は筆を選ばず 230
目糞鼻糞を笑う 25,235
目には目を,歯には歯を 70
目細鼻高桜色 110
眼病み女に風邪引き男 114
面面の楊貴妃 236

も

儲けぬ前の胸算用 237
持った癖は隠せぬ 242
持つべきものは女房 121
貰い物に苦情 242
門前の小僧習わぬ経を読む 35

や

安かろう悪かろう 34
やせ犬は吠える 233
破るる布も二重は久し 204
藪をつついて蛇を出す 23,35,163,240
病は治るが癖は治らぬ 242

ゆ

湯上りには伯父坊主が惚れる 110
湯上りには親でも惚れる 110
遊女は猫の生れ変わり 184

よ

養子に行くか,いばらの藪を裸で行くか 133

日本語のことわざ索引

用心は前にあり 243
羊頭を懸げて狗肉を売る 27
善く泳ぐ者は溺る善く騎る者は堕つ 32
欲に頂なし 245
世の中に怖いものは屋根の漏るのと馬鹿と借金 94
世は相身互い 241
世は相持 61, 232, 241
世はさまざま 49-50
世は七下り七上り 214
嫁十年ただ奉公 132
四目十目 139
夜目遠目(笠の内) 139
嫁は下から婿は上から 131
嫁は手を見て貰え 132
嫁は灰小屋から貰え 131, 141
嫁を取るなら親を見よ 137
嫁を見るより親を見よ 137
弱り目に祟り目 240

ら

落花枝に返らず,破鏡再び照らさず 231

り

理屈と膏薬はどこへでもつく 161
竜の髭を撫で虎の尾を踏む 176
猟ある猫は爪をかくす 177
良薬口に苦し 27
悋気は女の七つ道具 214

る

類は友を呼ぶ 48-49, 236
類をもって集まる 48, 236

ろ

老少不定 196
隴を得て蜀を望む 27, 245
六位宿世 211
六具をしめてかかる 211
六字七字の教え 211
六道は目の前 211
ローマは一日にして成らず 31, 53
論より証拠 238, 245

わ

わが子の悪事は見えぬ 150
我が家の米の飯より隣の麦飯がうまい 31
渡る世間に鬼はない 19, 20
藁沓の面と嫁の面は叩く程よくなる 93
笑って暮らすも一生,泣いて暮らすも一生 193
藁で束ねても男は男 88
藁で作っても男は男 88
悪い子ほど可愛い 151
破鍋に欠け蓋 131
破鍋に綴じ蓋 131
破鍋も三年置けば用に立つ 206, 213, 215

[著者紹介]

奥津文夫（おくつ　ふみお）

1935年東京生まれ。1964年国際基督教大学（ICU）大学院修士課程修了。1964〜65年米国テキサス大学留学。1990年英国エジンバラ大学客員研究員。現在、和洋女子大学教授、大学英語教育学会（JACET）顧問。専攻は、対照言語学、日英言語文化比較。
主な著書に『英語ことわざ散歩―イギリス人の知恵をさぐる』（創元社）、『ことわざの英語』（講談社現代新書）、『英語のことわざ―これだけ知っていれば面白い』（日本実業出版社）、共編『日⇔米ことわざ・慣用句辞典』（電子ブック版、三修社）、『世界のことわざ辞典』（分担執筆、永岡書店）、『ことわざ学入門』（分担執筆、遊戯社）、『成語大辞苑』（分担執筆、主婦と生活社）、共編『世の中がわかる法則の本』（北星堂）、『日英比較・英単語発想事典』（三修社）、『間違いやすい英語表現』（三修社）など。

日英ことわざの比較文化

ⓒ Fumio Okutsu, 2000　　　　　　　　NDC834　304p　20cm

初版第1刷―――2000年7月1日
第2刷―――2004年9月1日

著者―――奥津文夫
発行者―――鈴木一行
発行所―――株式会社 大修館書店
　　　　　〒101-8466 東京都千代田区神田錦町3-24
　　　　　電話03-3295-6231（販売部）　03-3294-2356（編集部）
　　　　　振替00190-7-40504
　　　　　[出版情報] http://www.taishukan.co.jp

装丁者―――下川雅敏
編集協力―――(有)メビウス
印刷所―――横山印刷
製本所―――牧製本

ISBN4-469-24455-4　　Printed in Japan
Ⓡ本書の全部または一部を無断で複写複製（コピー）することは、著作権法上での例外を除き禁じられています。